Compact

グローバル社会の国際関係論
[新版]

山田高敬・大矢根聡 [編]

有斐閣コンパクト
YUHIKAKU COMPACT

新版はじめに

　本書の初版は 2006 年 12 月に刊行された。執筆者の期待を超えて，本書は多くの大学で教科書や参考書として採用され，刷を重ねてきた。それとともに，読者のさまざまな声が私たちに届くようになった。本書をきっかけにして，国際関係を見る目が変わった，国際情勢をより論理的に考えるようになった，専門的な論文を読んでも理解できるようになり，自分でも驚いた……。このような声は，まさに私たちの意図が現実になったものであり，この上なく嬉しいものであった。とはいえ，本書にも改善すべき点が多々あり，私たちも手直しが必要だと感じていた。

　本書の特徴は，初版の「はじめに」に記したように，「国際関係の現実と理論を結び付けて考えている」点にある。そうであるなら，本書は，刻々と変わる国際関係の現実を反映しなければならないだろう。また，新しい理論的研究をふまえた分析を，本書は示さなければならないだろう。その意味でも，本書を手直しして，事例を部分的に新しい現象に代え，それを理論的に考えてみる必要があった。

　本書の初版が刊行された後も，国際関係は変動し続けた。核兵器の拡散がより深刻な課題になり，オバマ大統領が「核なき世界」を提起するにいたった。グローバル経済の流動化はなおも続き，リーマン・ショックによる金融危機の影響は，まだ解消しきっていない。そのため世界貿易機関（WTO）のドーハ開発アジェンダや，地域統合の推進が重要性を増しているが，各国間の対立が影を落とし，それらの歩みは滞っている。地球環境の分野では，京都議定書の失

効が迫り，ポスト京都議定書の交渉の行方は予断を許さない状況になっている。ここでも，交渉をめぐる各国の立場や非政府組織（NGO）の役割などが，複雑化している。人権の分野では，政治犯や難民，雇用などの問題がなおも十分な改善を示していない。しかし同時に，この分野のNGOや企業など民間の活動には，興味深い取り組みも見られるようになっている。

新版においては，このような新しい国際的動向を示す事例をとりあげた。また，それを理論的な見方に基づいて考える際，新しい研究成果も採り入れてみた。

新版の作成にあたって，執筆者は神田にあるコーヒーの美味しいカフェに集まり，また本書の出版社・有斐閣の会議室で顔をつきあわせ，繰り返し議論した。今回の作業も，旧版の際と同じく知的刺激に満ちた，楽しいものになった。学生たちは，今回もまた原稿を読み，有益なコメントを寄せてくれた。特に首都大学東京大学院博士課程の逸見勉君，同志社大学法学部・国際関係論ゼミの衣笠真未さん，森岡杏さん，中尾文美さん，西野広朗君には，名前を記してお礼を言いたい。多くの研究者の方々も，貴重な意見や情報を提供してくださった。第3章の事例分析②については，防衛大学校准教授の石川卓さんが，原稿に対して詳細なコメントを寄せてくださった。お礼申し上げる。

今回の新版化は，有斐閣の編集者・岩田拓也さんの提案と，巧みな誘導がなければ間違いなく実現しなかった。心より感謝申し上げたい。

2011年1月1日

編　者

初版はじめに

　本書は国際関係論の入門書である。入門書ではあるものの，理論を本格的に扱い，国際関係の現実と理論を結び付けて考えている。この点に，本書の特徴がある。

　理論と言えば，どのような印象を受けるだろうか。なにか格好よさそう？　あるいは専門的で遠い存在のよう？　大学生たちからよく耳にする声である。しかし，こうした印象には，本書の編者としては当惑してしまう。というのも，理論はそれ自体で格好よかったり，悪かったりはしないからである。理論は，現実の出来事を理解する道具なのであり，ものの見方を明確にし，より幅広く，あるいはより鋭くする点に意義を持っている。また，そうであるからこそ，専門家の占有物などではなく，むしろ身近な存在であるべきだろう。

　今日の国際関係は，あまりに複雑化し，また変動に満ちている。それを明確に理解するのは，やはり容易ではない。しかも今日，豊富すぎるほどの情報や評論があるため，かえって本質的な要素を見極める視点や，判断の基準は身につけにくいのではないか。理論は，国際関係の実像をより確かにとらえるために，適切な手がかりになるだろう。そうは言っても，そのための適切な手引書が意外に見当たらないようである。こうした素朴な疑問が，本書を執筆する動機になった。

　もちろん理論であるから，日常的に使わない用語や，抽象的な考え方を用いており，一見わかりにくいかもしれない。そこで本書では，できるだけわかりやすく理論を解説し，また，それを読者が自

ら使いこなせるようにさまざまな工夫を凝らしている。

　近年の国際関係においては，繰り返しテロ事件が起こり，いくつかの国が核兵器の開発・配備を進めている。また，民族的な対立が，国内の紛争や外交上の緊張を招くなどしている。他方では，経済的なグローバル化が大きく進み，各国間の関係は切っても切れないものとなった。テロや感染症への対策，地球環境の保護などをめぐって，地域的あるいはグローバルな協力体制も生まれている。

　国際関係は，このように多面的で複雑である。それはまた，変化に満ちている。終わらないと思われていた冷戦が終結し，また最高の価値を持つかに見えた国家主権に対して，地球環境や人権の擁護といった価値が衝突している。変化は，本書の中で見るように，国際関係の基本構造にさえ及んでいる。

　このような国際関係をとらえるには，最近の動きを凝縮した典型的な出来事に照準を合わせ，その歴史的な意義や特徴をつかむのが，一つの手段になろう。そのため，本書の第Ⅱ部では，安全保障，国際経済関係，地球環境，人権という四つの主要な分野について，戦後の国際関係の歩みをたどっている。また，そのうえで典型的な現象を事例に取り上げ，それを多角的に解説している。

　それだけでは十分ではないだろう。現象の背景に潜んでいる，より本質的な傾向やパターン，それらを左右する要因に迫る必要がある。この点において，理論が力を発揮するのである。というのも，理論は，このような本質的なものをとらえる方法を求めて，多くの思想家や理論家が時間をかけて創り上げ，研ぎ澄ましてきた成果だからである。

　国際関係の理論にはさまざまなタイプがあるが，基本的にはリアリズム（現実主義）とリベラリズム（自由主義）に大別できる。両者

は，国際関係の本質的な性格をどのようなものだと考えるかで，異なる立場をとる。すなわちリアリズムは，国際関係は対立的な性格を持っており，それは基本的に変化しないと考える。これに対してリベラリズムは，国際関係は協調や進歩を可能にする性格を持っており，各国政府や非政府組織（NGO）などの取り組みによって変化しうると考えるのである。

それとは別の次元において，国際関係の理論は，二つの方向から国際的現象のパターンや要因に迫ろうとする。一つは，一定の法則を手がかりにして現実を説明する方向であり，自然科学にも通じるものである。すなわち，正しさが証明された仮説や命題を手がかりにし，それを国際関係における個々の現象に当てはめてみる。そして，現象がどのような原因によって生まれ，どのような結果にいたったのかを説明するのである。

もう一つは，人々の持つ理念や認識に着目して，国際関係の現実を解釈する方向である。これは自然科学とは異なる，社会科学独自の方法である。政府の政策決定者やNGOのスタッフなど，さまざまな人々が，大切に思い，求める理念や価値を持っている。そうした理念や価値が，国際的な出来事の性格や展開を左右していると見るのである。そのため，人々の内面や行為に迫ることで，国際的な現象がなぜ生まれ，どのような意義を持っているのかを理解しようとする。

本書では，このような理論的な見方について第Ⅰ部で解説し，第Ⅱ部において事例分析に利用している。そうすることにより，異なる理論によって，国際関係の同一の現実が異なる姿で見えてくる点，個々の現象について，より妥当で説得力のある見方を選択する必要がある点，などがはっきりとしてくるだろう。本書の事例分析は例示的な試みなので，読者が自ら，より本格的な事例分析へと歩を進

めていただければ，望外の幸せである。

　本書は数年前に企画され，大学の研究室で，また大学を出てアルコールを片手に，あるいは京料理をつつきながら議論を重ねてきた。そのたびに，本書について夢にも似た構想を語り合い，専門的な議論を楽しんだ。充実した時を過ごせたものの，議論はあらぬ方向に流れてしまい，なかなか執筆には結び付かなかった。執筆し始めても，わかりやすく解説することはやはり難しく，作業は停滞した。

　その際によい刺激になったのは，学生たちのコメントであった。首都大学東京・大学院博士課程に在籍する逸見勉君，同志社大学法学部・国際関係論ゼミの石澤かおるさん，岡亜矢子さん，大見祐衣さん，金本恵理子さん，権藤祐子さん，仲田浩子さん，また上智大学大学院・国際関係論専攻・国際政治学研究の受講生のみなさんには，有益な声を寄せていただいた。忘れてはならないのは，有斐閣の編集者・青海泰司さんである。氏の巧妙な操縦がなければ，私たちはいまもなお，ひたすら議論を楽しみ続けていたかもしれない。感謝申し上げたい。

　　2006 年 10 月 31 日

　　　　　　　　　　　　　　　　　　　　　　　　編　　者

●執筆者紹介●

山田 高敬(やまだ　たかひろ)
〔編者。序章，第1章，第3章 *1・2*，第5章担当〕
カリフォルニア大学バークレー校大学院政治学研究科博士課程修了。Ph. D.(政治学)。
現在，名古屋大学大学院環境学研究科教授(国際政治学，国際制度論専攻)。
主な著作に,『情報化時代の市場と国家——新理想主義をめざして』(木鐸社，1997年),「地球環境領域における国際秩序の構築——国家の選好と知識」石田淳ほか編『国際政治講座④ 国際秩序の変動』(東京大学出版会，2004年),「北東アジアにおける核不拡散レジームの粘着性とその限界——米朝枠組み合意およびKEDOに関する構成主義的な分析」大畠英樹・文正仁編『日韓国際政治学の新地平——安全保障と国際協力』(慶応義塾大学出版会，2005年),「越境する問題群とグローバル・ガバナンスの多様化」押村高責任編集『越える——境界なき政治の予兆』(政治の発見⑧)(風行社，2010年)ほか。

大矢根 聡(おおやね　さとし)
〔編者。第2章，第3章 *3*，第4章，終章担当〕
神戸大学大学院法学研究科博士後期課程単位取得退学。博士(政治学)。
現在，同志社大学大学院法学研究科教授(国際関係論，国際政治経済学専攻)。
主な著作に,『日米韓半導体摩擦——通商交渉の政治経済学』(有信堂高文社，2002年),『東アジアの国際関係——多国間主義の地平』(編著，有信堂高文社，2009年), "The United States: Linkage between Domestic Agreement and Foreign Disagreement," in J. Okamoto, ed., *Trade Liberalization and APEC* (Routledge, 2004),「コンストラクティヴィズムの視座と分析——規範の衝突・調整の実証的分析へ」(『国際政治』第143号，2005年),「レジーム・コンプレックスと政策拡

散の政治過程——政策アイディアのパワー」日本国際政治学会編／大芝亮・古城佳子・石田淳責任編集『日本の国際政治学2 国境なき国際政治』(有斐閣, 2009年) ほか。

三浦　聡（みうら　さとし）　　　　　　　　　　　〔第6章担当〕

東京大学大学院総合文化研究科博士課程修了。

現在, 名古屋大学大学院法学研究科教授（国際関係論, 国際政治経済学専攻）。

主な著作に,「行為の論理と制度の理論——国際制度への三つのアプローチ」(『国際政治』第124号, 2000年),「ヘテラーキカル・ソサエティ——世界政治におけるネットワークと権威」(『国際政治』第132号, 2003年),「国連グローバル・コンパクト——グローバル・ガバナンスの新たなモデル」(『ジュリスト』no. 1254, 2003年),「複合規範の分散革新——オープンソースとしての企業の社会的責任（CSR）」(『国際政治』第143号, 2005年),「国連グローバル・コンパクトの意義——ガバナンス論からの考察」(『日本国際経済法学会年報』第18号, 2009年) ほか。

（執筆順）

目　　次

新版はじめに　　i
初版はじめに　　iii

序章　世界を分析する四つの見方　　1

1　国際社会からグローバル社会へ　2
国際社会の基本的な性格(3)　　争点の多様化(4)　　行為主体の多様化(6)

2　国際関係を分析する四つの見方　9
国際関係の現実の可変性——構造による制約と構造からの自由(10)　　「客観的な世界」と「主観的な世界」(13)　　ラショナリズムとコンストラクティヴィズム(16)

3　本書のねらい　19

第I部　国際関係の見方

第1章　リアリズム　　24

1　リアリズムの考え方——構造による制約　25
アナーキーと安全保障のジレンマ(25)　　リアリズムの政治観と力(28)　　制限戦略としての国益と勢力均衡政策(33)

2　ネオ・リアリズム——「客観的な世界」を説明する　36
二極による安定(36)　　覇権による安定(40)　　ネオ・リアリズムをめぐる議論——国家はいつも攻撃的なのか(42)

3　古典的なアプローチの再評価　44
——「主観的な世界」を理解する

英国学派からの挑戦(45)　　状況の倫理という考え方(47)

第2章 リベラリズム　　52

1 リベラリズムの考え方──構造からの自由　53
市場リベラリズム(55)　　現代の市場リベラリズム──相互依存論(56)　　制度的リベラリズム(58)　　現代の制度的リベラリズム──国際レジーム論(60)　　共和制リベラリズム(64)　　現代の共和制リベラリズム──民主主義平和論(65)

2 ネオ・リベラリズム──「客観的な世界」を説明する　67
アナーキーな構造における協調(67)　　国際レジームの効用(71)　　ネオ・ネオ論争(73)

3 コンストラクティヴィズム　75
　──「主観的な世界」を理解しなおす
アイディアを原点として(77)　　行為主体と構造の相互作用(82)　　国際関係の構造的変化(85)

第II部　国際社会のすがた

第3章 安全保障　　92

1 歴史的展開──冷戦からポスト冷戦へ　93
冷戦の始まり(94)　　デタントの到来(97)　　冷戦の終焉と冷戦後の混迷(99)

2 事例分析①　人道的介入　102
人道的介入とは何か(102)　　ポスト冷戦期における人道的介入の特徴(103)　　ボスニアへの介入(105)　　ソマリアへの介入(106)　　コソヴォへの介入(107)　　理論的分析──なぜ人道的介入が正当性を持ったのか(108)

3 事例分析②　核兵器の拡散と不拡散レジーム　114
「核なき世界」へ(114)　　核不拡散レジームとは何か(116)

核の拡散と規制(118)　　冷戦後の新たな核拡散(121)
核拡散への対応策と「核なき世界」という選択(123)　　理
論的分析——なぜアメリカは、「核なき世界」を掲げて核不
拡散レジームの強化をはかるのか(125)

第4章　国際経済関係　　132

1　歴史的展開——国際レジームの形成からグローバル化へ　133
国際レジームとしてのブレトンウッズ・GATT 体制(133)
国際レジームの揺らぎ(139)　　グローバル化の進展と複合
的な影響(146)

2　事例分析①　グローバル化と WTO　150
　　　　　　　——ドーハ開発アジェンダの難航
グローバル化とは何か(150)　　グローバル化と WTO の法
化(153)　　ドーハ開発アジェンダ(154)　　理論的分析
——なぜドーハ開発アジェンダは難航しているのか(157)

3　事例分析②　東アジアの地域主義　162
　　　　　　　——競合する広域 FTA 構想
地域主義とは何か(162)　　地域主義の効用(164)　　東ア
ジア地域主義の展開——広域 FTA の構想(166)　　理論的
分析——なぜ複数の広域 FTA 構想が競合しているのか
(171)

第5章　地球環境　　177

1　歴史的展開——地球環境問題への対応　178
経済成長と環境問題(178)　　環境外交の始まり(180)
持続可能な開発の原則(181)

2　事例分析①　地球環境レジームの形成　183
　　　　　　　——気候変動の防止
気候変動防止レジーム(185)　　理論的分析——なぜ気候変
動レジームを形成し、それを発展させる過程で EU がリー

ダーシップを発揮できたのか(191)

3 事例分析② 国際開発援助レジームの変容　197
世界銀行による開発援助(197)　市民社会からの批判(199)　世界銀行の改革と持続可能な開発(201)　理論的分析——なぜ世界銀行は国際開発援助レジームを修正したのか(203)

第6章　人　権　210

1 歴史的展開——国際問題化と論争　211
人権とは何か(211)　国際政治における人権(212)　人権の国際問題化——第二次世界大戦から戦後へ(213)　冷戦期における人権(215)　冷戦後における人権(217)

2 事例分析①　難民の保護とUNHCR　222
国際難民レジームの誕生(223)　冷戦期における国際難民レジーム(225)　冷戦後における国際難民レジーム(226)　理論的分析——なぜ国際難民レジームが変化したのか(230)

3 事例分析②　企業の社会的責任と国連グローバル・コンパクト　234
「人権とビジネス」という問題(234)　ビジネスの国際的規制をめぐる動き(236)　反グローバリズムによる多国籍企業批判(238)　国連グローバル・コンパクトの創設と展開(240)　理論的分析——国連グローバル・コンパクトはなぜ誕生し，発展を遂げてきたのか(244)

終　章　世界のゆくえと理論的な見方　249

1 世界のゆくえと四つの見方　250
2 国際関係の方向性　252
3 国際関係の基本的構造の変化　255
4 理論的な見方の運用　257

5　分析の技法　259

　引用・参考文献　265
　事項索引　281
　人名索引　287

◆*Column*
　① 法則と仮説　14
　② 主権国家の誕生とウェストファリア体制　28
　③ ホッブズの「自然状態」とルソーの「自己愛」　30
　④ 力について　32
　⑤ ネオ・リアリズムと経済学　38
　⑥ 国際レジーム・アプローチの展開　62
　⑦ アイディアをめぐる理論　78
　⑧ 冷戦の終結とSDI　100
　⑨ 国際原子力機関（IAEA）　118
　⑩ 日本による国際・地域秩序構想　136
　⑪ NIEsとBRICs　142
　⑫ 気候変動に関する政府間パネル（IPCC）　188
　⑬ 世界ダム委員会（WCD）　204
　⑭ NGOの役割　218
　⑮ 日本企業による難民支援　230

◆図表
　図1　国際関係の構造と行為主体の関係　80
　図2　ネオ・リアリズム，ネオ・リベラリズム，コンストラクティヴィズムの比較　85
　図3　世界のFTA件数の推移（累積数）　163
　図4　アジア太平洋における重層的枠組み　168
　図5　多国間環境条約の採択数の推移　184

表1　リアリズムとリベラリズム　12
表2　国際関係の四つの見方　18
表3　囚人のジレンマ　70
表4　安全保障の類型　103
表5　19世紀，冷戦期およびポスト冷戦期の人道的介入の比較　109
表6　GATT・WTOにおける自由化の流れと広がり　145
表7　国際難民レジームの変化　229

◆用語解説

価値　2
権威的な配分　2
行為主体　6
合理的な行為主体　17
国家理性（raison d'etat）　34
多極構造　36
二極構造　36
国際連盟　59
権威主義国　65
ゲーム理論　69
完全情報と取引費用　71
さまざまなコンストラクティヴィズム　76
国連安全保障理事会　96
国連軍　96
最恵国待遇　135
スミソニアン合意　140
新国際経済秩序（NIEO）　144
WTOの紛争解決手続き　146
ジュビリー2000　149
医薬品アクセス問題　157
キハダマグロ事件とエビ・ウミガメ事件　161
ローマ・クラブ　179

国連環境開発会議（UNCED）　182
排出量取引　186
共同実施　186
キャップ・アンド・トレード方式　196
ミレニアム開発目標（MDGs）　220
国内避難民　222
ビジネスと人権に関する国連事務総長特別代表　236
国連グローバル・コンパクト10原則　241
グローバル・コンパクト・ジャパン・ネットワーク　243
責任投資原則　243
責任経営教育原則　243

本書のコピー, スキャン, デジタル化等の無断複製は著作権法上での例外を除き禁じられています。本書を代行業者等の第三者に依頼してスキャンやデジタル化することは, たとえ個人や家庭内での利用でも著作権法違反です。

世界を分析する四つの見方

序章

　本章では，まず国際社会の基本的な特徴について考えてみよう。そのうえで，現在の国際社会がグローバルな性格を強めていることを確認しよう。どのような理論的な見方をすれば，このような国際関係の現実をうまく理解することができるのであろうか。本章では，この問いに答えるために，既存の国際関係の理論を分類してみよう。その際，国際関係の現実が行為主体（アクター）を強く「制約」していると見るべきなのか，それとも行為主体は「自由」であると見るべきなのか，また国際関係の現実を「客観的な世界」ととらえるべきなのか，それとも「主観的な世界」ととらえるべきなのか。

1 国際社会からグローバル社会へ

　国際社会という舞台では,これまでさまざまな劇が繰り広げられてきた。何千人,いや何万人という死傷者を出した凄惨な戦争から,平和の実現に向けた国際的な制度の構築,あるいは地球環境の保護をめざす条約の締結にいたるまで,その劇の種類は驚くほど多様である。

　もし,アメリカ政治学を代表する研究者イーストンが言うように,政治とは「諸々の価値◆の社会への権威的な配分◆」に関する行為のことを言うのだとすれば,これらは,まちがいなく,すべて政治的な劇だと言えよう。平和にしても,繁栄にしても,あるいは人権保護や環境保全などにしても,国際社会にとってはいずれも重要な価値であり,それをどう配分するかについて,何らかの意思決定が求められるからである。つまり,それらの価値を誰が,どのようにして,そしてどの程度享受し,そのために必要な費用を誰が負担すべきなのかということが重要なテーマとなるのである。そして,そのような政治劇が演じられる舞台が国際社会なのである。まず,この舞台の特質について簡単に見てみることにしよう。

◆用語解説
　価値　　行為主体が自分にとって大切であると感じるもの。物質的なものとしては,天然資源,財的な資源や物理的な力などがあり,非物質的なものとしては,名誉,自尊心や安心などがある。また一般的には,稀少性の高いものほど,価値があるとされる。
　権威的な配分　　特定の権限を持つ行為主体が,ある価値の配分を決めたときに,その社会の構成員がその決定に納得して従うことができる場合に,「権威的な配分」が行われたと見る。国内政治においては,通常,憲法や行政法などによって特定の行為主体にそのような権限が付与されている。

国際社会の基本的な性格

 言うまでもなく、国内社会であれば、そのような価値の配分は、社会を構成する個々のメンバーではなく、政府によって行われる。しかし、国際社会では、そのような政府は存在しない。それゆえ、価値の配分はすべてその構成メンバーである国家自身によって行われる。国家間での価値の配分を左右するルールの制定も、その執行も、またその解釈も、基本的には国家が担うのである。

 そういう意味では、国際社会における政治は、おのおのの国家に機能が集中する、分権的なしくみを前提にしているのである。しかも、言うまでもなく国際社会は、社会といっても、国内社会のように共同体と呼べるようなものではない。なぜならば、人々は、国内においては、同じ社会に属する人々を同じ国民と認識するような共同体的な意識を持っているが、グローバルなレベルでは、そのような意識を持つにいたっていないからである。

 その意味では、国際社会は、共同体というよりも、一定の目標を共有する、ある種の機能的な社会というべきであろう。暴力をできるかぎり制限する、締結した条約は遵守する、そして各国政府による統治を相互に承認するといった基本的な目標だけでなく、国家間の経済格差を是正する、あるいは地球環境を保護するといった、より高次の目標をも部分的に共有する社会なのである。

 また国際社会は、能力の面でも国内社会以上に格差の大きな社会であると言わざるをえない。人口や領土の規模も各国ごとにまちまちで、経済力や軍事力においても能力の開きは甚だしい。しかも国内社会に比べると、警察や裁判所といった法の執行制度が未発達であるため、強者による力の濫用が容易に起こりうる社会でもある。たしかに、国際社会においても、国家間の約束事を明文化する条約や、長年の国家の経験や慣行に基づく慣習法、あるいは国際機関の

決議や宣言などが一種の法規範として機能しているし、国家間の紛争を平和的に解決するための国際司法裁判所もある。しかし、法的な拘束力が認められる条約ですら、それを国内的に承認しない国には効力は及ばない。また、どの国も必ず国際司法裁判所に出廷しなければならないというわけではない。つまり、法に反する行為をしても、捕らえられないし、裁かれることもない場合が想定できるのである。そのようなことからすると、国際社会は、無法状態とは言えないにしても、完全な法治社会であるとも言えない。そのため、国際社会においては、能力の大小がより大きな意味を持つことになる。

このような国際社会の基本的な性格からすると、価値の配分がつねに穏やかに行われるという保障はない。聞き分けのない相手に対して自国の主張や利害を通すには、自ら暴力という手段に訴えることが必要となる場面も少なくはないからである。つまり、輸入制限だとか、経済援助だとかといった経済力の行使だけでは目的が達成されない時に、武力による威嚇や武力の行使に出ることは、敵対的な国家間関係であればさほど珍しいことではない。もし、暴力的な手段に訴えることなく価値を配分するのが政治だとすれば、逆に国際政治ほど、暴力の制限に気を使わなければならない政治はないと言えるのかもしれない。この点からすると、どのようにすれば国家間において暴力的な紛争の発生を防げるのかという問題が、以前から国際関係論の最も重要な問題として扱われてきたことは、ごく自然なことであろう。

争点の多様化

しかし、現代の国際関係では、重要な問題は、戦争や平和の問題に限られない。たとえば、アフリカでは、国家そのものが破綻して

しまい,部族間で内戦が発生したり,それによって多くの人々が難民となったり,餓死したりする状況が発生している。そして,このような国内問題に国際社会がどのように関与していくべきかが,重要な問題となっている。

また2001年にアメリカを襲った,いわゆる9.11テロ事件以降,国際連合(国連),主要国首脳会議(サミット),その他で反テロ宣言が出され,具体的な形で国際協力が進展している。テロに関する情報交換や国際空港などでの安全対策の強化などが,その表れである。

そして経済領域に目を向ければ,戦後,国際社会は国際経済の自由化を促進し,そのため国家間の経済的な相互依存は急速に増大した。しかも,1990年代以降は,企業による生産活動のかなりの部分が国境を越えるようになっている。これを経済のグローバル化という。また,これにともなってグローバル化に対抗する動きや,二国間もしくは地域的な協力を重視する動きも出てきている。そのような中で,何をグローバルなレベルで扱い,何をリージョナル(地域的)なレベルで扱うのかという,機能の分担に関する問題も発生している。

さらに,現代の国際社会は,環境問題や人権問題に関しても一定の協力を求められている。特に1980年代以降,オゾン層の破壊や気候変動などの地球環境問題が緊急を要する国際社会の関心事となっている。この問題は,特定の化学物質の生産と消費,あるいは石炭や石油などの化石燃料の消費といった人間の経済活動によって引き起こされるため,その解決には,国家間の協力はもとより,企業や消費者などの協力をも必要とするという特徴を持つ。また途上国において開発を進める場合に,現地の自然環境に悪影響を与えることも問題となっている。そして環境の劣悪化は,さらにそこに住む人々の社会的な生活に悪影響を及ぼすこともある。もちろん開発を

促進し貧困を解消することは重要だが，それと環境保全とをどのように両立すべきか，という課題もある。

これらと並行して，特に1990年代以降，人権に対する関心も高まってきている。それは，一つには，冷戦終結後，各地で内戦が頻発し，大規模な虐殺が行われたり，大量の難民が発生したりしたことと関係している。また，1990年代以降，経済のグローバル化とともに，幼い子どもを労働力として使用したり，劣悪な労働条件を押し付けたりする企業が出てきていることとも，無関係ではない。難民に関しては，内戦の最中にどうすれば難民を無事に保護できるのか，また，どうすれば収容能力を超えた難民キャンプの環境の劣悪化を防ぐことができるのか，などが重要な課題となっている。そして雇用における人種差別など，企業による人権侵害の問題に関しては，どのようにすれば企業の社会的責任（CSR）を追及できるのか，また，そのことに関して，どのような，いわば学習環境を企業に与えるべきなのかなどが，今重要な問題として浮上している。

このように，現代の国際社会が取り組まなければならない問題は，ますます多様化し，しかも国内と国際の境界が曖昧になってきているという意味で，国際社会がグローバル化しつつあると言えよう。

行為主体の多様化

このような国際政治における変化の背景の一つとして，行為主体◆（アクター）の多様化がある。国際政治という劇を演じる主役は，

◆**用語解説**
　行為主体　行動主体，行為体あるいはアクターともいう。外交交渉なり，条約の締結なり，武力の行使なり，国際関係において何らかの政治的な行動をとる一定の社会集団もしくは個人のことを指す。現代の国際関係においては，国家と並んで国際組織も重要な行為主体であると見られている。

今日もなお国家には違いないが，それと同時に脇役を演じる行為主体の重要性も高まっていると見るべきであろう。とりわけ国際組織の重要性が高まっていると言える。

　国際組織には，大別して，政府間組織と非政府組織（NGO）とがある。政府間組織というのは，国連に代表されるように，各国政府の代表から成る組織で，特定の問題を解決するために国家から一定の権限を与えられている行政的な組織である。一定の地域の国だけが参加するものから，世界の大部分の国が加盟するものまで，あるいは単一目的のために作られたものから，包括的な目的の実現をめざすものまで，種類はさまざまである。もっとも，これらは，国家によって一定の権限を与えられていることから，国家に準ずる役割を果たすものと理解できる。人道的な目的での軍事介入をどのような場合に認めるべきか，テロをどのように規制すべきか，労働や環境などの問題にどのように対処すべきか，また地域的な経済協力をどのように進めるべきか，といった問題のほとんどに政府間組織はかかわっている。その意味でも，国連に代表される政府間組織は，多くの国際問題の解決において重要な鍵を握っていると言ってよいであろう。

　国際組織として，もう一つ，NGOと呼ばれるものがある。これは，通常，国家から法的に独立した存在として組織されたものを指す。大別すると，国際的なNGOには，国家の機能を補完するものと，それとは対照的に国家に挑戦する目的で設立されたものとの2種類がある。どちらの場合も，国際的なNGOは，国境を越えて活動を展開する。環境問題および人権問題が1980年代以降，国際的に脚光を浴びるようになったのは，これらの分野で活動するNGOによるところが大きい。

　たとえば，世界的な環境保護団体の一つにグリーンピースがある。

この団体は，もともとアメリカの核実験に抗議することを目的とする市民団体としてスタートした。だが，1970年代の半ばごろから捕鯨問題などの海洋環境保護にも目を向けるようになり，現在は過激な抗議活動を展開することでよく知られている。1980年代以降，地球環境問題に対する人々の意識が高まったことも，このグリーンピースのようなNGOによる活動が世論を動かしたことと関係している。人権の分野でも，同様に多くの国際的なNGOが活動を展開している。中でも，政治権力による人権侵害から市民を保護する目的で設立されたアムネスティ・インターナショナルは，人権規範の遵守を監視することでよく知られている。また，これらの国際的なNGOの中には，現地のNGOと連携して政府の政策に影響を及ぼすものもある。

もちろん，NGOは抗議をするものばかりではない。先に述べたように国家の役割を補うものも存在する。19世紀の半ばに，戦場で傷ついたり，病気になったりした兵士を敵味方の区別なく治療するために設立された，赤十字国際委員会などがその代表例である。また，あらゆる災害に苦しむ人々に対して，人種，宗教，思想，政治などの壁を超えて医療援助活動を行うフランスのNGO国境なき医師団（MSF）も，同類のNGOと言えるであろう。そして，途上国の貧困問題に従事しているほとんどの開発NGOは，国家機能を，ある意味では代行する役割を演じていると言える。これらは，時として外国資本や富裕層の言いなりになる途上国政府に批判的な立場をとるものの，基本的には政府の活動の不備な点を補完する機能を果たしているからである。

以上のように，現代の国際社会は，単に国家間の戦争をいかに制限するかという問題だけではなく，人権保護を目的とする軍事的な介入から企業の社会的な責任にいたるまで，多様な問題に取り組む

ことを余儀なくされている。そして，これまでは主役の国家のみにスポットライトが当てられてきたが，現在では各種の政府間組織からNGOにいたるまで，さまざまな脇役が舞台に躍り出て，これらの国際政治劇を演じている。そのため国際社会の現実は，以前よりもはるかに複雑な様相を呈するようになってきていると言えよう。

このような変化を重視するのであれば，もはや国際社会という言い方自体，現状を正確に表しているとは言えないのかもしれない。主役は依然として国家であるにせよ，また国家間では今なお共同体的な意識が欠如しているにせよ，このような新しい性質を持つ社会は，グローバル社会と言うべきかもしれない。

つまり，今日では，国際関係における争点が多様化し，環境問題のように地球全体のことを扱う問題や，人権問題のように人類全体に共通する問題が政治的な重要性を高めている。また，それと同時に，これらの争点をめぐって国家以外の行為主体が，以前よりも重要な役割を果たすようになってきている。グローバル社会とは，このように個人や社会集団が国家の枠をはみ出して，地球を舞台にさまざまな分野で一定の価値の配分に参加するような社会を言うのである。少なくとも，その片鱗が見え隠れする時代を迎えつつあることは確かであろう。

2 国際関係を分析する四つの見方

では，グローバル社会化した国際関係の現実は，どのようにすればとらえられるのだろうか。どのような現実であれ，それを見るときには，あるところに焦点を絞らなければ，ピントのぼけた映像になってしまう。現実を理解するには，やはりぴったり焦点を合わせられるレンズが必要となる。そのレンズの役目を果たすのが理論で

ある。複雑な現象でも，理論というレンズを通して見ると，その実像がくっきりと見えてくるのである。

国際関係の現実の可変性――構造による制約と構造からの自由

本書では，国際関係に対する見方とそれへのアプローチという二つの軸を設定し，それらを組み合わせることで，全部で四つの理論的な視点から国際関係の現実に接近する。第一の軸は，国際関係の現実は基本的に変わりうるかどうか，という国際関係の可変性にかかわる軸である。これは，個々の人間にどの程度の主体性もしくは自由意志を認めるのか，という問題と関連する軸と言える。第二の軸は，国際関係の現実をどのようなものだとして分析するか，という国際関係へのアプローチに関する軸である。

まず，第一の軸について見てみよう。国際関係の見方には，二つの対照的な見方がある。一つは，国際関係の持つ基本的な性格が行為主体の行動を制約するという見方であり，もう一つは，行為主体には主体性があり，行為主体は国際関係の現実を基本的に変えることができるという見方である。前者は，国際関係の基本的な性格は容易に変化しないので，それを一種の構造物のようなものととらえる。つまり，行為主体相互間の基本的な関係は長期的に安定しているため，それを，ある種の構造として位置づけるのである。したがって，国家にしても，非国家的な行為主体にしても，その構造の中に置かれるかぎり，それによる拘束を受けると見るのである。このような見方は，国際関係の構造的な性格が行為主体の行動の自由を制約するという立場をとるので，構造主義とも呼ばれる。

後者の見方は，それとは対照的に，国際関係の現実は，行為主体の手によって，大きく変えることができるという立場をとる。つまり国際関係において構造と呼べるようなものがあったとしても，そ

れが人間にとって好ましくない結果を生むのであれば、それを自らの意志で乗り越えたり、部分的に修正したりすることは可能であると見るのである。

　単純化を恐れずに言えば、国際政治におけるリアリズム（現実主義）の考え方は、基本的に人間の主体性もしくは自由意志をあまり認めない議論であり、リベラリズム（自由主義）の考え方は、それを積極的に認める議論である。その意味で、リアリズムの視点は、リベラリズムに比べて相対的に人間をより制約された存在として見ていると言える。言い換えれば、リアリズムの世界では、人間は国際関係の構造によって拘束され、それを変えたいと思っても、変えることのできない無力な存在として描かれている。それとは対照的に、リベラリズムの世界では、人間は国際関係の構造を自由な意志に従って変える能力を持つ存在として描かれているのである。より平たく言えば、「意志があるところに道がある」と見るのがリベラリズムで、「意志があっても道は開けない」と見るのがリアリズムだと言えよう。

　リアリズムとリベラリズムについては、第1章と第2章で詳しく説明するので、ここでは両者の違いを簡単に示す程度にとどめておこう（表1参照）。

　リアリズムは、国家を中心として国際関係をとらえる。国家は、自己の生存という国家利益（国益）を追求する。よって、必然的に国家にとっては、力を背景とする外交や戦争といった行為が重要性を持つ。そのため、国家間の関係は対立的なものとなる。そのような状況下で国際的な安定を最低限維持するには、当然、軍事力が必要となる。それがないと侵略を阻止できないからである。また、このような国際関係の性質は、基本的に17世紀以来変わっていない。各国の上位にあって、価値を権威的に配分する共通政府は存在しな

表1 リアリズムとリベラリズム

	リアリズム	リベラリズム
行為の主体	国家	個人，国家，政府間組織，NGO
行為の目的	国家利益	国際社会・人類共同体の利益
行為の領域	安全保障	経済，社会
行為の性質	対立	協調
国際秩序の基盤	力（軍事力）	市場，制度，規範
国際関係の動態	不変，循環	変容，進歩

[出典] 筆者作成。

いからである。変わったのは，どの国が大国の地位にあったかだけである。

　これとは対照的にリベラリズムは，行為主体として国家以外に個人，政府間組織，そしてNGOなども含めて考え，これらは行動の自由を持っていると考える。リベラリズムの考える行為の目的は，国益ではなく，国際社会の共通利益や人類全体の利益の実現である。したがって，行為の範囲には，人権の保護や経済的な交流の増進，さらには地球環境の保護などが含まれると見る。そのため国際関係は，協調的な側面をも持つと考えられる。また，このような国際社会の共通利益を実現するには，軍事力による秩序形成ではなく，規範や市場，制度による秩序形成が必要となる。その結果，国際関係の歴史は，規範や制度が生まれ，変容する進歩の過程とみなされるのである。

　このようにして両者の特徴をとらえてみると，リアリズムは，国際関係の構造や国家間の力関係などが国家に対して大きな制約となるとする見方であり，その逆にリベラリズムは，国家以外の行為主体の働きかけによって作られる規範や制度が，そういった制約を乗り越える契機となるとする見方である，と言えよう。

「客観的な世界」と「主観的な世界」

　もう一つの軸はアプローチの軸であり、国際関係の現実をどのようなものだと仮定して分析するかに関する軸である。これは、最終的に行為主体との関係で、現実がどのようなものであるのかを問題にする軸であると言える。つまり、国際関係は、岩石のように手にとって見ることができる客観的なものなのか、それとも小説に描かれる世界のように人間の頭の中に存在する主観的なものなのか、という問題である。この点に関しては、本書の特色とも密接に関連するので、ここでやや詳しく見ておこう。

　第二のアプローチの軸にも、第一の軸と同様に、二つの見方がある。一つは、国際関係の現実を客観的なものとして仮定すべきだとする見方であり、もう一つは、国際関係の現実というのは、行為主体によって主観的につくられるものだとする見方である。前者は、国際関係の現実を人間の意識とは別に、客観的に存在するものと理解し、行為主体がそれをどう認識しようと、それが影響を受けることはないと仮定する。ガラス玉は、それを見た人がダイヤモンドだと思ったとしても、やはりガラス玉なのである。同様にある国による核兵器の保有は、それを周りの国がどう見ようと、軍事的な脅威となるのである。つまり、核兵器の保有が客観的な事実であれば、それを軍事的な脅威ではないと言ってみても、始まらないのである。

　他方、国際関係の現実は、行為主体によって主観的につくられるものであるとする、もう一つの見方からすれば、国際関係の現実は、行為主体がそれをどう見るかによって違ってくることになる。つまり、それは、人間の意識とは無関係に存在するものではない、という立場をとるのである。客観的には、ダイヤモンドであったとしても、それを、ある人がただのガラス玉だと思えば、それは、その人にとっては、ただのガラス玉なのである。同様にある国が核兵器を

序章　世界を分析する四つの見方

Column① 法則と仮説

 法則とは、通常、あることとあることが原因と結果の関係で結ばれていることを示す命題のことをいう。つまり、特定の因果関係を示す命題のことである。だが、客観的な世界では「真実」は一つしかないと考えられているので、分析者は当然「唯一正しい」とされる因果関係を突きとめなければならない。

 それを可能にするのが、実証主義という科学的な手続きである。一般的に、実証主義あるいは科学的な経験分析とは次のようなことをいう。まず、分析者は、自分が正しいと考える命題を仮説として提示する。次に、それが「唯一正しい」命題かどうかを確かめるために、事実と照合するという作業を行う。その命題によって、どの程度現実を説明するこ

保有したとしても、その国とは友好関係にあると隣国が認識していれば、その隣国にとっては軍事的な脅威にはならないのである。つまり、このアプローチは、国際関係の現実が行為主体の主観と不可分なものだと見るのである。その点で、先に述べた国際関係の現実を客観的なものとして見るアプローチとは異なるのである。

 このことは、国際関係の現実を理解するためのアプローチにも影響を与える。行為主体の認識と現実とは無関係であるとする立場、すなわち、現実は客観的なものであるとする立場からすれば、国際関係の現実には、一定の法則が作用していると見ることができる。つまり、万有引力の法則が作用して、リンゴが木から落ちるという現実と同類の現実が、国際関係においてもあるということになる。もし、そうだとすれば、国際関係を理解するためには、何らかの法則を発見しなければならないということになる。

 これに対して、現実は行為主体によってつくられる、とする立場からすれば、一定の法則が作用しているのではなく、行為主体の認

とができるかを見るのである。これを実証という。もし，その仮説が経験的な事実と適合すると判断されたならば，その仮説は正しかったということになり，法則としての地位を得る。

けれども，その逆に，経験的な事実とうまく合致しなければ，仮説は反証されたことになるので，分析者はその仮説に修正を加えるか，全く別の仮説を用意するかしなければならない。そして，それを再び経験的な事実と突き合わせて，事実との適合性を確認する。これを，仮説が反証されなくなるまで何度も繰り返し，最後に残った仮説を法則として認めるのである。つまり，客観的な世界として国際関係を想定した場合には，特定の現象を引き起こしている客観的な原因を，分析者は究明しなければならないのである。

識が作用しているという見方になる。したがって，現実を理解しようとすれば，当然，行為主体が現実をどのように認識するのかを分析しなければならなくなる。行為主体自身が，自らの置かれた状況をどう認識し，どのような理由もしくは動機から特定の行為に及んだのかということを分析しなければならないのである。つまり，特定化されるべきは，客観的な原因ではなく，行為者の主観的な理由だということになる。ただし，分析者はそれを客観的に分析しなければならない。ここで言っているのは，行為主体の主観が分析の対象となるべきだということであって，分析そのものを主観的に行うべきだということではない。

ここでこの，原因と理由の違いについてもう少し説明しておこう。たとえば，瞬きも目配せも，いずれも瞼の開閉という行動には相違ない。しかし，前者は生理的な行動，すなわち「客観的な世界」にその原因が求められる行動であり，後者の目配せは，他者の存在を前提とする社会的な行為であるだけでなく，たとえば，発言の内容

序章　世界を分析する四つの見方　15

が真意ではないことを他者に示すなど,何らかの理由があってとられる行動である。

　この原因と理由の違いは,同様に国の行動にも当てはまる。たとえば,太平洋戦争の原因は,必ずしも,その理由と同一ではない。日本が自国の経済発展に必要な石油や鉄といった戦略的な物資を他国に依存していたことは,太平洋戦争の一因であろう。天然資源は,客観的に存在する物質的な要因であり,それを確保しようとして,日本が太平洋戦争を起こしたと見ることができるからである。しかし,それとは対照的に,欧米によるアジアの植民地化を防ぐために,アジアから西欧の帝国主義的勢力を一掃しようとしたというのは,戦争の理由ということになるであろう。というのは,日本の当時の政治指導者の一部が現状をそのように見ていたからであり,そういった状況が客観的に存在していたのではないからである。

　つまり,理由というのは,行為者の「主観的な世界」をのぞくことで,はじめて理解できるものなのである。そして,通常,その方法として使われるのは,歴史学的な方法と社会学的な方法である。前者は,分析対象となる具体的な事例において,特定の行為主体がどのような動機で特定の行為に及んだのかを,分析する方法である。行為主体が残した書簡や日記などの記録資料を丹念に分析することで,その行為主体の動機や意図を探るのである。後者は,特定の行為が個々の社会でどのような意味を持つのかを理解しようとするもので,その社会の制度や文化を分析することにより,平均的な行為主体が,その中でどのような動機を持ちうるのかを推論する方法である。

ラショナリズムとコンストラクティヴィズム

　国際関係の現実を「客観的な世界」と見るアプローチには,ラシ

ョナリズム（合理主義）を前提とするネオ・リアリズム（新現実主義）やネオ・リベラリズム（新自由主義）などの理論が含まれる。これらの理論は、国際関係における行為主体を合理的な行為主体◆と仮定し、軍事力や経済的な利害といった客観的な要因を分析することによって行為主体の行動を説明しようとすることから、ラショナリズムと呼ばれる。

　これに対して、国際関係の現実を「主観的な世界」と見るアプローチには、広義のコンストラクティヴィズム（構成主義）に属する諸理論が含まれる。これらの理論は、いずれも、行為主体間で共有される知識や規範、あるいは役割といった主観的な要因を分析することによって行為主体の行動を理解しようとする。

　知識や規範などの変化が行為主体の認識と行動に変化をもたらすとするリベラル・コンストラクティヴィズム（リベラル構成主義）の諸理論は、このアプローチを採用する、最も典型的な例である。だが、自国の安全保障に関する国家の責任を問題にする古典的リアリズムや、国際秩序の安定に対する大国の責任を強調する英国学派なども、行為主体の主観を重視するという意味において、広義のコンストラクティヴィズムに含まれるであろう。

　以上の二つの対立軸を組み合わせると、表2のようになる。客観的な世界として国際関係の構造が行為主体に重くのしかかり、行為主体の行動を強く制約するとする見方の代表がネオ・リアリズムである。ネオ・リアリズムにおいては、前述した科学的な方法論が重

◆用語解説
合理的な行為主体　一般的には、一定の目的を達成するために最適な手段を選択する行為主体のことを言う。しかし、ラショナリズムを前提とする国際関係理論では、利己的な行為主体が想定されているため、自己の利益を極大化させる行動を選択する行為主体のことを言う。

表2　国際関係の四つの見方

	国際構造による制約	国際構造からの自由
客観的な世界	ネオ・リアリズム	ネオ・リベラリズム
主観的な世界	古典的リアリズム 英国学派	リベラル・コンストラクティヴィズム

［出典］　筆者作成。

視される。次に、ネオ・リアリズムと同様に国際関係の構造的な制約を重視するものの、行為主体の主観を問題にする理論としては、古典的リアリズムや英国学派などがある。これらは、行為主体自身が構造的な制約を意図的に構築するか、あるいは認識しなければならないと見る点で、行為主体の主観を問題にするのである。その意味では、これらの諸理論を広義のコンストラクティヴィズムに含めることができるであろう。また、これらの理論は、特に歴史学的な方法を重視する傾向を持つ。

この二つの場合と対照的なのが、行為主体の主体性もしくは自由意志を重視する見方である。まずネオ・リベラリズムの見方がある。これによれば、国際関係の現実は客観的な世界と言えるが、それは可変的なものであるため、構造的な制約と呼べるようなものが存在したとしても、行為主体は、自らの意志で、それを取り除いたり、あるいは緩和させたりすることができる。ネオ・リベラリズムでは、ネオ・リアリズムと同様に科学的な方法が重視される。

最後に、行為主体は構造的な制約から自由であり、なおかつ国際関係の現実は、行為主体自身によって主観的につくられるとする一連の理論がある。通常、このような視点に立つ理論は、コンストラクティヴィズムあるいは社会構成主義と呼ばれているが、本書では、広義のコンストラクティヴィズムと区別するために、リベラル・コンストラクティヴィズムと呼ぶことにする。この範疇に入る理論

は，行為主体の認識の変化が国際関係の現実に変化をもたらし，それによって自らを国際関係の構造的な制約から解き放つことができるとする点で，リベラルなのである。これらの理論では，通常，社会学的な方法論もしくは歴史学的な方法論が採用されることが多い。

3 本書のねらい

以上,「制約」か「自由」か，という国際関係の可変性に関する軸と,「客観的な世界」か「主観的な世界」か，という行為主体の認識と現実の関係に関する軸の二つを中心に，グローバル化する国際関係の現実を分析する見方について論じてきた。

最後に，本書の特色と構成について述べておこう。国際関係論の他の多くの教科書と本書が異なるのは，以下の点である。

第一に，主要な国際関係理論を明確に分類し，位置づけた。特に，必ずしも統一性があるとは言えないリアリズムやリベラリズムの諸理論を，可能なかぎり体系的にとらえようと試みた。

第二に，コンストラクティヴィズムの諸理論について，本格的に，しかも体系的に紹介している点があげられよう。特に本書では，他の理論との違いがどこにあるのかに注意しながら，コンストラクティヴィズムの特色を説明するように心がけた。

第三に，コンストラクティヴィズムという名称が頻繁(ひんぱん)に使われるようになったのは1990年代以降のことであるが，本書は，コンストラクティヴィズムの「血統」が，実際には古典的なリアリズムや英国学派に遡(さかのぼ)ることを示している。それも本書の特色の一つだと言えよう。

第四に，本書は，単に既存の理論の紹介にとどまらず，事例研究を通して理論と現実を結び付けることに最大の努力を払っている。

先に述べたように，理論は，現実を理解するためのレンズにすぎない。したがって，理論についての知識を得ても，それを，現実を理解するために使わなければ，知識のための知識に終わってしまう。そのような観点から本書では，現代の国際関係において重要度の高い事例を安全保障，国際経済，環境保護および人権保護の各分野から二つずつ選び出し，それぞれの国際関係の現実について理論による分析を試みている。

　本書の構成は以下の通りである。第1章では，まず「制約」という視点から，リアリズムとは何かを検討し，次に，「客観的な世界」を仮定するネオ・リアリズムの特色について紹介する。そして，英国学派および古典的リアリズムが「主観的な世界」を重視する理論であることを説明する。同様に，第2章では，「自由」という視点から，リベラリズムの基本的な考え方をその多様性に留意しながら紹介し，次にネオ・リベラリズムの特色について説明する。そのうえで，「主観的な世界」を仮定するリベラル・コンストラクティヴィズムの特色について詳細に検討する。

　こうして，序章，第1章および第2章で国際関係の見方を学んだ上で，いよいよ第3章以降ではそれぞれの分野における国際関係の現実を見ることになる。これらの章では，まず歴史的な経緯や背景を明らかにすることから入り，次にそれぞれの分野で近年，特に重要な事例をとりあげて，検討するというスタイルをとる。そうすることで，おのおのの事例が，それぞれの分野でどのような位置づけになるのかが，はっきりすると思われるからである。

　順に見ておくと，第3章の「安全保障」の章では，冷戦史を簡単に振り返った後，冷戦終結後に顕著な傾向として見られるようになった人道的介入と，核兵器の拡散・軍備管理について事例分析をする。

次の第4章の「国際経済関係」の章では，戦後の自由主義的な国際経済秩序の歴史を振り返った後，特に1990年代以降に見られるようになったグローバル化をめぐる現象と世界貿易機関（WTO）の多国間交渉，昨今，急速に進展しつつあるアジアにおける地域主義について，事例分析で詳細に検討する。

　そして第5章の「地球環境」の章では，まず環境問題が国際的な問題として認識されるようになった1970年代の初めに遡り，この問題に関する国際社会の取り組みの歴史を振り返る。そのうえで，気候変動の問題への国際社会の対応と，「持続可能な開発」原則への世界銀行の対応について検討する。

　そして，「人権」を扱う第6章では，まず人権問題が国際政治に登場するようになった歴史的な背景を振り返り，その上で難民保護に関して国連難民高等弁務官事務所（UNHCR）がこれまで果たしてきた役割と，国連を中心とする企業の社会的責任（CSR）への取り組みについて，具体的な事例をあげながら分析する。

　これらの事例は，いずれも現在注目を集めている国際政治の問題であることから，これらの事例を鋭く研ぎ澄まされた理論の眼を通して見ることで，現代の国際関係の特質や方向性を明らかにすることができると考える。

　そして終章では，以上の分析を踏まえた上で，今後の国際関係の行方についてマクロな視点から検討するとともに，理論の運用の仕方についてふりかえることにする。

◆さらに読み進む人のために────
　今田高俊編，2000年『社会学研究法──リアリティの捉え方』有斐閣アルマ
　　＊社会学の領域ではあるが，社会科学の方法論にはどのようなもの

があり，それぞれどのような長所があるのかについて，バランスよく，なおかつわかりやすく解説した方法論の入門書である。

ドレズナー，ダニエル／谷口功一・山田高敬訳，2012年『ゾンビ襲来——国際政治理論で，その日に備える』白水社
＊ゾンビの発生という架空の脅威に対して国際社会がどのように対応するかを，リアリズム，リベラリズム，コンストラクティヴィズム，国内政治過程論の視点から解き明かし，理論の政策有意性を強調する，いまアメリカで話題の教科書。

Hollis, Martin, and Steve Smith, 1991, *Explaining and Understanding International Relations*, Clarendon Press.
＊哲学者と国際政治学者の共著で，「理解すること」と「説明すること」をモチーフに国際関係論の社会科学としての特徴を明らかにし，それをふまえた理論構築がどのようなものなのかを見事に描き出している。

第I部
国際関係の見方

リアリズム

第1章

　人間や社会が善くなれば、世界は平和になるのだろうか。リアリズム（現実主義）は、この問いに首を横に振る。それはどのような理由からなのか。本章では、まず国際関係の構造的な制約を重視するリアリズムの基本的な考え方を学ぶことから始めよう。なぜ国家は力を追求するのか、それがなぜ戦争を引き起こすのか、戦争を防ぐにはどうしたらよいのか。また、力の分布パターンは戦争の発生とどう関係しているのか。力は一極に集中していた方がよいのか、それとも二極に集中していた方がよいのか、あるいは多極に分散していた方がよいのか。そして最後に、リアリズムは、政治と倫理の関係をどうとらえるのか。このような問いに答えてみよう。

1 リアリズムの考え方──構造による制約

 過去，現在，そして未来の国家間の関係を，どのようなものとして見るべきなのだろうか。戦争や紛争は，いつでも，どこでも起こりうる現象なのだろうか。国家間の協力や合意形成は，例外的にしか見られない現象なのだろうか。言い換えれば，国際関係には，戦争や紛争を不可避なものにし，協力や合意形成を困難にするような性質があるのだろうか。以下において解説するリアリズム（現実主義）は，この問いにイエスと答える。国家がとりうる行動は，人間の性質や国際関係のしくみ自体によって制約を受ける。したがって，それらが変わらないかぎり，国家がそのような制約から自由になることはないと考えるのである。

 とはいっても，リアリズムという思想が，そもそも一つにまとまった形で存在するわけではない。つまり，リアリズムには，かなりのバリエーションがある。本章では，まずリアリズムに共通する要素が何であるのかを，古典的リアリズムを中心に説明し，そのうえで，後で説明するように科学的な理論をめざしたネオ・リアリズム（新現実主義）を紹介しよう。そして最後に，ネオ・リアリズムとそれ以外の英国学派などのリアリズムとを比較することで，リアリズム全体の可能性と限界について考えることにしよう。

アナーキーと安全保障のジレンマ

 リアリズムは，どのような要素から成り立っているのだろうか。一般にリアリズムの議論には，アナーキー（anarchy），国益（national interest），力（power），安全保障のジレンマ（security dilemma），そして勢力均衡（balance of power）といった概念が登場する。ここで

はリアリズムの考え方を、①アナーキー（無政府状態）から安全保障のジレンマが生じる段階と、②勢力均衡（バランス・オブ・パワー）を通して、それを緩和させ、各国の安全を確保する段階の二つに分けて説明してみよう。

　リアリズムの議論の起点は、アナーキーである。この言葉の日常的な使い方から受ける印象は、カオス（混沌）的で、秩序が存在しないというものかもしれない。しかし、国際政治学でいうアナーキーとは、立法機能、行政機能および司法機能を担う政府が国家の上位に存在しない状態のことを指す。したがって、国際政治の主役である主権国家が、上下の区別なく配置されている秩序のことをいう。その反対に、政府が存在し、行為主体（アクター）がピラミッドのように階層的に配置されている状態のことを、ヒエラルキー（階層性）という。つまりアナーキーとは、主権国家に対して上から命令を下すことができる世界政府が存在しないことを意味するのである。

　この状況は、国家に主権（sovereignty）が与えられることによって必然的に生まれる。通常、主権とは、一定の領土と領民を統治する最高の権限のことをいう。つまり、他国から干渉されることなく、国内社会における価値の配分を自由に決定する権限のことをいうのである。同時に、それは対外関係において各国政府に自国の国民を代表し、国際条約を締結する権限があることを意味する。

　したがって、どのような国であれ、国家は相互に独立した存在であり、また形式的には対等な存在であると言える。つまり、国家が主権を持っているということは、価値を権威的に配分するような共通の政府が国家の上位に存在しないことを意味する。言い換えれば、国際システムの内部では、権力が各主権国家に分散しているのである。そのような状態が、アナーキーと呼ばれる状況である。そして、このような性格を持つ国際関係は、一般にウェストファリア体制も

しくは近代国家システムと呼ばれている（*Column②*参照）。

　リアリズムは，このアナーキーな構造こそが，国際関係において戦争を不可避なものにする根本原因なのだと考える。それは，なぜか。国家を超える権力が存在しないため，国家は，自国の安全を自力で保障しなければならなくなる。つまり，自国の安全を確保するには自助もしくは自力救済という方法しかないのである。したがって各国家は，自ら軍備増強をはかるか，他国と軍事同盟を結ぶかすることで，自国の安全を確保しなければならない。つまり国家は，何らかの手段で力を追求しなければ，自国の政治的な独立性を確保できない状況に置かれているのである。

　しかしながら，力の追求は，それ自体どんなに防衛的であっても，他国にとっては無視できない脅威である。そのため他国も，そのような脅威から自国を守ろうとして，自ら軍備を増強するか，友好国と軍事同盟を結ぼうとする。その結果，双方の国家の関係は，さらに敵対的なものへと変化する。つまり，自国の安全を確保しようとして力を追求すると，それが他国の安全を脅かすことになり，他国も力を追求せざるをえなくなるのである。これが，アメリカの国際政治学者ハーツによって指摘された，「安全保障のジレンマ」と呼ばれる状況である。

　リアリスト（現実主義者）は，古くからこの現象に注目してきた。ペロポネソス戦争について著した古代ギリシャの歴史家ツキュディデスも，スパルタとアテネとの間で戦争が発生したのは，自己防衛的な理由からアテネが同盟国に援軍を送り，勢力を拡大したことが，スパルタにとって脅威となったためであると説明した。つまり，援軍を送るというアテネの行為がスパルタとの間で「安全保障のジレンマ」を発生させ，それが両国間の戦争原因となったと見たのである。そして，17世紀のイギリスを代表する思想家T.ホッブズが描

Column② **主権国家の誕生とウェストファリア体制**

　歴史的に見ると、主権国家は、中世ヨーロッパの衰退とともに16世紀から17世紀にかけて徐々に形成されていったと言われる。この主権国家から成る国際システムは、宗教に関する問題を国王の裁量に委ねることを決めた、1648年のウェストファリア条約がその幕開けを象徴的に示す事柄であったことから、ウェストファリア体制とも呼ばれる。

　中世までは、主権国家ではなく、帝国が民を支配した。古代ローマ帝国の時代には、ヨーロッパ、中東および北アフリカに及ぶ一大帝国が権力の中心となり、そしてローマ帝国衰退後の時代には、神聖ローマ帝国とビザンツ帝国（東ローマ帝国）が権力の中心となった。しかし、中世に入ると、次第に支配構造が重層化していった。まず、皇帝以外に各国に国王が存在し、それと重なるようにして、ローカルな共同体を支配する豪族や封建領主なども権力を持っていた。そして、この政治的な秩序と並行して、宗教的な秩序も存在し、政治的な秩序に対しても多大な影

いた「万人の万人に対する戦争」という状況も、国内社会についてではあるが、まさにこの「安全保障のジレンマ」の論理を指摘したものととらえることができよう（*Column③*参照）。

リアリズムの政治観と力

　では、「安全保障のジレンマ」から脱出するためのリアリストの処方箋とは何か。それを考えるうえで留意しなければならないのは、リアリストの政治観である。なぜならば、政治の本質をどのように理解するのかによって、処方箋も変わるからである。もし政治の本質からして、「安全保障のジレンマ」を完全に克服することはできないというのであれば、それをできるだけ緩和する方法を考えるしかないであろう。

響を及ぼしていた。特にカトリック教会の頂点に立つ法王は，国王間の秩序維持に関しても重要な役割を担っていた。つまり政治的な秩序と宗教的な秩序は，それぞれが重層的な秩序であったばかりでなく，それらが同時に相互に影響しながら存在したのである。したがって，一般の民は，聖職者と封建領主の両方に支配されるという状況に置かれた。

しかし，その後軍事技術が進歩し，安全保障上の理由からより大きな領土が必要となり，次第に権力が国王に集中するようになっていった。国王が民の安全を保障し，それと引き換えに民は国王に労働や農作物を献上するようになった。その結果，国王が一定の領土と領民を直接的に支配するようになったのである。そしてその後，新教（プロテスタント）の登場と宗教戦争によって法王と皇帝の権威が失われると，国王の支配は独占的なものになっていった。このようにして対内的に主権を持ち，対外的にそれを認め合う，近代主権国家から構成される国際システムが形成されたのである。

リアリズムの政治観を代表するのは，反自由主義を唱えたナチス・ドイツの政治学者 C. シュミットである。シュミットは，政治の本質を以下のようにとらえた。近代社会においては価値が多様化し，人々は，同一の価値を共有する人々と集団を形成し，その価値の実現に力を注ぐ。その結果，必然的に異なる価値を支持する集団間との関係は対立的なものになり，各集団はそのような中で自ずと権力を求めるようになる。相手よりも優位に立ちたいからである。そして，政治は，必然的に権力闘争の性格を帯びるようになる。シュミットは，さまざまな価値をめぐる，このような敵と味方の関係こそが政治的なものの本質であると考えたのである。したがって政治とは，そのような状況において，主権者が一定の手続きに従って決断をする行為のことを指すのである。

Column③ ホッブズの「自然状態」とルソーの「自己愛」

　リアリズムの思想的な基盤は，17世紀のイギリスを代表する思想家T. ホッブズと，18世紀に活躍したスイス出身の思想家J. ルソーによって築かれたと考えられている。

　ホッブズは，ピューリタン革命（1642-49年）後の母国イギリスで宗教をめぐる内戦を目の当たりにし，その経験から絶対王政を正当化しようとした。ホッブズが使った手法は，「もし君主がいなかったら，どうなっていたか」という反実仮想（事実に反する仮定の状況）であった。つまり，秩序維持能力を持つ君主が存在しない状態を仮に想定したのである。それが，各人が自己の生命を守るためならば，自由に実力を行使できる「自然状態」であった。ところが，「自然状態」では人々はお互いに脅威となるので，「万人の万人に対する戦争」が出来する。そして，そのような状態に置かれた人々は，「死への恐怖」から逃れようとして，自分に代わって自己の安全を保障してくれる絶対的な権力にすがろうとする。その結果，人々は社会的な契約を結び，強制力を行使する権限を国家に与えるのである。これがホッブズの政治思想の骨子である。

　国際政治を「力と平和をめぐる闘争」として表現した，アメリカの国際政治学者H. モーゲンソーは，まさにこのシュミットの政治観を国際政治に適用しようとしたと理解できる。モーゲンソーによれば，国際政治では，国内政治の場合よりも法の作用が弱いため，国家による力の追求に歯止めをかけることが難しいとされる。したがって，力を追求する行為は，最終的に実力行使に結び付きやすい。つまり，国際政治においては，武力行使の可能性を完全に排除することはできない。そのため，場合によっては軍備増強が必要とされ，国家間で「安全保障のジレンマ」が発生しやすくなる，というのである。それを憂えたからこそ，モーゲンソーは，国家による力の追求に対して何らかの制限を加えるべきであると考えたのである。こ

たしかに，ホッブズの考え方は，「安全保障のジレンマ」と戦争の関係をとらえたという点ではリアリスト的であった。だが，彼の議論は，基本的に国内社会に限られたものであった。国際関係にホッブズ的なリアリズムの考え方を持ち込んだのは，ルソーであった。

　ルソーは，君主政国家には，他国を支配したいという欲望があると考えた。当然，他国はそれを恐れ，自らの生存を確保しようとして力を追求する。その結果，ホッブズ的な自然状態が国際的なレベルで生じることになる。しかし，国内社会とは違い，国家間では信頼関係を築くことはできないため，国家が社会的な契約を結ぶことはないと，ルソーは考えた。だから自然状態から脱出できない，と言うのである。

　しかし，ここで一つの疑問が生じる。なぜ君主政国家は，他国を支配したいと欲するのか，という疑問である。これに対して，ルソーは，「自己愛」が強すぎるからと答えたのであった。つまり，君主は自己を愛するあまり，民を自己の欲望を満たすための道具としか見ない。他国の民であれば，なおさらである。そのような国家の性質が国家を暴力的にさせるのだと，ルソーは確信したのである。

れを，リアリズムの研究で知られる M. ウィリアムズは，「制限戦略」と呼んだ。

　ここで，リアリズムの制限戦略にふれる前に，リアリズムのいう「力」という概念について見ておこう。まずモーゲンソーは，力を「他者の心と行動に対する支配（control）」と定義した。力とは，他者の気持ちや行動に変化をもたらす，一種の影響力ということになろう（*Column④*参照）。

　国際政治においては，通常，力は国家によって行使されるので，国力とも呼ばれる。モーゲンソーは，それを構成するものとして，地理的条件（自然の国境の有無など），天然資源（食糧および原料），工業力，軍備（科学技術や指揮統率力を含む），人口，国民性，国民の士

Column④ 力について

　日本語では,「力」という言葉が文脈によって使い分けされるので,一応整理しておくと,以下のようになろう。
　①「権力」とは,支配者や公権力のように特定の地位によって正統性 (legitimacy) を付与された「力」のことをいう。
　②「政治力」は,モーゲンソーのいう「力」に該当し,物理的な暴力の行使によって生じる影響力はこれに含まれない。「勢力均衡」という時の「勢力」は,基本的に軍事力を指すが,通常「軍事力」から生じる物理的な影響力ではなく,政治的な影響力を問題にするので,「政治力」あるいは「力」と同義である。
　③「実力」は,物理的な暴力の行使によって生じる影響力のことをいい,「暴力」および「物理的な強制力」と同義である。

気（社会や政府の資質を含む）,外交の質および統治の質（国民の支持の有無など）という九つの要素をあげた。これらの要素は,非物質的なものを除けば,後に述べるネオ・リアリズムにおける能力 (capability) とほぼ同義であろう。

　一国の国力は,これらの要素が組み合わされることによって決まるのだが,モーゲンソーの考え方の特徴は,これらの国力の諸要素が基本的に国家の戦争遂行能力としてとらえられている点にある。これは,政治的なものの本質を敵対的な関係としてとらえる彼の国際政治観に由来していると考えられる。というのは,仮に国家間の関係が友好的であれば,他国の行動を変えようとするときには協力の要請でことが足りるからである。

　その逆に,リアリストが考えるように,国家間の関係が敵対的であるならば,相手国はなかなか行動を変えようとはしないであろう。そのような場合に,抵抗を排除するには,何らかの強制力（実力）

が必要となる。そして、抵抗の大きさ次第では、軍事力が必要となる場合もあり、そこに政治が暴力化する契機が潜んでいると言える。

秩序維持のための法制度が確立している国内政治とは異なり、法的な規範が実効性を持たない国際政治においては、こうした傾向が、国内政治とは比べものにならないほど強くなる。モーゲンソーが政治の暴力化に対する制限戦略の必要性を強く主張したのは、まさにそのためであった。

制限戦略としての国益と勢力均衡政策

モーゲンソーが政治の暴力化に対する制限戦略として重視したのは、国益と勢力均衡政策の二つであった。

国益とは、国家利益のことであり、通常は普遍的な内容を持つものではなく、おのおのの国家に特有なものである。それは、それぞれの国家社会において共有されている文化あるいは価値を反映するものであると言える。モーゲンソーが国益という考え方を重視したのは、それが国際政治の暴力化を防ぐ歯止めの役割を担うと期待したからであった。

特定の国の文化に根ざした主義主張や価値観などは、その国の人々にとっては意味のあることでも、他の国の人々にとっては、必ずしも重要だとは言えない。しかし、もし、そのような普遍性に欠ける主義主張や価値観が絶対視されれば、国際関係にとっては、大変危険なことになりかねない。絶対視された価値を実現するためには、どのような手段も正当化されてしまうからである。実際、過去においては特定の宗教や民族に関する主張が絶対視され、それが多くの国々に戦争の悲劇をもたらしたのであった。

ところが、国益を基準とする外交を重視するということになれば、本当に、ある価値を追求することが国家安全保障の観点から正当化

できるかどうかを各国に問うことになる。その意味では、モーゲンソーのリアリズムは、生存という価値とその他の価値が衝突する場合に、前者を選択する理性を国家に求めていると言えよう。つまり、民主主義であれ、資本主義であれ、ある価値を他国に押し付けることによって、本当に自国の安全が損なわれてもいいのか、と問いかけたのである。そのかぎりにおいて、モーゲンソーのいう国益は国家理性◆と同義であると考えられる。

しかし、国家がそのような理性を持つには、戦争に訴えることが自国にとって不利になることを知らなければならない。つまり、特定の価値が実現されることによって得られる利益よりも戦争によってもたらされる不利益の方が大きいことを、国家自身が理解しなければならない。モーゲンソーにとっては、それを知らしめるのが、実は勢力均衡政策なのである。

勢力均衡政策とは、勢力の拡大をはかる国が現れたときに、それに対抗する勢力を形成することによって、勢力を拡大しようとする国家に対して自制を促す政策のことを言う。つまり、特定の国の軍事力が他国を圧倒することのないように、同盟を形成するなどして劣勢にある勢力に手を貸す政策が勢力均衡政策であると言えよう。

この考え方は、ヨーロッパの歴史的な経験から生まれた考え方である。というのは、ヨーロッパでは、勢力均衡政策がとられたことで、ある程度の期間、平和が持続したからである。特にナポレオン

◆用語解説
国家理性（raison d'etat）　どのような状況のときに、人命を奪うといった私人には許されない非道徳的な行為を国家に許すことができるのかを示す、国家にとっての公的な道徳のことをいう。第一次世界大戦におけるドイツの行動を正当化したドイツの歴史家マイネッケは、その基準を、国家の生存が脅かされているかどうかに求め、それを国家理性と呼んだ。

戦争（1800-15年）の終結からクリミア戦争（1853-56年）の勃発までの約半世紀は，大きな戦争が発生しなかった。フランス，プロイセン，オーストリア，ロシアおよびイギリスといった大国が意識的に勢力均衡をめざしたからである。これは，「ウィーン体制」ないしは「ヨーロッパ協調」として知られている。

そして，普仏戦争（1870-71年）後も，ドイツのビスマルク宰相によって独墺同盟を中心とする勢力均衡政策がとられ，第一次世界大戦が勃発する1914年にいたるまでヨーロッパは大戦争に見舞われずにすんだ。これは，言うまでもなく，大国が勢力均衡政策を積極的に展開した結果であった。しかし，特定の国に対する復讐心や主義主張の対立などから国際関係が硬直化し，勢力均衡政策が思うようにとれなくなってしまったときに，ヨーロッパは二度にわたる大戦争に見舞われたのである。それは，まさに勢力均衡政策の破綻の結果であった。

以上見てきたように，国際関係の基本的な性格がアナーキーであることから，国家は力を追い求める。しかし，そのことが他国には脅威となり，すべての関係国の安全が損なわれる「安全保障のジレンマ」が発生する。そこから抜け出そうとしても，国家はアナーキー的な構造を変えることができないため，次善の策として，勢力均衡政策をとるべきだと，リアリズムは主張するのである。その意味では，リアリズムは，国家のあるべき姿を示す一種の「主観的な世界」に基づく規範論であると言えよう。したがって，リアリズムにとっての，国際関係の現実を分析する究極の目的とは，現実が，リアリズムが考える国家像とどの程度離れているかを見ることなのである。

2 ネオ・リアリズム——「客観的な世界」を説明する

　規範論としてのリアリズムからの脱皮をはかったのが，ネオ・リアリズムであった。その背景には，第二次世界大戦後の冷戦という新しい国際政治の現実があった。世界は，均等な力を持つ複数の大国から構成された，それまでの多極構造◆とは異なり，力が米ソ2国に集中する二極構造◆に生まれ変わったのである。そこで，二極構造に変化した世界においても，はたして勢力均衡がうまく働くのかという疑問が生じてきた。

　そのような理論的な問いに答えるために構築されたのが，ネオ・リアリズムであった。ネオ・リアリズムと呼ばれる理論は，いずれも「客観的な世界」を想定して，法則の発見をめざす科学的なアプローチをとった。その際に，当時，他の学問領域で使われていたシステムという考え方に着目した。すでに確立された知見から，何らかのヒントを得ようとしたからである（*Column*⑤参照）。

二極による安定

　では，システムとは何か。システムとは，通常，部分から構成さ

◆**用語解説**
　　多極構造　　多極構造とは，力が三つ以上の極，すなわち三大国以上に分化している状態のことをいう。また，多極構造を持つ国際システムのことを多極システムという。ウェストファリア体制が成立して以来，最も典型的に存在したのは多極システムである。
　　二極構造　　二極構造とは，力が二つの極，すなわち二大超大国に集中している状態のことをいう。また，二極構造を持つ国際システムのことを二極システムという。冷戦が始まってからは，アメリカとソ連という二つの超大国に力が集中したため，国際システムは多極システムから二極システムへと移行した。

れる全体のことをいう。だが，単に部分を足したものではない。というのは，システムは，部分とは別個に，全体としての独自の性格を持ち，それが部分を拘束するからである。国際秩序の安定性に関して，リアリズムの視点から，このシステムという考え方を基礎に理論を組み立てた理論家の一人に，アメリカの国際政治学を代表する研究者 K. ウォルツがいる。

　ウォルツは，国際関係を一種のシステムととらえることにより，その長期的安定性に国家間の力の分布がどのような影響を及ぼすのかを考えた。その際，ウォルツは，個々の国家や政治家の特性にとらわれない普遍的な理論の構築をめざした。そのため，パーソナリティや心理といった個人の属性や，政治体制やイデオロギーといった国家の属性ではなく，あくまでも国際システムの構造的な属性にこだわったのである。

　ウォルツは，システムの構造的な属性には，①行為主体の配置を示す秩序構成原理，②行為主体の役割における区別の有無を示す機能分化，そして③行為主体間の力の分布という三つがあると考えた。

　第一に，秩序構成原理に関しては，主権国家を超える権力が存在しないという意味で，システムはアナーキー的である。第二に，機能分化に関しては，国家は，自国の安全を自力で確保しなければならないため，どの国家も同じ機能を持つ。そして第三に，力の分布に関しては，国際システムは，国家間の力の分布によって多極システムと二極システムとに分類でき，このうち，二極に力が集中する二極システムの方が，複数の極に力が分散する多極システムよりも安定的だと考えた。ここで，注意を要するのは，ウォルツは力の指標として軍事力，経済力，あるいは技術力といった客観的な能力を想定した点である。

Column⑤ ネオ・リアリズムと経済学

　ネオ・リアリストのウォルツが，本文にあるような二極システムの議論を着想した背景には，ミクロ経済学の知見があった。

　たとえば世界に，1企業当たり100トンの砂糖を生産する企業が100社あるとしよう。しかし，突然ダイエットブームが巻き起こり，1人当たりの砂糖の摂取量が低下した。その結果，砂糖に対する需要は下がり，それにともない砂糖の価格も下落した。そのとき，それぞれの砂糖の生産者は，どのような行動をとるだろうか。

　合理的な生産者であれば，収益を一定に保とうとするので，価格が下落したことによる損失を打ち消すために，生産量を増やすだろう。企業が100社に及ぶこの市場では，ある1社が，たとえば生産量を2割増やしたとしても20トン増えるだけなので，現在の市場全体の供給量1万トンからすれば，全体の供給量は500分の1（0.2％）増えるだけという計算になる。つまり，さほど大きな影響を市場に与えないと考えられる。

　したがって，このように多くの生産者がしのぎを削る市場では，それぞれの生産者は自らの利潤を極大化することだけを考えて行動し，供給量全体にそれがどのような影響を及ぼすかは考えない。そのため，自らの収益を守ろうとして生産量を増やそうとするけれども，他の生産者も同じように考えて生産量を増やしてしまうので，結果として全体の供給

　ウォルツが，このような結論に達したのはなぜだろうか。複数の国が力をめぐって対立する多極システムでは，1国による能力の増強は，核武装であれ，軍事同盟の形成であれ，それが国際システム全体にとってどの程度の脅威になるのかが明らかではない。つまり，どの国に対して，どの程度の脅威になるのかがはっきりしないのである。したがって各国は，他国への影響を顧みずに，自国の安全のみを考え，能力の増強をはかる。そのため，意図せずして，他国に脅威を与える「安全保障のジレンマ」が発生し，大きな戦争が起き

量が相当量増大し，それが価格のさらなる下落を招くことになる。そのため，それぞれの生産者の収益はかえって低下する。つまり，軍事力を増強することで，かえってお互いの安全を損なう「安全保障のジレンマ」に似た状況が生まれてしまうのである。

これに対して，1社当たり5000トンの砂糖を生産する企業が2社あるとしよう。この2社が，先の例と同じ状況下に置かれた場合，どのような行動をとるだろうか。価格が下落したことによる損失を打ち消すために生産量を増やすだろうか。この場合，1社が，先ほどと同様に生産量を2割増やしたとしたら，供給量は1000トン増えることになる。これは，市場全体の供給量が1万トンだとすると，その1割にも相当する量である。つまり，全体の供給量に対して大きな影響を与えることになるのである。供給量が増えれば，価格が下落することは目に見えているので，生産者は増産を控えるであろう。

したがって，このように2社に生産力が集中している市場では，生産者は自己の行動が市場全体にどのような影響を及ぼすかに配慮して行動すると考えられる。そのため，この場合は「安全保障のジレンマ」に似た状況は発生しにくくなる。

二極システム安定論のヒントは，意外なところにあったのである。

やすい状況が生まれる，と考えたのである（***Column⑤***参照）。

これに対して，大国が二つしか存在しない二極システムでは，1国による能力の増強がもう一方の国に対して向けられたものであることが明らかであるため，その脅威の程度に関して誤認が発生する確率はきわめて低い。したがって，もし一方が能力の増強をはかれば，他方も能力の増強を強いられるので，結局，能力の増強によって得られるはずの自国の安全は，かえって損なわれることになる。このように，二極システムでは自国の利己的な行動がシステム全体

に悪影響を及ぼすことが予想されるため，大国は，能力の極大化により慎重になる。その結果，「安全保障のジレンマ」が緩和され，国際システムはより安定的なものとなる，とウォルツは考えたのである。

このようにウォルツは，国際システムの構造と，国家の行動および国際システムの安定性との間に一定の法則を見出そうとした。そして，この法則の前提としてウォルツは，ちょうどミクロ経済学が企業を合理的な行為主体であると仮定したように，国家を合理的に行動する行為主体だとして分析上，仮定したのである。この点において，ウォルツの理論は，国家は合理的に行動すべきだと主張した，モーゲンソーなどの古典的なリアリストとは異なっていた。

覇権による安定

ネオ・リアリズムには，この他，1国に力が集中する場合，すなわち覇権国が存在する場合に，国際システムが安定するという議論もある。いわゆる覇権循環論と呼ばれる一連の議論である。中でも，ポーランド出身のアメリカの政治学者で，*Long Cycles in World Politics*（邦訳『世界システムの動態』）を著したG.モデルスキーの世界大国循環論がよく知られている。モデルスキーによると，15世紀以降，世界秩序を担うこととなった大国はすべて，海洋国であり，しかも地球大の組織的な軍事力と経済的な革新能力を保有し，安定した国内政治的状況を授かった国であるという。そのような特徴を持つ世界大国としてモデルスキーがあげたのは，ポルトガル，オランダ，イギリスおよびアメリカであった。しかし，このような議論に対しては，何をもって覇権国とするのか，そして何をもって大きな戦争とするのかが恣意的であるという批判や，覇権国の循環と戦争の関係が必ずしも明確ではないという批判もある。

覇権国の循環と戦争の関係をより説得的に示したのは、『世界政治における戦争と変動』を著した、アメリカの国際政治学者 R. ギルピンである。ギルピンは、ウォルツと同様に、国家は合理的に行動するものと想定し、国家は自己利益の実現のために勢力の拡大をめざす存在であると仮定した。勢力の拡大に成功し、軍事力、経済力および政治力のすべてにおいて他を圧倒する力を持つようになった国が、いわゆる覇権国となる。そして覇権国となった国は、自国に有利な国際秩序を構築し、それを維持することで平和と繁栄という国際的な公共財（第2章2参照）を他国に提供する。それにともなって覇権国は、同盟国の安全を保障したり、世界規模の通商関係を維持したりするのに必要な費用を負担することになる。

　しかし、勢力の拡大が一定限度を超えると、過剰拡張（overstretch）と呼ばれる状況が生じ、覇権国にとってはかなり危険な状況となる。というのは、その状態を維持し続けると、覇権国にとっては過剰負担となり、それが覇権国の衰退をもたらす原因となるからである。覇権国が衰退し始めると、国際システム内の力は、覇権国から他の国々へと分散する。そういう状況の中で覇権国と他の国々との力の差が縮まり、覇権国は他国から挑戦を受けるようになる。それと並行して、新しく力をつけた国同士でも覇権国の座をめぐる闘争に火がつく。そのような中で大戦争が発生する、とギルピンは考えたのである。

　もちろん、冷戦期の米ソの覇権争いがシステムを揺るがすような大戦争にはいたらなかったことなど、このような枠組みでは説明できない点も少なくないが、国際システムの安定を考えるうえで、重要な視点を提供していると言えよう。

　またギルピンの議論は、第2章で説明するネオ・リベラリズム（新自由主義）に大きな影響を与えた。ネオ・リベラリズムを代表す

るR. コヘインは、ギルピンの、国際的な公共財の提供という覇権国の役割についての議論に注目し、それを非軍事的な問題領域における国際秩序の維持を説明するための理論として提示した。その理論を、コヘインは覇権安定論と呼んだ（第2章2参照）。本書の第3章以降で扱う非軍事的な問題についての事例研究では、この覇権安定論をネオ・リアリズムの議論として扱う。そのような問題領域では、軍事力が直接国家の行動に影響を与えるとは考え難く、当該問題領域に特有な力の分布を見る必要があるからである。

以上見てきたように、たしかに、ネオ・リアリズムの理論は、国際関係の基本構造はアナーキーであり、国家はその中にあって力の極大化をはかるとする点で、古典的なリアリズムの伝統を継承する理論であると言える。しかし、その一方で、ネオ・リアリズムは、国際システムを「客観的な世界」と仮定し、国家間の能力の分布と国際システムの安定性との間に法則的な関係を見出そうとしたのである。その点で古典的リアリズムとは異質な理論であった、と言えよう。

ネオ・リアリズムをめぐる議論——国家はいつも攻撃的なのか

このような特色を持つネオ・リアリズムに対しては、これまでリアリズムの内部およびリベラリズム（自由主義）の視点から、その限界も指摘されてきた。リベラリズムのリアリズムに対する見方については、第2章で詳しく見るとして、ここでは、リアリズム内部の議論のみ簡単に紹介しておこう。

リアリズム内部からの指摘というのは、一言で言えば、ネオ・リアリズムは、国際関係のアナーキーな構造を重視しすぎているのではないか、という指摘である。つまり、ネオ・リアリズムは、アナーキーを強調するあまり、国際紛争が発生する可能性を過大評価し

ていると言うのである。国際紛争の発生に影響を与える要因としては、構造以外にも、さまざまな状況的な要因があるため、国際関係の構造がアナーキーであることが紛争発生の十分条件であるとは言えない、という指摘である。たとえば、攻撃的な軍事技術よりも防衛的な軍事技術の方が優位な場合には、軍備増強をしたとしても、他国に与える脅威は大きくはならない。また、仮に増強される軍備が攻撃的な軍事技術に基づいていたとしても、地理的に離れている国に対しては、脅威にはならないのである。

　実際、冷戦期には相手国に与える脅威をコントロールするために攻撃用核兵器を管理しようとしたし、第一次世界大戦も、もし機関銃などの防衛的な軍事技術の方が優っていると見られていたならば、防ぐことができた公算が高いとさえ言われている。そして、これまで国際紛争は、ほとんどが隣国間で起きている。そういった事実を、構造的要因を過大評価するネオ・リアリズムではうまく説明できない。アナーキー的な構造を与件としても、状況いかんでは、国家は、いつも最悪の事態に備えるように行動するとはかぎらないからである。

　さらに、国家間で脅威のレベルが低く維持される状況では、国家は、より長期的な利益を追求するようになると考えられる。したがって、そのような状況では、国家は、目先の生存よりも長期的な視野に立って能力を高めることを重視する。時として国家が、経済力の強化をはかるために自らの安全保障を犠牲にするのは、そのためである。たとえば、冷戦の終結期においてソ連は、自国の経済力の強化という長期的な目標を短期的な安全保障の利益よりも優先しようとして、意図的に米ソ間の脅威を取り除こうとしたと解釈できる。

　このように、国際関係の構造がたとえアナーキーであっても、必ずしも国家が攻撃的になるとはかぎらないとする見方は、R. ジャ

ービス，S. ウォルト，B. グレイザー，S. ヴァン・エヴェラといった一群のリアリストたちによって示されている。彼らのようなリアリストは，この点で，他国に隙さえあれば，勢力をのばしたり攻撃をしかけたりする国家を想定する，ウォルツとか J. ミアシャイマーとかといった「攻撃的リアリスト」とは袂を分かつのである。ジャービスらが「防御的リアリスト」と呼ばれるのは，このような理由からである。

3 古典的なアプローチの再評価
―― 「主観的な世界」を理解する

以上見てきたように，ネオ・リアリズムは，国際関係のアナーキー的な構造や能力の分布などを「客観的な世界」としてとらえることで，その世界において作用する法則の発見をめざした。しかし，1980 年代末に，「客観的な世界」として存在していたかのように思われていた冷戦構造が音を立てて崩れ，それとともに，それまでくすぶっていた潜在的な対立が世界各地で紛争として顕在化した。中東では湾岸戦争が，旧ユーゴスラヴィアやアフリカでは数々の内戦が勃発した。そして，アメリカやヨーロッパ諸国は，これらの紛争地域に躊躇しながらも介入していった。

このような目まぐるしく変化する現実に，ネオ・リアリズムは翻弄された。ネオ・リアリズムは，そもそも二極システムの一方が消滅する事態を想定していなかった。また，湾岸戦争にしても，旧ユーゴスラヴィアやアフリカにおける内戦にしても，ネオ・リアリズムの立場からすれば，そのような地域に超大国が軍事的に介入することはありえなかった。これらの戦争や内戦が，大国間の勢力均衡に影響を及ぼす可能性は，全くなかったからである。では，なぜ，

アメリカをはじめとする大国は，このような地域に介入したのか。アメリカが介入を決断したとき，当時の政府の要人は自国の国益をどのように考えたのだろうか。そういった疑問が次々と湧いてきたのである。

そのような観点から，古典的リアリズムの再評価が行われるようになった。先に述べたように，モーゲンソーに見られるような古典的リアリズムは，各国が自国の利益をどのように理解して行動するのか，という主観的な側面を最も重視したからである。その意味では，古典的なリアリズムも「主観的な世界」を想定していると言える。本当に大国は国益を重視したのか。大国による介入の背景には，国益以外に何か別の理由があったのではないのか。そんな疑問がネオ・リアリズムにぶつけられたのである。

英国学派からの挑戦

このような視点から，古典的なリアリズムを再評価しようとしたのが，英国学派だと言ってよいであろう。英国学派とは，20世紀後半にイギリスで国際関係の研究に従事してきた一群の研究者と，彼らの主張に共感を持つ，その他の研究者から構成される学派のことを言う。C. マニングや M. ワイトをはじめ，H. ブル，J. ヴィンセント，A. ワトソン，B. ブザン，R. ジャクソンらがこの学派に名を連ねている。この学派の特色は，一言で言えば，アナーキーな構造を持つ主権国家システムにも独自の社会が形成されていると見るところにある。つまり，主権国家システムは，単にシステムではなく，社会の一種であるというのである。

社会とは，どういうことを意味するのか。この学派を代表するブルによれば，国際社会は，暴力の制限，約束の遵守および所有の安定化といった，どの社会にも欠かせない基本的な価値に加えて，国

際社会に特有な価値をも共有し，さらにそれらの価値を一定の共通ルールを通して実現しようとする社会である，と理解される。

たとえば，国家システムの維持という価値であれば，勢力均衡というルールによって，また国家主権の保護という価値であれば，自衛権というルールによって，さらに平和という価値であれば，武力行使の禁止というルールによって実現するというように，である。そして，国際法，外交，大国間の協調あるいは戦争などが，そういったルールを支える役割を果たし，ある種の国際制度として国際秩序の維持に貢献している。

もちろん，国際的な共通ルールや制度を重視するという点では，英国学派は限りなく第2章で見るリベラリズムの思想に近いが，国際社会が共有する価値の中で最も重要なものは，国家システムの維持と国家主権であるとする点において，リアリズムの考え方を継承していると言えよう。

また英国学派は，国家を代表する政治指導者や外交担当者たちの主観的な状況認識を問題にするという点でも，古典的リアリズムと共通する。つまり，英国学派は，政治的行為者が，自らの置かれている国際状況をどのように認識するかを重視する立場をとるのである。そして英国学派は，このような立場から，国際状況に対する見方を，ホッブズ的な見方，グロティウス的な見方およびカント的な見方の三つに分類する。

国家間で紛争が発生しやすい状況であると見るのがホッブズ的な見方で，国家間で共存が可能であると見るのがグロティウス的な見方，そして特定の価値を共有するトランスナショナル（脱国家的）な共同体が存在する，あるいは存在すべきだと見るのがカント的な見方である。これらは，国際政治の分析者の見方であると同時に，外交にたずさわる政治家や外交担当者の国益に対する見方でもある。

つまり英国学派も,やはり国家が自らの国益をどのように理解して行動するのかという,「主観的な世界」に注目するのである。

状況の倫理という考え方

では,英国学派は,なぜ行為主体の状況認識,すなわち「主観的な世界」を重視するのか。この点について,現代の国際社会の文脈において英国学派の理論を再構築した,ジャクソンの議論に沿って見ることにしよう。

出発点は,政治と倫理の関係をどう見るかである。英国学派は,この関係を表裏一体と見る。政治的な決定と呼ばれるものは,どのようなものであれ,何らかの社会集団を前提にしている。したがって,政治指導者が下す決定は,その集団を構成する人々に何らかの影響を及ぼすことになる。自分以外の人に影響が及べば,当然そこには一定の責任が生ずる。そして,その影響の程度が大きいほど,その責任も重くなる。では,国家を代表する政治的行為者は,いったいだれに対して責任を負うのか。

国を代表する以上,当然,第一義的には自分が帰属する国内社会に対して責任を負うことになる。16世紀に『君主論』を著したマキャヴェッリが,君主たるものは,国家の生存の確保を第一に考えるべきであると言ったことは,現代の国際社会の政治指導者にも,そのまま当てはまる。少なくとも,逼迫した直接的な脅威がある場合には,それを取り除く責任を国家指導者は負うのである。

この観点からすると,H. トルーマン米大統領が,太平洋戦争を早期に終結させ,兵士として戦場に送られることになるアメリカ市民の生命を守るために広島と長崎に原爆を投下したのであれば,それは,国家指導者として当然のことをしたということになる。だが,仮に,トルーマンの真意が,ソ連に対して力を誇示することだけに

あったとしたら，そのような行為は非難されてもしかたがないということになろう。そのどちらかを判断するには，トルーマン大統領が当時の国際状況をどのように見ていたかを理解しなければならない。つまり，政治と倫理が裏腹な関係にあるからこそ，国際関係の現実を「主観的な世界」ととらえる必要が生まれる，と英国学派は考える。「客観的な世界」に対しては，だれも責任を負うことはない。

もちろん，政治的行為者は，国内社会に対してのみ責任を負うわけではない。なぜならば，政治決定によっては，他国にもその影響が及ぶ場合があるからである。したがって，ある国が世界の平和と安全を脅かすような行動をとった場合には，当然，指導者はその責任を逃れることはできない。東条英機，S.ミロシェヴィッチ，そしてサダム・フセインは，みな戦争裁判にかけられた。

英国学派によれば，国際社会において，責任を問われるのは，何も侵略国の側の指導者だけではない。当然同一の次元においてではないが，大国の指導者にも一定の責任が求められる。大国は，国際秩序の維持に関して小国にはない責任を負うからである。大国は，国際秩序を安定させるために自ら進んで勢力均衡政策をとったり，集団安全保障体制（第2章参照）の下で平和破壊国に対して強制行動をとったりしなければならない。たとえば，1990年にイラクがクウェートに軍事侵攻したとき，もし，そのような侵略的な行為をとったイラクに対して懲罰を与える目的でアメリカがイラクを攻撃したとすれば，それは国家システムの維持という重大な役割をアメリカが期待されていたからだということになろう。しかし，アメリカの真意が，仮にフセイン政権の打倒というところにあったとすれば，それは国際社会に対する責任という観点からは，正当化できない。したがって，この場合も当時のG.ブッシュ米大統領が国際状

況をどのように見ていたかが重要になる。やはりこの場合も、国際関係の現実を「主観的な世界」としてとらえる必要があると言える。

このように、一般的に規範や道義の役割を重視しないリアリズムの観点からしても、国家を代表する政治指導者や外交担当者は、国内社会と国際社会の両方に対して倫理的な責任を負うのである。ジャクソンは、これを状況の倫理 (situational ethics) と呼んだ。これは、国家理性に希望を託して国際政治の暴力化を防ぎ、国際秩序の安定を実現しようとした、古典的リアリズムと共通する考え方である。その点で、英国学派も、古典的リアリズムも、共に「主観的な世界」を前提とする理論的アプローチであると言えよう。

*

以上、この章では、アナーキーという国際関係の構造的な性質が、どのようにして紛争の発生しやすい状況を作り出すのか。そして、そのような状況をどのようにすれば緩和することができ、国際政治の暴力化を防ぐことができるのか。そういった問題について、リアリズムの見方を眺めてきた。

すなわち、第一に、リアリズムの本来の目的は、力の追求が自己目的化する現実を直視しつつも、それに歯止めをかけるためには、どうすればよいのかを考えるところにあった。そのリアリズムの処方箋が国益と勢力均衡政策であった。

第二に、これに対して、ネオ・リアリズムは、リアリズムの思想的な伝統を継承しつつも、国際関係の現実を「客観的な世界」と仮定した。国家が国益をどのように認識するかよりも、国際システム内の能力の分布がシステムにどう影響するのかを重視した。

第三に、これに対して、古典的リアリズムの主観を重んじるアプローチを継承した英国学派は、政治から倫理を切り離せないとして、国家を代表する政治的行為者の社会に対する倫理的な責任、および

状況認識を重視した。

このように，同じリアリズムと呼ばれる理論でも，国際関係の現実を「客観的な世界」ととらえるのか，あるいは「主観的な世界」ととらえるのかでは，現実の見え方が大きく違ってくるのである。そうであれば，リアリズムには，二つの全く違う顔があると言えるのではないだろうか。

◆さらに読み進む人のために──

高坂正堯，1966 年『国際政治──恐怖と希望』中公新書
　＊現実主義の立場から平和の可能性を批判的に検討した著作である。著者は，国際関係を軍事力の関係，経済の関係，価値観の関係の三つの側面でとらえ，平和への希望を保持しつつ，権力闘争の現実を直視している。出版は 1966 年だが，その思索は現代でも示唆的である。

土山實男，2004 年『安全保障の国際政治学──焦りと傲り』有斐閣
　＊ツキュディデスの『戦史』の紹介から始まり，アナーキーや「安全保障のジレンマ」といったリアリズムの基本概念について，古典的なリアリズムから防御的リアリズムにいたるまで幅広く，かつ詳細に紹介している。

フランケル，ジョセフ／田中治男訳，1980 年『国際関係論』東京大学出版会
　＊現実主義の観点から国際関係の特質を描き出した概説書である。原著出版は 1964 年と古いが，主権国家，国力，外交，勢力均衡などに関する説明は現在でも有効である。また国際社会における規範の実効性の問題についても，興味深い議論を展開している。

ブル，ヘドリー／臼杵英一訳，2000 年『国際社会論──アナーキカル・ソサイエティ』岩波書店
　＊「英国学派」を代表するブルの著作である。国際関係はアナーキカルだけれども，そこには共存の可能性を秘めた社会があるとする，英国学派特有の見方が示されている。アメリカにおける国際レジーム論やグローバル・ガヴァナンス論の発展に大きく貢献し

た一冊である。

Williams, Michael C., 2005, *The Realist Tradition and the Limits of International Relations*, Cambridge University Press.
　＊政治思想の観点から，ホッブズ，ルソーおよびモーゲンソーの思想を，自己の生存を重視する合理的な人間像あるいは国家像を処方する思想として描いている。これを読むと，ある意味でリアリズムが理想主義的な思想であることがわかる。

リベラリズム

第2章

　リベラリズム（自由主義）は，第1章で見たリアリズム（現実主義）とは対照的に，行為主体（アクター）に行動の自由や自律性があるとして，それを原点として議論を組み立てていく。そうすると国際関係は，固定的な姿ではなく，変化し，進化しさえする，ダイナミックな姿で見えてくる。この見方において，戦争とその防止や，各国の利害対立と国際協調などの問題は，どのように考えられるのだろうか。

　本章では，リベラリズムについて基本的な考え方を整理したうえで，ネオ・リベラリズム（新自由主義）とコンストラクティヴィズム（構成主義）を見てみよう。前者は，「客観的な世界」を想定して国際関係の現実をとらえなおし，ネオ・リアリズム（新現実主義）に挑戦した。後者は，行為主体の思い描く「主観的な世界」を国際関係の現実としてとらえ，新たな分析方法を示した。

1 リベラリズムの考え方──構造からの自由

　戦争や紛争は，リアリズム（現実主義）が主張するように，いつでも，どこでも起こりうる現象なのだろうか。

　現在，200前後の国家があるものの，その国家間の関係は，それほど対立的とばかりは言えないのではないだろうか。国際関係の基本構造はアナーキー（無政府状態）的であるとしても，それが各国の行動をはたして全面的・持続的に拘束しているのだろうか。むしろ各国は，主体的に国際経済や情報のネットワークに参入し，また対立を乗り越えようとして，多くの国際ルールを創り上げているのではないだろうか。さらに言えば，国際関係は次第に，協調的・安定的・民主的な方向に進歩しているとは言えないだろうか──リベラリズム（自由主義）の論者は，そう考える。

　今日のリベラリズムを考える前に，その源流を少し見ておこう。国際関係におけるリベラリズムは，16世紀以来の政治思想の流れを受けているからである。リベラリズムの源流がかなり多様であるのを反映して，今日のリベラリズムの国際関係理論にもさまざまなタイプがある。それでも，二つの大きな特徴がリベラリズムの理論に共通している。

　第一に，リベラリズムは，個人の自由や主体性を基本にし，個人や個人から成る社会集団を原点として，国際関係を考える。そのため，リベラリズムの国際関係理論は，ほぼ共通して社会と国家の関係を基本に置いている。市民や産業などの利益や理念が，どのように国家の外交行動に伝わり，また国際関係に作用するのかをとらえようとしているのである。リアリズムにおいては，視点が国際関係の基本構造や国家のレベルにあり，いわば高所から現象を見ていた。

それに対してリベラリズムは、視点を個人や社会に置いており、下からのボトムアップ（積み上げ）の見方をする傾向を持っている (Moravcsik, 2003)。

　第二に、リベラリズムは、個人や社会の利益、理念などが、そのまま国際協調に直結すると考えるほど楽観的ではない。国際協調のためには、何らかのメカニズムが不可欠だと考えている。ここで言う国際協調とは、国家間に元来問題がない平穏な状態ではなく、各国が政策や立場を調整し合い、外交関係を安定させるような、積極的な動きを言う (Keohane, 1984)。そのような国際協調が、第1章で見た安全保障のジレンマを越えて容易に実現するとは、さすがに考えにくい。そのため、16-18世紀に活躍したJ.ロックやアダム・スミス、I.カントといった政治思想家も、また第二次世界大戦後の国際関係学者も、国際協調には特別なメカニズムが不可欠だと考えたのである。

　しかもリベラリズムは、そのメカニズムは自然に生まれるのではなく、むしろ社会に対立や緊張があるからこそ、人間が意識的に創り上げようとするとみた。それが社会における利害を調整し、人々の気づいていない共通の利益を浮かび上がらせる、とリベラリズムの論者は考えたのである。

　そのメカニズムとして、さまざまな研究者が市場、国際制度、国内政治体制などに注目してきた。すなわち、リベラリズムの国際関係理論は、①市場リベラリズム、②制度的リベラリズム、③共和制リベラリズムに大きく分けられる。以下では、リベラリズムの基本的な見方を理解するために、その3タイプの理論の源流を探り、その流れを受けた第二次世界大戦後の代表的な理論を見てみよう。

市場リベラリズム

　市場とは，単純化して言えば自由な経済的環境のことであり，人々がそこで商品なり販売利益なりを求めて自由に競争する。人々がある商品を求めれば求めるほど，その商品の価格が高くなり，生産者はその商品を生産して収益を拡大しようとする。逆に，人々がその商品を必要としなくなれば，その商品の価格は低くなり，生産者はより収益性の高い他の商品を開発しようとする。こうして，価格を目印として「神の見えざる手」（アダム・スミス）に導かれるように，消費者も生産者も求める商品や利益を互いに手に入れるようになるのである。

　市場においては，人々が利己的に行動しながらも，互いに対立することなく自己利益を満たし，したがって協調できる——16世紀スコットランドの経済学者アダム・スミスは，このように提唱したのである。

　この考えの延長線上において，国際貿易が拡大していけば，国際的な対立や戦争は避けられる，と論じられるようになった。各国は国際貿易によって富を拡大できるにもかかわらず，戦争によって領土や資源の獲得をはかろうとすれば，多大な犠牲をともなう。しかも戦争は，国際貿易そのものを断絶させてしまう。したがって政策決定者は，市場の効用を十分に認識すべきだ，と主張されたのである。

　こうした考えはさまざまな形をとり，時を越えて論じられた。興味深いことに，17世紀フランスの思想家C. モンテスキューも，19世紀イギリスの政治家R. コブデンも，20世紀アメリカのC. ハル国務長官も，よく似た主張をした。20世紀初期に国際政治学が誕生したころにも，ノーベル平和賞を受賞したノーマン・エンジェルを典型として，市場リベラリズムの主張が多く見られた。

現代の市場リベラリズム──相互依存論

戦後も，さまざまな市場リベラリズムが登場した。国際経済が急速に拡大していく中で，市場リベラリズムが繰り返し浮上したのである。市場リベラリズムの中でも相互依存論は，1970年代から80年代初めにかけて，国際関係論に大きな影響を与えた。相互依存論は，国際的な経済的・社会的関係が緊密化する中で，国家間の協調が拡大し，また摩擦も増える要因を解明しようとして，新たな国際関係の像を示した。

もちろん今日の目で見ると，相互依存論の理論的な精度や，分析上の有効性などには難点がある。とはいえ，相互依存論の着眼点のいくつかは，グローバル化の進んだ今日でも通用するだろう（Keohane and Nye, 1998; 2000）。

相互依存論の言う相互依存とは，国家間の貿易，投資，技術移転，労働者の移動など，経済的・社会的な交流が拡大していき，ひいては政治的にも無視できない影響が生じる状況を指す。では，その政治的な影響はどのようなものなのか。この点について，R. コヘイン，J. ナイ，E. モースなどの代表的な相互依存論者は，相互依存が深化した国際政治の姿を次の3点のように示した。

第一に，国家間の関係のチャネルが多元化する。すなわち，公式の外交ルートだけでなく，非公式の政府官僚間や政治家間の関係，民間の企業間や非政府組織（NGO）間の関係，さらにはそれらが混合した諸関係が，国家間で拡大するのである。こうした非公式の関係は，公式の国家間関係を超えた次元であるため，トランスナショナル・リレーションズ（脱国家的関係）と呼ばれる。たとえば発展途上国の貧困対策，地球環境の保護などについては，政府の持つ情報や政策手段のみでは十分ではなく，NGOの国境を越えたネットワークが不可欠の役割を果たすようになった。

第二に，国際関係における問題の序列が崩れる。従来の国際関係においては，軍事的安全保障が最優先すべき問題であった。しかし，相互依存が深化すれば，経済的・社会的な問題がより重要になる場合さえ生じる。特に1970-80年代には，貿易摩擦や金融政策調整のような経済的利害の衝突と，その調整が，各国間で重大な外交課題となった。

　第三に，軍事力の有効性が減少する。各国が経済的に依存し合っていれば，武力戦闘を交えるのは，もはや賢明な選択とは言い難い。しかも，相互依存関係のあり方によっては，軍事的な弱小国が，大国に対して経済的なパワー（力）を行使することもできる。たとえば，第4章で見るオイル・ショック（石油危機）では，中東の石油産出国が石油の輸出削減を圧力手段に用い，日本やヨーロッパ諸国に対して外交政策の変更を迫った。

　このような相互依存状況では，軍事的・政治的な対立は経済的・社会的な絆に悪影響を及ぼすため，各国が対立を自制する可能性がある。また，さまざまな行為主体（アクター）が外交に関与してきて，国家間の関係が複雑化してしまう。政府のみが外交を運営するのは難しくなる。

　もちろん，相互依存関係においてもパワーは作用する。ただし，軍事的パワーだけでなく，相互依存状況を反映して複雑なパワーが働くと，相互依存論は主張した。この点について相互依存論は，敏感性と脆弱性（ぜいじゃくせい）という新しい視点を示した。まず敏感性とは，ある国における変化が，別の国に影響を及ぼす程度を指す。たとえば，日本はかつて経済的にアメリカに依存していたため，「アメリカ経済がくしゃみをすれば，日本経済は風邪をひく」と言われるほどに影響を受けがちだった。脆弱性とは，ある国からの影響に対して，他の国が政策上の修正や変更をせざるをえなくなり，その際に必要

になる負担の程度を指す。

相互依存関係が深まれば，国家間でこのようなパワーが作用し合うことになる。ただし，相互依存関係のあり方は各国ごと，分野ごとにさまざまであるため，どのような状況でどのようにパワーが作用するのか，その因果関係を相互依存論は特定するにいたらなかった。

以上のように，市場リベラリズムは国家間の自由な経済交流に着目し，各国が経済的な国益を追求しながらも，同時に国際協調が成立する可能性を指摘した。相互依存論は，その市場リベラリズムの一形態であり，戦後の急速な経済関係の拡大をふまえて，国際関係の変化を包括的にとらえた。相互依存論の意義は，その変化を新たな国際関係の像として示し，分析の手がかりを提供した点にある。その像に当てはめて見れば，現代の国際関係は，安全保障をめぐる国家間の対立と同盟のみではなかった。さまざまな行為主体が，貿易や金融，地球環境など数多くの分野で多様な影響力を行使し合う，複雑な綾織のようであった。

制度的リベラリズム

制度とは，社会全体の利益や安定のために定められたルール，しくみなどをいう。そのルールやしくみは，行為主体のとるべき行動や，相互に期待される役割，それらの実現方法などを定めている。国際的な制度としてわかりやすいのは，国際連合や国際通貨基金（IMF），世界貿易機関（WTO）のような国際組織であろう。それだけではなく，国際条約や協定なども国際的な制度に含められる。

制度に基づく協調は，まず国内政治において構想された。17-18世紀のリベラリズムの考えによれば，人間は自然な本性に基づいて自由や富の所有などの権利を持つが，その各人の権利が調和すると

はかぎらないため、互いの権利を擁護するメカニズムが必要になる。それが国家であり、各人は自らの権利を国家に委ねて、互いの権利を国家を通じて守る。すなわち社会契約論の考え方である。これが国際関係に応用され、各国が自らの権利を国際制度に委ね、互いにとって有益な国際協調を達成しようという構想に結実した。

こうした構想は、かつてサン・ピエールやJ.ルソーも部分的に検討した。第一次世界大戦を経験して、各国がリアリズムの主張した勢力均衡（バランス・オブ・パワー）の限界を痛感すると、構想の実現が模索され始めた。その試みをリードしたのは、アメリカのT.ウィルソン大統領であり、彼はアメリカ政治学会の会長を務めた学者でもあった。ウィルソンはリベラリズムの議論をふまえて、彼の言葉で言えば「ジャングル」のような国際関係を「動物園」のようにして戦争を防止しようと、国際連盟◆の設立を提唱した。

国際連盟は、集団安全保障の発想に基づいていた点で革新的であった。勢力均衡では、それぞれの国が敵対国を想定し、それに対抗するために同盟を結ぶ。その同盟の間でパワーのバランスをとることによって、戦争を抑制しようとする。他方、国際連盟の集団安全保障では、友好国、敵対国の区別なくすべての国が国際連盟のメンバーとなる。そのうえで、一メンバーでも安全を脅かされたなら、他の全メンバーが脅威を与えた国に対抗するものとして、戦争を抑

◆**用語解説**

国際連盟 国際連盟は、第一次世界大戦後の1920年1月に成立した。最大の目的は、本文で述べた集団安全保障の下で国際平和を維持する点にあった。国際連盟の構想は、制度的リベラリズムの流れをくむカントの平和思想、機能主義、イギリスのフェビアン協会の報告書などから影響を受けたとされる。50カ国以上が加盟したが、アメリカは国内の反対から参加せず、日本やドイツなどは1930年代に脱退した。結局、国際連盟は所期の目的を果たせず、第二次世界大戦の勃発とともに解体された。

制するのである。

 ところが，国際連盟は当初の期待通りには機能せず，第二次世界大戦の勃発を許してしまった。しかし，それによって，国際制度が国際協調の装置として見捨てられたりはしなかった。戦後にも，国際連合やIMFなどが設立されたのである。その後も，制度的リベラリズムは研究者だけでなく，各国の政策決定者や実務家によって提唱されている。

現代の制度的リベラリズム——国際レジーム論

 制度的リベラリズムは，戦後の国際関係理論の中で，相互依存論にもまして重要な位置を占めている。特に1970年代に入って，戦後すぐに成立したIMFや関税及び貿易に関する一般協定（GATT）が動揺すると，あらためて国際制度が成立し安定する条件，あるいはそれが動揺する条件が真剣に問い直されたのである。それに応えたのが国際レジーム論であった。

 国連やIMFなどは国際組織であり，明確な組織体や法を備えている。しかし国際レジーム論では，地球環境や人権などの各分野に見られる国際条約や協定，宣言なども，国際レジームに含める。さらには，各国が暗黙のうちに従っている行動準則や慣行も，国際レジームとして扱う。このように多様な国際レジームは，どう定義されるのだろうか。

 スタンフォード大学のS.クラズナーによると，国際レジームとは「国際関係における特定の領域において，行為主体の期待が収斂するような明示的もしくは暗黙的な原則，規範，規則および政策決定手続きのセット」（Krasner, 1983）である。より簡潔には，国際レジームとは，関係国が互いに了解し合った，持続的な行動の仕方だと言ってもよいだろう。各国が，それに沿って行動し合えば，過

度に不利益を与え合うことなく、共通の利益や課題の解決を実現できるような一定のルール、あるいは相互期待のようなものである。

この国際レジームという概念によって、国際関係の基本構造がアナーキーであっても、各国が意外に対立しないでいる要因が浮き彫りになった。国際関係には、目に見える国際組織や条約などに加えて、さまざまな暗黙のルールや了解事項が網の目のように張り巡らされている。そのような状況において、各国は欲するままに国益を追求できるわけではない。

そうであるなら、こうした国際レジームを創設し、発展させれば、国際協調の可能性は広がる。逆に、国際レジームの動揺を食い止めなければ、国家間関係が悪化するかもしれない。どのような条件の下で国際レジームが成立し、また衰退するのか。それが国際レジーム論の重要なテーマとなり、国際レジームの変動要因が議論された。その要因とは、覇権国のパワー（覇権安定論。第1章2を参照）や、各国の相互利益に基づく交渉、各国間の認識の収斂などである。

その後、国際レジーム論はさまざまな議論を生み出した（*Column⑥*参照）。その中で広く関心を集めたのは、グローバル・ガヴァナンス論であろう。アナーキーな国際関係の下で、グローバルなガヴァメント（政府）は実現不可能だとしても、グローバルなガヴァナンス（あえて訳せば統治）が実現する条件を考える議論である。

ここでガヴァメントとは、公的な権威や強制力に裏づけられた秩序メカニズムである。ガヴァナンスは、非公式的・非政府的な権威、非強制的な方法による秩序メカニズムを含む点に特徴がある。その好例として、第6章3で論じるグローバル・コンパクトをあげることができる。これは、K. アナン国連事務総長（当時）が提唱して2000年に始まった試みであり、国際組織や経済団体、企業、NGOなどが人権や労働、地球環境に関するルールを自発的に尊重する活

Column⑥　国際レジーム・アプローチの展開

　国際レジームの考えは，その後，さまざまな展開をみており，注目される成果もあがっている。第一は，民間レジーム（プライベート・レジーム）である。国際レジーム論は国家間を対象としていたが，民間レジームは，その範囲を民間レベルのルールに広げている。工業に関する標準規格を定める国際標準化機構（ISO），銀行の自己資本比率を定めたバーゼル合意などは，よく知られた民間レジームである。企業やNGOの創り出すルールや慣行は重要性を増しており，その形態や形成過程においても，機能においても，興味深い特徴を持っている。民間レジームの概念は，それらの点を浮き彫りにする。

　第二に，国際レジームの強さが研究対象になり，法化（legalization. 法制化と訳される場合もある）の議論が盛んになっている。国際協調を促すには，国際レジームが強力であればあるほど望ましいと考えられる。その強さの指標が法化である。国際レジームが緻密なルールを備え，そ

動を展開する。それらの行為主体がネットワークを形成し，国際ルールを相互に学習し，さらにこのネットワークを拡張してゆく。そうすることによって，国際ルールの定着，遵守を促していくのである。

　国際社会には，内戦や貧困，テロ，地球環境の悪化など多くの課題がある。しかも，それらが複雑にからみあっている。そうした課題に対処するには，既存の国際レジームを活かしつつも，国際レジーム相互間の矛盾を調整し，また国際レジームを欠く空白領域については，補完する必要がある。問題対応を確実にするには，各国政府だけでなく，多国籍企業や商社，労働組合，NGOなど，多様な行為主体が効果的に連携し，役割を調整する必要もある。グローバル・ガヴァナンス論は，このようなグローバルな秩序をめぐるダイ

の拘束力が強く，各国が国際レジームに権限を委譲する程度が高い場合，法化が進んでいると判断される。しかし，法化が進めば，他方で各国が外交の自律性を失い，国際レジームに対して国内で反発が強まり，結果的に国際レジームを守るのが難しくなる可能性もある。国際レジームの強さと各国の遵守の程度との関係が，法化をめぐる議論の焦点の一つになっている。

　第三に，レジーム・コンプレックス（複合レジーム）が関心を集め，研究が進展している。国際レジームは，空白状態において誕生するのではなく，すでに国際レジームが存在する状態において，それと矛盾したり新たな要素をともなったりする形で成立する。したがって，国際レジーム間の矛盾や部分的な重複，その相互調整などが問題になるのである。どのような場合に，どのような国際レジーム間関係が生じ，それがどのような問題を生み，またどのようにして調整が可能になるのか。それらの条件やメカニズムが，重要な研究課題になっている。

ナミズムをとらえ，秩序形成の条件や方法を検討している。

　以上のように，制度的リベラリズムは各国を組織化し，共通のルールを設けることによって，かえって各国の自由を確保し，国際協調を促進できると想定した。戦後の国際レジーム論は，その延長線上にある。国際レジーム論は，アナーキーな国際構造の下でも，これまで見落とされがちだった制度的枠組み，すなわち国際組織だけでなく条約や慣行などによって，国際協調が成立しうると論じた。また国際レジーム論は，国際レジームの変動要因についても考えを進めた。

　しかし，国際レジームの概念と実態そのものは，国際協定や慣行など，多様で曖昧な要素を含んでいるために十分に明確化できなかった。国際レジームの役割を実証するには，国際レジームそのもの

を明確にする必要があった。そのため研究の対象は、次第に国連やGATTなどの国際組織に集中するようになった。それにともなって、理論の名称も国際制度論と呼ばれるようになる。

しかし、グローバル・ガヴァナンス論は、むしろ一見曖昧な非公式的・非強制的な制度的枠組みの役割に着目した。またグローバル・ガヴァナンス論は、アナーキーな国際関係を前提とし、国際関係の実際の動きに即して、包括的な国際秩序を構想した。そのために政府やNGOなど、さまざまな行為主体が連携し合い、既存の公式的な国際レジームだけでなく、さまざまな制度的枠組みが重層的に機能し合う秩序像を描いたのである。

共和制リベラリズム

18世紀にフランスの作家・学者サン・ピエールは、先に見た制度的リベラリズムの延長線上で、世界政府的な組織を設けて平和を実現する構想を論じた。しかし、この構想についてルソーは、世界政府をめぐる主導権争いが生じ、戦争に発展すると懸念した。世界政府的な構想については、カントも同様の問題を指摘した。それに、世界政府的な制度に取り込めば、どのような国であってもそれで平和的に行動するとはかぎらない。国内の政治体制が、対外協調を阻害する場合もありうるのである。

カントは、その国内の政治体制について平和の条件を考え、それを共和制に求めた。共和制とは、現在で言えば民主制にほぼ相当する。共和制では、国民の選出した代表が合議で政治を行う。戦争による犠牲をきらう国民の声が外交に反映されやすいため、外交がより協調的・平和的になる、とカントは考えたのである。

現代の共和制リベラリズム——民主主義平和論

カントの考えは、その後あまり本格的に検討されなかったが、1980年代に入って新たな観点から議論された。プリンストン大学の政治学者 M. ドイルが、単独の民主主義国ではなく民主主義国の組み合わせに視点を移し、民主主義国は互いに戦争をしないという仮説に読み替え、実証したのである。ドイルは、その際に過去二百年に及ぶ豊かな戦争のデータを用いて、数量的な検証を試みた。もちろん、ヴェトナム戦争や対イラク戦争に見られるように、民主主義国のアメリカも戦争をしている。しかし、それは独裁国・権威主義国◆との戦争であり、民主主義国同士の戦争ではない。

この仮説はまた、イェール大学の B. ラセットによって、400以上の戦争のデータに基づいて検証された。すなわち、これは本書で言う「客観的な世界」を示す仮説として、近年稀なほど明確であり、統計的に検証されている。ただし、その検証方法についてはさまざまな疑問も指摘されている。

この仮説が正しいのだとすれば、なぜ民主主義国は互いに戦争をしないのか。その理由自体は証明されたとは言えず、議論の余地がある。民主主義平和論の論者は、次のような点を指摘している。第一に、民主主義国は一般的に、紛争を平和的に解決しようとする規範を備えている。第二に、民主主義国は自由な対外交流や表現の自由など、共通の価値観を持っている。第三には、民主主義国は経済

◆用語解説

権威主義国 権威主義国とは、民主主義国でも独裁国でもない、いわば中間タイプの国を指す。すなわち権威主義国では、形式的には民主主義的な議会制度が存在するが、実質的には一部の独裁的なグループが権力を握っており、議会や世論の意向を考慮しないで政治を運営するとされる。この概念はかつてのラテンアメリカ、東アジア、東南アジアなどの諸国を想定していたが、それらの多くは民主化してきている。

的にも自由主義的で対外的に相互依存を結びがちである。

スタンフォード大学の J. フィアロンの仮説は,より説得力を持っているだろう。つまり民主主義国では,有権者である国民がリーダーの対外的な行動や発言についてその効果を監視するため,リーダーは安易に攻撃的な態度をとれない。そのため民主主義国は,信頼しうる行動や発言を交わしがちになり,結果的に戦争を抑えられるというのである (Fearon, 1994)。

このような民主主義平和論は広く注目され,アメリカの B. クリントン政権や G. W. ブッシュ政権の外交政策にも影響を与えたと言われる。しかし,仮に民主主義が平和の可能性を秘めていたとしても,独裁国・権威主義国が民主主義国に移行する民主化の過程では,状況が異なってくる。対イラク戦争後の情勢にも明らかなように,民主化は平和に直結しないだけでなく,むしろ紛争を刺激する場合も少なくないのである。というのも,民主主義の規範は,民主化によってすぐさま国内社会に浸透し,それぞれの市民に受け入れられるわけではない。また,独裁・権威主義体制下で支配的地位にあった少数派は,民主化によって権益の激減や,他民族の報復を恐れざるをえない。この少数派は,そのような事態が生じないという約束が得られなければ,民主化よりも紛争の方を選択する可能性がある (Fearon, 1998)。

先に見たように,共和制リベラリズムは,国内からの意見表出に着目して国際協調の条件を探った。その流れを受けた民主主義平和論は,民主主義国同士の平和の可能性について,きわめてシンプルで実証的な裏づけのある仮説を示した。しかし,現実の国際関係において民主主義と平和の関係はかなり複雑であり,その仮説の妥当性をめぐって論争や修正が展開しているのである。

2 ネオ・リベラリズム
——「客観的な世界」を説明する

　これまで従来のリベラリズムを振り返り，3タイプの理論を見てきた。今日の代表的な理論としては，ネオ・リベラリズム（新自由主義）とコンストラクティヴィズム（構成主義）があげられる。ネオ・リベラリズムは，国際関係に客観的な法則があるとして「客観的な世界」を想定し，一定の仮説に基づいて国際的現象を考える。この点では，第1章のネオ・リアリズムと同様である。しかし，ネオ・リベラリズムは国際協調の可能性を強調して，ネオ・リアリズムに挑戦した。他方，コンストラクティヴィズムは，国際関係は行為主体の主観に基づいて展開しているとして，「主観的な世界」に切り込んで現象を理解しようとする。これは，ネオ・リアリズムとともにネオ・リベラリズムにも挑戦し，新たな分析アプローチを切り開くものであった。

アナーキーな構造における協調
　ネオ・リベラリズムは，国際的な紛争と協調の問題に取り組み，特にネオ・リアリズムの覇権安定論（第1章2参照）が国際関係一般に妥当するのかを，厳しく問い直した。覇権安定論は，圧倒的なパワーを持つ覇権国が存在する時にのみ，国際レジームが実現し，困難なはずの国際協調も可能になると論じた。
　その根拠は，国際レジームを国際公共財だと考える点にあった。公共財（public goods）とは，国内社会で言えば公園や灯台，横断歩道などであり，一般的な私的財（private goods）とは異なった特性を持っている。すなわち，国際レジームについて言えば，それをどの

国が提供したとしても，すべての国が利用できる。これを消費における非競争性と言う。また，ある国に対しては国際レジームを利用できないようにしたくても，それは難しい。これを消費における非排除性と言う。したがって，各国は何ら負担を負わずに国際レジームの便益を利用し，いわば「ただ乗り（free riding）」しがちになる。国際レジームを創設・維持するには，他国への説得や強制，財政負担など重い負担が必要になるにもかかわらず，である。

そうであるならば，覇権国のみしか国際レジームを創設・維持しようとしない。覇権国のみが，国際レジームをめぐる負担に単独で耐えられ，他国に説得・強制できるからである。しかも，国際レジームによって国際関係が安定すれば，現状つまり覇権国の優位を維持できる。このようなことから，覇権国が存在するときにのみ国際レジームは成立し，持続すると見られたのである。

なお，覇権国のパワーの程度や国際的なパワーの分布については，貿易，地球環境など分野ごとに評価する場合と，分野横断的に評価する場合がある。後者の場合は，貿易や地球環境などの問題に関しても，軍事的・政治的パワーが決定的な役割を果たすと見ている。どちらかといえば，R. ギルピンやH. モーゲンソーを典型にリアリズム的な論者は，パワーが分野ごとに不可分で，全体として有機的に作用すると想定し，後者の立場をとる。これに対して，コヘインを典型にリベラリズム的な論者は，特定分野の有力国が，その分野で影響力を発揮すると見る傾向を持っている。どちらが妥当かの結論は出ておらず，実際の分析でも双方の方法が用いられている。本書第II部の事例分析でも，その慣例を踏襲することにしよう。

ただし，覇権安定論の例外は少なくない。たとえば，国際貿易分野のGATTレジームは，たしかに第二次世界大戦後の覇権国アメリカのリードによって誕生した。また，アメリカのパワーが相対的

に衰退するのに対応するかのように,GATTレジームの機能に陰りが表れ,1970年代以降に深刻な貿易摩擦が続発した。しかし,覇権安定論の仮説とは異なり,GATTレジームは崩壊に向かわず,一定の安定性を保った。言い換えれば,GATTレジームは構造的に変化するにいたらず,構造内変化をするにとどまった。それだけではなく,アメリカのパワーがさらに低下した1980年代半ばに,各国がウルグアイ・ラウンドという多国間交渉に踏み出し,GATTレジームの強化に取り組んだのである。

コヘインはこうした例外に着目し,覇権国がなくとも国際レジームは持続し,国際協調は十分に可能だと主張した。同時にコヘインは,ネオ・リアリズムの持つ理論的な洗練や科学的な法則性は否定せず,むしろ同様に科学性を追求した。すなわち,ネオ・リベラリズムも「客観的な世界」を想定し,すでに科学性を認知されていたゲーム理論◆や経済学などの手法を駆使したのである。

まず,ネオ・リベラリズムはゲーム理論を用い,各国が互いに国益を追求していても,国際協調は成立すると論じた。その際にコヘインは,ネオ・リアリズムが「囚人のジレンマ」というゲームを前提にし,国際協調が困難だと仮定していると判断した。

この「囚人のジレンマ」ゲームは,警察が二人の容疑者を別々の部屋で,容疑者が連絡し合えない状況で取り調べているようすを想

◆**用語解説**
ゲーム理論 ゲーム理論は,多くの分野で用いられる分析手法であり,数学者・物理学者のJ. フォン・ノイマンが経済学者O. モルゲンシュテルンと共に生み出した。ゲーム理論は,複数の行為主体が互いに影響を及ぼす環境にいると想定する。そして,行為主体が自己の利益を最大化し,不利益を最小化しようとして,相手の行動を読みながら行動すると仮定し,そのようすを抽象的に表現する。どのような状況において,どのようなゲームが展開し,どのような結果にいたるのかを予測するために,この分析手法は用いられる。

表3 囚人のジレンマ

容疑者2の選択

		協調（黙秘）	裏切り（自白）
容疑者1の選択	協調（黙秘）	罰金 / 罰金	釈放 / 懲役5年
	裏切り（自白）	懲役5年 / 釈放	懲役1年 / 懲役1年

定している。容疑者は軽犯罪で別件逮捕されており，容疑者が黙秘すなわち容疑者同士の協調を続ければ，軽犯罪の罰金のみですむ。しかし，警察が双方の容疑者に自白をさせ，動かぬ証拠を手に入れられれば，双方の容疑者にそれぞれ1年間の懲役を求刑することができる。そこで警察は，自白を促すためにそれぞれの容疑者に対して取引をもちかける。一方の容疑者が自白すれば釈放を認め，他方の容疑者に5年間の懲役を求刑するという取引である。容疑者たちは，互いに信じ合って協調して黙秘を続けるべきか，他方の容疑者による裏切りを恐れて自ら裏切るべきか，ジレンマに陥る。結果的に容疑者たちは共に裏切ってしまい，避けようとしたはずの懲役1年を共に求刑される羽目になる（表3参照）。

すなわち，国際関係で言えば，アナーキーな国際構造の下で対立している二つの国は，相互不信を避けられず協調を選択し難い。自国のみの利益を期待して，相手国を裏切ろうとする。その結果，双方とも相手国の不利益を辞さずに行動して深刻な対立にいたる，とこの「囚人のジレンマ」ゲームは教えているのである。

しかし，「囚人のジレンマ」がこのような展開をたどるのは，1回限りのゲームだからにほかならない，とコヘインは指摘した。無限の繰り返しゲームにおいては，ある時の選択が，後の時点で影響を及ぼすため，各国はその「将来の影」を事前に考慮に入れて行動

するはずである。その際、ゲーム理論の研究成果によると、各国が「目には目を」戦略と呼ばれる選択をすれば、互いに自由に行動しながらも国際協調に到達できるという。すなわち、最初のゲームで一方の容疑者が譲歩して黙秘し、それに他方の容疑者が応えるならば、次のゲームでは前者の容疑者も応える。あるいは、一方の容疑者が裏切るならば、他方の容疑者は後のゲームで制裁する。このように、目には目を、歯には歯をという行動を繰り返す中で協調が芽生える、というのである。ゲーム理論が一般的な法則を示唆しているならば、国際関係でも同様の展開になって不思議ではない。

国際レジームの効用

ネオ・リベラリズムによれば、無限の繰り返しゲームによる協調は、国際レジームによってこそ可能になる。コヘインは、この点を経済学におけるコースの定理から導いている。コースの定理は、民間の当事者間の問題について、政府などによらずに当事者間で解決できるような条件を示している。コヘインはこれを、各国間の問題を世界政府のないアナーキーな状況において、各国が自発的に解決できる条件に読み替えたのである。

その条件とは、①各国が完全情報◆、言い換えれば確かな情報を持つこと、②各国間の取引費用◆が低いこと、③各国の権利義務を

◆用語解説
完全情報と取引費用　共に経済学の用語であり、完全情報とは、市場取引の参加者が取引の場所、売買されるモノ、サービス、その価格などについて持つ、信頼しうる十分な情報を指す。これがなければ市場が成立しないか、効率的に働かないとされる。また取引費用とは、取引の参加者が負担する費用であり、取引相手を見つけ、契約をし、契約を相手が履行しているかどうかを確認するといった費用を指す。取引費用が過大であれば、取引は実現しないとされる。

明確化するような，法的枠組みが存在することである。国際レジームこそがこれらの条件を満たす，とネオ・リベラリズムは考える。というのも，国際レジームは国際協議の場や手続きを備えているため，①各国は国際レジームを通じて，相手国の意図に関する完全情報を獲得でき，また②国際レジームを通じて，低い取引費用でたえず相手国と接触をもち，交渉できるからである。さらに国際レジームは，各国の権利義務に関するルールを備えているため，③各国はその法的枠組みの下で安定した関係を保てるというのである。

このようにネオ・リベラリズムは，リベラリズムが伝統的に着目してきた制度，すなわち国際レジームについて，新たな次元の機能を示し，国際協調の装置として評価したのである。各国は，国際レジームの下で協調の相互利益と可能性を知り，裏切り行為をとろうとしなくなる。GATT・WTOレジームの例で言えば，その多国間交渉や対話の機会，貿易政策の調査，紛争解決手続きなどを通じて，各国は他国の政策や立場の完全情報を得る。また交渉や対話の場があり，貿易をめぐる問題やその交渉について共通の考え方や認識が成立しているため，取引費用を低くできる。したがって各国は，時に深刻な貿易摩擦に直面しながらも，経済戦争のような事態に陥らず，GATT・WTOレジームを支え続けたのだと考えられる。

このようにネオ・リベラリズムは，覇権国が国際レジームの持続の条件にはならないと指摘した。ということは，ネオ・リベラリズムは国際レジームの形成の局面については，覇権国の必要性を認めていることになる。しかしネオ・リベラリズムは，国際レジームの形成局面でもレジームの持続局面における効用，つまり完全情報の獲得や，取引費用の削減などが作用しうると論じた。すなわち，各国が国際レジームから得られる効用を展望して，レジームの形成をはかる可能性がある。ただし，この考え方においては，国際レジー

ムの結果における効用が国際レジームの原因になっており、因果関係が混乱してしまっている。

この論理的な矛盾を考慮して、コヘインらは、各国が国際レジームの効用に期待する点を強調し、その期待が国際レジームの設計に反映するなら、各国は国際レジームを形成するとした。さらにコヘインらは、各国を本人（principal）、国際レジームを代理人（agent）として、各国が国際レジームを形成して権限を委譲すれば、国際レジームは各国の持つ能力以上の機能を果たしうると論じた。すなわち、各国がその機能を共通の利益として期待するなら、国際レジーム形成に踏み出す可能性があるというのである。

ネオ・ネオ論争
ネオ・リベラリズムの挑戦を受けて、ネオ・リアリズムは反論を展開し、両者の間で激しい論争が起こった。この論争はネオ・ネオ論争と略称される。この論争の影響は大きく、特に1980年代から90年代半ばのアメリカでは、国際関係論の議論の多くがこの論争と接点をもつほどだった。

ネオ・リアリズムの反論は、ネオ・リベラリズムがパワーを軽視している点や、国際レジームがしょせん大国の道具でしかなく、各国に共通の利益を提供するとは言えない点などを論拠としていた。

ネオ・リアリズムの反論のうち、ネオ・リベラリズムに深刻な打撃を与えたのは、相対利得の問題であった。ネオ・リアリストのJ.グリエコによれば、各国の利益には絶対利得と相対利得がある。たとえば日中間の経済関係において、両国間の貿易や投資の拡大は双方の利益を拡大し、その限りにおいて両国にとって望ましい。これは絶対利得に当たる。しかし、日中間の経済交流が双方に同等の利益となるはずはなく、どちらかの国がより大きな利益を獲得してい

る可能性が高い。これが相対利得である。アナーキーな国際関係の下では、相手国がより大きな相対利得を獲得すれば、その相手国の立場や影響力の強化、ひいては自国にとっての将来の危険性につながりかねない。ネオ・リアリズムはこの点に着目していたが、ネオ・リベラリズムはその事実を見逃して絶対利得の合致のみに注目し、国際協調を楽観したとグリエコは批判したのである。

ネオ・ネオ論争は激しく展開し、また、さまざまな知的副産物をもたらした。とはいえ、今振り返ると、議論の前提に共通性があり、かなり狭い範囲の議論に終始した感が強い。ただし、そうであったからこそ議論がよくかみ合った、とも言える。論争は、相対利得問題のインパクトのため、どちらかと言えばネオ・リアリズムの優位で推移した。とはいえ、冷戦の終結後に地球環境や人権などの分野で国際レジームが成立し、また欧州連合（EU）を典型に地域レジームが拡大・制度化していく中で、ネオ・リベラリズムの妥当性も広く評価された。

また、ネオ・リアリズムの後に現れた防御的リアリズム（第1章2参照）は、国際レジームの存在も、レジームによる国際協調の可能性も認めた。すなわち、関係国が国際レジームによる協調を目的とした場合には、アナーキーな国際関係の下にあっても協調は実現しうると論じて、ネオ・リアリズムや攻撃的リアリズムと一線を画したのである。

以上のように、ネオ・リベラリズムは国際協調の可能性を仮説として明確化し、ネオ・リアリズムと好対照をなす「客観的な世界」を描き出した。その際、特に国際レジームの持つ機能をクローズアップし、取引費用や情報の重要性を指摘した。それは、制度的リベラリズムの新しい展開を導く意味も持っていた。

3 コンストラクティヴィズム
―― 「主観的な世界」を理解しなおす

　ネオ・リアリズムやネオ・リベラリズムが描いたように，行為主体はアナーキーな国際関係の基本構造や国際レジームの下で枠をはめられ，つねに方向づけられるのだろうか。むしろさまざまな行為主体が生き生きと活動し，相互に影響し合っているのではないだろうか。さらには，その活動や相互関係によって，国際関係そのものも変動しているのではないだろうか。

　そうだとすれば，国際関係の現実に迫るには，客観的な法則を究明するのではなく，むしろ実際に行為主体がどのような考えや認識を持って行動しているのかを，探るべきではないか。コンストラクティヴィズム（constructivism，構成主義）はこのような観点をとり，国際関係をとらえなおした。というのも，国際関係も一つの社会にほかならず，社会は行為主体の対話や相互の刺激によって形づくられる構成物だからである。

　コンストラクティヴィズムには，さまざまなタイプがある◆。代表的なのは，リベラル・コンストラクティヴィズム（自由主義的構成主義）と呼ばれる立場であり，一般的にはこれをコンストラクティヴィズムと称している。本書でもそれを踏襲して，リベラル・コンストラクティヴィズムをコンストラクティヴィズムとして解説する。

　コンストラクティヴィズムは，行為主体の行動の自由や，それによる国際関係の変化を想定している点で，ネオ・リベラリズムと共通している。しかしコンストラクティヴィズムは，「客観的な世界」に否定的であり，ネオ・リアリズムと共にネオ・リベラリズムをも批判した。それらの理論は共に「客観的な世界」を想定したために

第2章　リベラリズム　　75

決定的な過ちを犯した，とコンストラクティヴィストは主張したのである。

その過ちは，特に1989年の冷戦終結を予測できなかったことに表れた。ネオ・リアリズムとネオ・リベラリズムは，国際関係における法則を前面に出し，法則によって予測可能性が高まると想定していた。にもかかわらず，冷戦終結という決定的な変化を見通せなかったのである。冷戦終結の後も，内戦の続発や人道的介入の実施をはじめとして，国際関係上の歴史的変化を思わせる出来事が続いた。そのような中で，ネオ・リアリズムやネオ・リベラリズムは，そもそも変化をとらえる手がかりを理論に組み込んでいない，と批判されるようになった。

◆用語解説

さまざまなコンストラクティヴィズム コンストラクティヴィズムは，ネオ・リアリズムやネオ・リベラリズムなどの理論と異なり，国家間の対立や協調について特定の傾向を主張しない。その意味では，理論というより理論的なアプローチ（分析方法）である。すなわち，リアリズム理論のコンストラクティヴィズム・アプローチも，リベラリズム理論のコンストラクティヴィズム・アプローチもある。前者はリアリスト・コンストラクティヴィズム，後者はリベラル・コンストラクティヴィズムと称され，一般的なのは本書で扱った後者である。

前者のリアリスト・コンストラクティヴィズムは，特定のパワー分布の下で，行為主体がアイディアをめぐってどのような行動をとるか，などを考察する。また序章で述べたように，古典的リアリズムも英国学派も，広義のコンストラクティヴィズムに含めることができる。

なお，本書では取り上げないものの，ポストモダンと呼ばれる領域にもコンストラクティヴィズム的な議論があり，興味深い。たとえばマサチューセッツ大学のJ. ダー・デリアンは，外交が自国とは異質な他者を国民にイメージさせ，自国のアイデンティティを明確化する役割を隠し持っていると批判的に論じた。また，コペンハーゲン学派と称されるB. ブザン，O. ウィーバーらは，安全保障の概念を洗いなおした。彼らは，何を脅威として位置づけるかによって安全保障は人為的に作られるとし，社会における文化や宗教，伝統などを維持する社会的安全保障を指摘したのである。

こうして,「客観的な世界」の追求にともなう弊害——過度に単純化した国家像や国家行動の仮説が問い質され,また,国際的変化を正面からとらえる方法が求められたのである。こうした理論の見直しをリードしたのが,コンストラクティヴィズムであった。

　コンストラクティヴィズムは三つの特徴を持っている。第一に,多くの理論が国際的現象の要因としてパワーと利益に着目したが,コンストラクティヴィズムはアイディアに着目した。第二に,多くの理論は,国際関係の構造が行為主体に及ぼす作用を重視したのに対し,コンストラクティヴィズムは国際関係の構造と行為主体の両者の関係を双方向でとらえた。第三には,多くの理論が国際関係の構造を固定的だと想定していたが,コンストラクティヴィズムは国際関係の構造が変化しうると見て,その様相を考察した。この3点はかなり抽象的なので,それぞれより詳細に,具体例をあげながら説明しよう。

アイディアを原点として

　コンストラクティヴィズムがまず着目したのは,アイディアである。より厳密に言えば観念的要素 (ideational factors) であり,具体的には理念や信条,認識,規範などが含まれる。すなわち,アイディアとは行為主体の意識の内容であり,国際関係の持つ性質に関する信条,大国なり NGO なりの役割の認識,地球環境や人権など特定の問題のとらえ方などを指す。多くの理論が重視した軍事的パワーや経済的利害は物理的要素であり,ここでいうアイディア,すなわち観念的要素とは対照的である。コンストラクティヴィズムも,そうした物理的要素を視野に収めているものの,観念的要素を重要視する。

　というのも,アイディアは元来,重要な役割を果たしているから

Column⑦ **アイディアをめぐる理論**

　かつての国際関係理論も，アイディアもしくは観念的要素に着目していなかったわけではない。たとえばK.ドイッチュの提起した安全保障共同体や，P.ハースの指摘した知識共同体，コヘインやJ.ゴールドスタインの論じた外交政策の観念的アプローチなど，リベラルな国際関係理論に例がある。後の二者は，現在も分析に用いられている。

　知識共同体とは，シンクタンク，学者，科学者など，特定の問題に関する専門家のネットワークを指す。彼らは，その専門的な知識や情報に基づいて権威ある主張をし，政策に影響を及ぼす。たとえば国際的な感染症対策，地球温暖化対策などでは，問題の状況や科学的に有効な対策がわかりにくいため，官僚や政治家のみでは十分に対応できない。そのため，知識共同体の知見が決定的な意味を持ちうる。

　また，外交政策の観念的アプローチは，次のようなアイディアの作用のパターンを指摘している。すなわち，アイディアはいわば道路地図として，不確実な状況において指針を提供する。またアイディアはフォーカル・ポイントを，すなわち妥当な対応策が複数ある場合に，関係者が合意できるような説得力ある選択を示唆するのである。

　こうした議論も，広い意味ではコンストラクティヴィズムに含められる。これに対して狭義のコンストラクティヴィズムは，アイディアに着目するだけでなく，それが国際関係の構造的変化を導くと想定している。また，その変化のダイナミズムと，それを左右する条件を解明しようとして，新たな分析の次元を加えている。

である。国際関係を国内の市民生活になぞらえると問題もあるが，人々はつねに損得勘定や力関係に基づいて行動するわけではない。人々は無意識にせよ意識的にせよ，信念や社会的な規範に沿って行動することが多いものである。国際関係においても，多くの国が戦争の自制や大国としての貢献など，やはり一定の規範に依拠して行

動している。また，各国が追求している利益やパワーも，しばしばその時期に一般的な認識によって左右される。たとえば人口の規模は，かつて国益やパワーの重要な要素だと見られていた。しかし今日，日本や韓国の少子化をそうした観点から懸念する議論はほとんど見られない。

　実際，政策決定者や企業，市民などは，国際関係の構造による拘束があっても，自由に発想し，認識する余地を持っており，従来のアイディアを見直したり，新たなアイディアを提起したりする。その新たなアイディアが，外交に変化をもたらす場合もありうる。それが他国の変化につながり，ひいては国際関係の構造が変化する可能性も否定できない。

　たとえば，冷戦という国際関係の構造は変化して終結し，その背景ではソ連の M. ゴルバチョフ書記長のアイディアが決定的に作用したとされる。ゴルバチョフ書記長は，従来の冷戦の政策アイディアに代えて国内経済改革のアイディアを掲げ，それを契機に米ソ関係が見直されるようになり，結果的に米ソ関係が好転したのである（Wendt, 1999. 第3章 *Column⑧*参照）。

　コンストラクティヴィズムの新しさは，アイディアについて，特にその構成的作用を見る点にある。アイディアの作用には，規制的作用と構成的作用という二つの形態があるとされる。前者の規制的作用は，理念や規範が行為主体に直接的に作用し，行動の選択幅を定める。たとえば，自由貿易主義のアイディアが WTO の下で確立しているから，各国は海外との貿易を自由化せざるをえず，差別的に扱えない，といった作用である。ここでは，アイディアがパワーや利益と同等に作用するものと想定されている。この規制的作用は，過去のリベラリズムも指摘していた。

　アイディアの構成的作用とは，行為主体がその時々の国際関係の

図 1　国際関係の構造と行為主体の関係

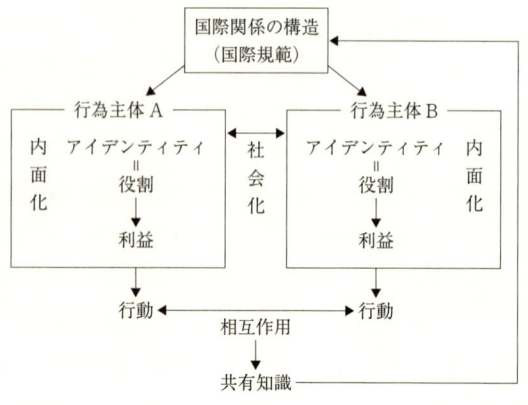

```
            ┌──────────────────┐
            │  国際関係の構造   │←──────────┐
            │   （国際規範）    │           │
            └──────────────────┘           │
              ↓             ↓              │
  ┌─ 行為主体 A ─┐       ┌─ 行為主体 B ─┐   │
  │内  アイデン  │ 社    │ アイデン  内 │   │
  │面  ティティ  │←会会→│ ティティ  面 │   │
  │化    ＝      │ 化    │    ＝     化 │   │
  │     役割     │       │   役割       │   │
  │      ↓      │       │    ↓        │   │
  │     利益     │       │   利益       │   │
  └──────────────┘       └──────────────┘   │
         ↓                     ↓            │
        行動 ←── 相互作用 ──→ 行動         │
                    ↓                       │
                 共有知識 ──────────────────┘
```

［出典］　筆者作成。

構造をかたちづくる単位として，ふさわしい行動をとるように仕向ける作用である。その構成的作用には，いくつかの段階がある（図1参照）。まず基本になるのはアイデンティティ，つまり自分は何者なのかという自己認識であり，それが行為主体を動機づけ，行動の方向性を定めるとされる。たとえば，A 国がヨーロッパの有力国だというアイデンティティを持ったとする。すると A 国は，国家としての存在を保つだけでなく，そのアイデンティティに適した軍事的・経済的パワーを維持し，また民主主義的な国内法制を採用しようとし，一定の国際貢献を実施するのも当然だと認識するであろう。この例からもわかるように，アイデンティティは役割と結び付いている。ヨーロッパの有力国ならどのような役割を果たすべきか，A 国はそれぞれの状況に応じて判断し，それに適さない行動を自制し，適した行動をとるよう自らを鼓舞することになる。

こうしてアイデンティティと役割が定まれば，その行為主体の利益，典型的には国益が決まってくる。ヨーロッパの有力国として，

何が自国にプラスなのか，どの国が味方なのかといったことが，自ずと定まるのである。こうして，この国は自国にふさわしいふるまいや利害を知り，それに基づいて行動するようになる。以上のように，行為主体があるアイディアを自らの内面に刻み込み，当然だと認識する現象を内面化 (internalization) という。またその内面化が，他の B などの行為主体と関係し合う中で実現する現象を，社会化 (socialization) という。

先に見たアイディアの規制的作用は，行為主体の外側から行動を枠づけた。この場合，行為主体は他の国や国際組織から制裁や誘引を与えられ，自らの認識は変えないでアイディアに従う。たとえば独裁国・権威主義国が，自国の人権侵害に関して海外から批判を受け，仕方なく人権を部分的に尊重するような状況である。これに対して構成的作用は，行為主体の内側から行動を方向づける。この場合には，行為主体は他の行為主体と対話し，説得を受け，自らの認識を変えて社会化する。すなわち，独裁国・権威主義国が国際社会の信頼を得る必要を深く認識し，対外的な対話を通じて文明国にふさわしい行動を知り，それを内面化していき，人権の尊重を当然とみなすようになる場合である。

さらに具体例を見てみよう。リアリズムの観点からすれば，各国はパワーを最大限に行使し，国益を追求するはずである。にもかかわらず，ほとんどの国はそのために核兵器や化学兵器をパワーとして積極的に行使しようとはしない。むしろそれらの兵器をタブー視し，その行使を自制するのが一般的である。なぜだろうか。

コンストラクティヴィストの R. プライスの研究によれば，それは，各国が文明国であれば重大な被害を与える兵器を避けるのは当然だと，共通して認識し，その規範を内面化しているためである (Price, 1997; Price and Tannenwald, 1996)。行為主体がそもそも何をパ

ワーとしてとらえ，利益だと感じるのか。そのパワー観，利益認識そのものがアイディアによって左右されるのである。

　そう考えるならば，ネオ・リアリズムやネオ・リベラリズムの「客観的な世界」は疑わしい，とコンストラクティヴィストは見る。この点で，コンストラクティヴィズムの代表的な学者 A. ウェントがある論文に掲げたタイトル，「アナーキーは国家がつくったもの」は象徴的である。たしかに国際関係の基本構造はアナーキーである。しかし，それは客観的な事実であるというよりも，アナーキーだとするアイディアの構成的作用が，各国で定着しているのだと言える。

行為主体と構造の相互作用

　コンストラクティヴィズムの第二の特徴は，行為主体と国際関係の構造とが切っても切れないと考える点にある。行為主体と国際関係の構造は，つねに相互に作用しており，お互いなくしては成立しないと見るのである。これに対してネオ・リアリズムとネオ・リベラリズムは，行為主体が自律的に行動するとし，しかしその行動は，国際関係の構造によって著しく拘束されていると見ていた。

　具体的に言えば，冷戦はアナーキーな国際関係の構造の一形態であり，その冷戦構造の下にあったからこそ，各国は国内外で冷戦政策をとった。つまり，各国の関係者が資本主義なり社会主義なりの思想を信奉し，軍事的にせよ経済的にせよ相手陣営の優位を自らの不利と受け取り，対抗策をとったのである。逆に，各国の関係者がそうした行動をとったからこそ，その集積として国際的には冷戦構造が持続したと考えられる。

　すなわち，①国際関係の構造から行為主体への影響と，逆の②行為主体から国際関係の構造への影響という二つの作用が見られ，双方が不可分なのである。

まず，①国際関係の構造から行為主体への影響に関して，具体的に考えてみよう。ある国際関係の構造の下で，ある国が社会化しているなら，その国の行動は基本的に国際関係の構造に適したものになる。その国は，自国のアイデンティティや利益を行動の基準にしており，すでに見たように，その基準自体が構成的作用を受け，国際関係の構造にふさわしい性格を持っているからである。言い換えれば，行為主体は利益やパワーを追求するというよりも，期待される役割を遂行しているのである。その際の行動の基調は，国際関係の構造との関係において適切かどうかにある。したがって，この行為主体の行動は「適切性の論理（logic of appropriateness）」に基づいていると言われる。

　これに対してネオ・リアリズムやネオ・リベラリズムは，全く異なる行動の原理，すなわち「結果の論理（logic of consequentiality）」を想定していた。というのも，行為主体は，行動の結果として獲得できるパワーや利益を計算し，それに基づいて行動すると仮定していたからである。

　それでは，逆の②行為主体から国際関係の構造への影響はどうだろうか。ネオ・リアリズムやネオ・リベラリズムは，①の側面に関心を集中し，②の側面を捨象していた。この②の影響は，次のような過程をたどると考えられている。

　A国とB国があり，X国が国内で重大な人権侵害をしたと仮定しよう。A国は人権尊重のアイディアを掲げてX国を非難し，そのためには自国の不利益も厭うべきではないと考え，経済制裁を実施したとする。この行動は，B国にも同様の行動を迫る合図となる。B国がそれに応じて経済制裁に踏み切れば，その行動はA国のアイディアを認め，その正当性を強める意味を持つ。こうした相互作用が繰り返されるなら，A国とB国は共に人権尊重のアイディア

を当然のものと認識するようになろう。ひいては，A国とB国の態度が別のC国やD国にも同調を求める合図となり，同様の相互作用がC国やD国，さらには他の国々にも広がるだろう。この状態にいたれば，人権尊重のアイディアは共有知識 (common knowledge)，すなわち各国が共有する認識になる。これが定着して持続するなら，人権尊重のアイディアは国際規範 (norm) になったと言える。こうして国際規範が成立すれば，今度は逆に，先に見た①の国際関係の構造から行為主体への影響が働くことになる。

コンストラクティヴィズムにおいて国際関係の構造とは，各国間のパワーの分布ではなく，この国際規範を意味する。この国際規範の実態は間主観的な存在であり，独自の性質を持っているとコンストラクティヴィズムは考える。ここで間主観的とは，第一に，それぞれの行為主体が一定のアイディアを主観的に信じている状況であり，その意味では主観にすぎない。つまり，軍事力や経済的利益のような客観的・物理的なものではない。第二に，それぞれの行為主体の間に何らかのコミュニケーションがあり，他の行為主体も同様のアイディアを信じていると，行為主体が互いに信じている状況である。第三には，それぞれの信じるアイディアは全く同一ではないとしても同様であり，かみ合う内容になっている。第二，第三の意味では，そのアイディアがあたかも客観的な事実であるかのように，それぞれの行為主体には認識されるのである。

このようにアイディアに着目し，行為主体と国際関係の構造の相互作用を視野に収めるなら，国際関係の基本単位となる行為主体や構造でさえ，従来とは異なる姿で見えてくる。コンストラクティヴィズムは，その姿をとらえなければ，国際関係の現実を把握したことにはならないと考えるのである。

図2 ネオ・リアリズム，ネオ・リベラリズム，コンストラクティヴィズムの比較

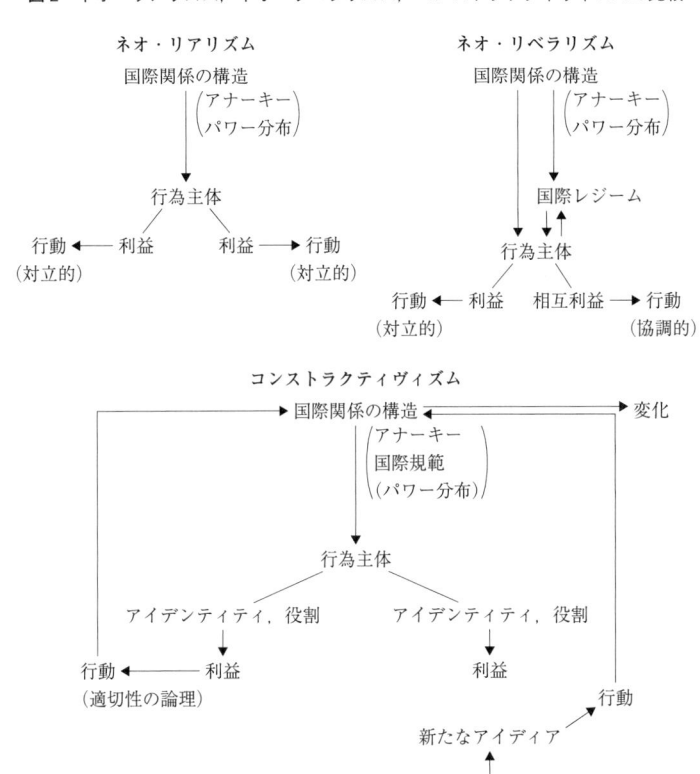

```
        ネオ・リアリズム                        ネオ・リベラリズム
        国際関係の構造                          国際関係の構造
         ⎛アナーキー⎞                            ⎛アナーキー⎞
         ⎝パワー分布⎠                            ⎝パワー分布⎠
              ↓                                     ↓
                                              国際レジーム
            行為主体                                 ↓
                                                行為主体

   行動 ← 利益    利益 → 行動           行動 ← 利益   相互利益 → 行動
  (対立的)           (対立的)           (対立的)              (協調的)


                      コンストラクティヴィズム
               ┌──→ 国際関係の構造 ←────────── 変化
               │     ⎛アナーキー ⎞
               │     ⎜国際規範  ⎟
               │     ⎝パワー分布⎠
               │          ↓
               │       行為主体
               │      ╱        ╲
               │  アイデンティティ，役割  アイデンティティ，役割
               │   ╱                        ╲
          行動 ← 利益                        利益
         (適切性の論理)                              ↘
                                                    行動
                                              新たなアイディア
                                         (危機，規範起業家の登場など)
```

［出典］ 筆者作成。

国際関係の構造的変化

　コンストラクティヴィズムの第三の特徴は，国際関係の構造が可変的だとする点である。ネオ・リアリズムとネオ・リベラリズムは，国際関係の構造は固定的であると見ており，したがって冷戦終結のような構造的変化を想定していなかった。

各国がある国際政治構造の下で社会化され,「適切性の論理」に従って行動していれば,国際関係の構造は持続する。この場合,各国は構造(国際規範)の構成的作用を受け続け,構造が必要とする機能を果たすような行動をとり続ける。また逆に,各国はそのような行動をとることによって,国際関係の構造の正当性を追認し,それをいわば再生産する役割を担うのである。

　しかし,ある国が国際関係の構造上の必要から逸脱した行動,すなわち不適切な行動をとった場合,構造の正当性を否定する意味を持ち,その再生産の循環に水をさすことになる。仮に,その逸脱行動が他の国に波及していき,多くの国の共有知識が変化するにいたれば,国際関係の構造そのものも変化する。国際関係の構造と行為主体とは,すでに見たように相互に支え合う関係にあるからである。ここに,ネオ・リアリズムとネオ・リベラリズムの見逃した,構造的変化がとらえられる。

　問題は,このような構造的変化がどのような場合に起こるか,である。コンストラクティヴィズムの研究によると,第一に,危機の際に生じやすい。戦争や大規模な災害,恐慌などの危機においては,それまで国際関係が前提にしていた共有知識の正当性が揺らぎ,新たなアイディアが求められる。第二に,行為主体が意図的にアイディアを提起し,構造的変化を導く場合もある。ある行為主体が,既存の政治経済構造の問題を突き,有益な考えや情報を提示して,新たなアイディアの正当性を説得し,他の行為主体の認識の変化を促すのである。このような行為主体を,規範起業家と呼ぶ。

　たとえば1960年代末の世界銀行において,R.マクナマラ総裁が規範起業家としてイニシアティブを発揮し,国家的な貧困だけでなく人々の貧しさを視野に入れた。それを契機として,開発の考え方が変化していき,国際的に転換するまでになったのである。近年,

NGOや知識共同体，国際機関などが，規範起業家として重要な役割を果たすことが少なくない。

　第三には，国際組織が知識変化の場，いわば学習や教育の場になるとされる。国際組織は，前例のない問題に対応するためにしばしば特別の組織を立ち上げ，さまざまなアイディアをその場で広く検討する。しかも国際組織は，それ自体として正当性を持っている。そこでの議論は，各国の認識を変える過程となりやすいのである。

　もちろん，危機や規範起業家の活動があっても，それで即座に他の行為主体の共有知識が変化するはずはない。行為主体をとりまく社会的環境にも左右されるのである。コンストラクティヴィズムのいくつかの研究が，この社会的環境を検討している。この点を考える手がかりになるのは，ベルリン自由大学のT.リッセの議論である。彼は，社会学者のJ.ハーバーマスの議論を借り，コミュニケーション的行為の役割を指摘している。すなわち，行為主体が討議を通じて自由に主張を展開し，パワーの行使や利益の提供ではなく，提示するアイディアや情報の正当性，説得力などによって，他の行為主体の認識を変えていく可能性があるというのである。このような行動の原理は，先に示した「結果の論理」や「適切性の論理」になぞらえて，「討議の論理」と呼ばれている。

　この「討議の論理」による構造的変化は，一定の社会的・制度的環境において成立しやすいとされる。パワーが作用しにくい場合や，討議が利益の配分ではなく審議や情報交換を目的とする場合，説得者と被説得者の関係が政治化せず，周囲から隔離されている場合などがあげられる。こうした討議や対話などは，軍事的圧力や経済的利害の衝突に比べると，静態的でナイーブな印象を与えるかもしれないが，そうではない。討議や対話では，さまざまなアイディアや認識が競合し，衝突し合い，緊張に満ちた駆け引きが展開するので

ある。アイディアは行為主体のアイデンティティや信念にかかわるだけに、容易に調整がつくはずはない。パワーや利害の調整では、しばしば「足して2で割る」タイプの政治的妥協が見られるが、アイディアの領域ではそれは難しいからである。

このように、コンストラクティヴィズムは国際関係における構造の変化を視野に入れている。逆に言えば、構造が仮に安定して持続している場合にも、変化は潜在していると見る。というのも、さまざまな行為主体が新たなアイディアを提起し、国際的な構造に挑戦しているが、その説得力が欠けていたり、その挑戦を封じる行為主体がいたりして、構造の変化にいたっていないと考えられるからである。

すでに明らかなようにコンストラクティヴィズムは、従来の理論の持つ分析上の歪み(ゆが)を問題にし、方法論にこだわっている。にもかかわらず、コンストラクティヴィズムにも限界はある。たとえば、コンストラクティヴィズムが国際関係について明確なパターンや予測を示さない点、すなわち、どのような条件がそろえば新たなアイディアが浮上し、国際規範になり、行為主体を社会化するのか、確定できていない点である。また、アイディアやアイデンティティなどが曖昧で、客観的に観察しにくいのも難点だとされている。

以上のように、コンストラクティヴィズムはアイディアに着目し、行為主体と国際構造の相互作用に照明を当て、国際構造の変化を分析する手がかりを提供した。こうして、ネオ・リアリズムやネオ・リベラリズムの「客観的な世界」の問題点を明確化し、それに代わる見方を示した。すなわちコンストラクティヴィズムは、行為主体が自由にアイディアを交わし合い、それを通じてつねに変動の可能性が潜んでいる場として国際関係をとらえた。また、そのような国際関係を、多様な行為主体の作り上げる「主観的な世界」として分

析する手段を示し，新たな分析の地平を開いたのである。

◆さらに読み進む人のために ───
  石田淳，2000 年「コンストラクティヴィズムの存在論とその分析射程」『国際政治』第 124 号
    ＊リアリスト的な観点から，コンストラクティヴィズムを批判的に検討した好論文。コンストラクティヴィズムと伝統的リアリズムの類似性も示唆されている。
  大矢根聡，2002 年『日米韓半導体摩擦 ── 通商交渉の政治経済学』有信堂高文社
    ＊半導体摩擦は最も深刻化した経済摩擦の一つである。コンストラクティヴィズムの観点から，経済摩擦を単なる利害対立ではなく，アイディア論争や国際レジームの変容過程ととらえ直し，分析している。
  コヘイン，ロバート／石黒馨・小林誠訳，1998 年『覇権後の国際政治経済学』晃洋書房
    ＊ネオ・リベラリズムを提唱した名著。本章で紹介したのはそのエッセンスのみなので，ぜひ全貌を味わってほしい。
  パーキンソン，F.／初瀬龍平・松尾雅嗣訳，1991 年『国際関係の思想』岩波書店
    ＊国際関係の問題や理念について，今日の観点から過去の思想史を跡づけ，深みのある議論を展開している。リベラリズムの伝統的な思想についても，多くの議論が紹介されている。
  山田高敬，2004 年「『複合的なガバナンス』とグローバルな公共秩序の変容 ── 進化論的コンストラクティビズムの視点から」『国際政治』第 137 号
    ＊世界ダム委員会の活動を，コンストラクティヴィズムの観点から分析している。環境保護と経済開発が衝突する問題を事例に扱い，新しい理論的知見を示している。
  Wendt, Alexander, 1999, *Social Theory of International Politics*, Cambridge University Press.
    ＊コンストラクティヴィズムの理論書は多数あるものの，1 冊だけ

を選ぶのであれば，やはりウェントのこの書であろう。本書は，コンストラクティヴィズムの考え方や方法を確立するのに大きく貢献した。

第Ⅱ部 国際社会のすがた

安全保障

第3章

　安全保障分野の戦後は、緊張と不安とともに始まった。アメリカ合衆国とソヴィエト連邦の間で冷戦が発生し、世界が二つの陣営に分かれて対立したのである。冷戦は1989年に終結したものの、その後も内戦やテロが続いた。他方では、軍縮交渉が実施され、人道や平和構築のための試みも見られる。このような対立と協調のダイナミズムは、なぜ、どのように展開したのだろうか。それを見たうえで、冷戦後顕著となった、内戦への人道的介入と核兵器の拡散への国際的対応をとりあげて分析してみよう。その際に第1章で見た理論的な見方を用いて、それがどのように応用できるのかを見てみよう。

1 歴史的展開——冷戦からポスト冷戦へ

　安全保障は，戦後の国際関係においても，戦前や戦中と同じく各国の最大の関心事の一つであった。安全保障とは，人々の持つ価値を，それを侵害しかねない脅威から守る行為を指す。人々は生活の安定や豊かさ，自由など，それらを確保するための政治体制，経済的・社会的制度などに価値を見出している。各国は，それを脅かすような軍事的・政治的・経済的な行動に対抗し，またそれを抑制しようとするのである。

　各国は自国の周辺，地域，あるいは国際社会の各レベルでさまざまな脅威に直面し，安全保障上の対応を試みてきた。その中でも国際レベルの冷戦ほど，各国に影響を及ぼした問題はない。第二次世界大戦後，1990年代に入って冷戦の一方の主役であったソ連が解体するまで，米ソを頂点とする二極構造が長期間にわたり一つの国際政治の枠組みを提供してきた。その時代は，ある意味では，「米ソ関係＝国際政治」の時代であったと言ってよいかもしれない。

　両国は，地球を何度も破壊できるほどのおびただしい数の核兵器を保有していたため，その一挙手一投足が国際的な安全保障を左右した。それゆえ米ソ以外の国々の多くは，米ソのどちらかと同盟を結び，その「核の傘」の中に身をすくめることで自国の安全をはかってきた。逆に言えば，「力のバランス」を通じて国際システムの安定をはかるという責任は，ひとえに米ソという両超大国の肩にのしかかっていたのである。というのも，もし「バランス」が崩れれば，実際に核戦争を戦わなくても，劣勢にある側の超大国を恫喝（どうかつ）する可能性が潜んでいたからである。資本主義対共産主義というイデオロギーの対立，すなわち政治的な主義主張の対立が，この権力闘

争の根底にあったことを考えると、劣勢にまわることの政治的なリスクははかりしれないものであったと想像できよう。それゆえ米ソは、相互に軍事力の増強あるいは勢力圏の確保を通して、そのような最悪の事態を避けようと努力してきたのである。これがまさに冷戦の本質であった、と言えよう。

では、冷戦は、いつ始まり、どのように展開し、そしてどのように終焉したのだろうか。まず、簡単に冷戦と冷戦後の歴史をふりかえることにする。

冷戦の始まり

冷戦は、いったい、いつ、そしてどのような理由で始まったのだろうか。冷戦の起源については、それが第二次世界大戦以前にあるとする考え方と、そうではなく第二次世界大戦後にあるとする二通りの考え方がある。戦後の国際秩序をつくった政治指導者の意識を重視するならば、後者の立場ということになろう。大戦時のF. ローズヴェルト米大統領の「四人の警察官」構想に見られるように、少なくとも当時のアメリカの指導者は、戦後の国際秩序の安定のためには自由主義国のアメリカ、イギリスおよびフランスだけでなく、ソ連との協力が不可欠であると考えていたからである。また、ソ連が他国に対する脅威とは認識されておらず、そのような協力が可能であると見られていた。

そのソ連が、突如としてアメリカにとって脅威となったのは、なぜだろうか。その原因は、主として東欧地域におけるソ連の不審な行動にあったと言われている。ソ連の当時の指導者であったJ. スターリンは、戦後の国際秩序を協議する場として開かれたテヘラン会談およびヤルタ会談で、東欧での自由な選挙の実施を約束していた。しかし、ふたを開けてみると、ポーランド、ルーマニア、ブル

ガリアなどにおいてソ連の梃子入れで傀儡政権が誕生した。このソ連の一連の行動が、アメリカの指導者の不信を招いたのである。その後、ドイツの共同管理や日本の占領などをめぐって米ソの利害が衝突し、続いてイラン、トルコおよびギリシャにおいても、ソ連が勢力を拡張させる傾向が見られるようになった。そしてアメリカのソ連への不信感は、ますますつのっていった。

このころ、アメリカの主要外交雑誌『フォーリン・アフェアーズ』に、「X論文」が掲載された（著者は、米国務省のソ連専門家で、後に外交評論家として名声をなしたG.ケナンであった）。「力の真空」があれば、ソ連は、必ずそれを埋めようとして勢力を拡張するので、ソ連を「封じ込め」なければならない。それができるのはアメリカをおいてない、というのがこの論文のメッセージであった。その後のアメリカは、基本的にこの助言に沿って、ソ連に対して封じ込め政策を実施していった。

より具体的には、アメリカは、イギリスに代わって東地中海地域におけるソ連の影響力の拡大を阻止しようと、「服従に抵抗する自由な人々を支援する」政策として「トルーマン・ドクトリン」を発表した。さらに経済面では、ヨーロッパの経済復興を支援するため、「マーシャル・プラン（欧州援助計画）」を実施した。特に前者の「トルーマン・ドクトリン」は、ソ連に対する「封じ込め」というよりも、むしろ共産主義に対する「封じ込め」という性格の方が強かった。そのため、それ以降米ソ間の対立は、資本主義対共産主義というイデオロギー闘争の様相を強めていった。

その後、チェコスロヴァキアでの共産主義者による政権の転覆や、ソ連が西ベルリンの出入路を遮断したベルリン封鎖問題などが起き、ソ連の脅威はもはやアメリカの関与なしでは除去できないという認識が、アメリカとヨーロッパ諸国との間で共有されるようになった。

そして、アメリカやヨーロッパ諸国は多国間同盟の道を模索し、1949年に北大西洋条約機構（NATO）を結成した。その後、ソ連の核実験によってアメリカの核の独占は破られ、加えて中国に共産党政府が誕生したことから、世界は急速に二極化していった。

この冷戦構造を決定づけたのは、1950年に勃発した朝鮮戦争であった。この戦争は、金日成率いる朝鮮民主主義人民共和国（北朝鮮）が朝鮮半島の統一をめざして、大韓民国（韓国）に侵攻したことに端を発していた。国連安全保障理事会◆は、直ちにこれを「侵略」と認定し、米軍を中心とする「国連軍◆」を現地に派遣した。いったん「国連軍」は、D.マッカーサー司令官の仁川上陸作戦の成功によって、鴨緑江付近まで北朝鮮軍を押し戻したが、その後、中国の義勇軍が参戦したため、北緯38度線付近まで後退した。戦況はその後小康状態に入り、1953年に休戦協定が結ばれることになった。

この戦争がもたらした特筆すべき変化は、特に米政府内で、共産主義について一枚岩的なイメージがつくられたことであった。つまり、共産主義国はすべてソ連の指揮下にあり、一つのブロックとして共産主義による世界制覇を追求しているというイメージがつくら

◆**用語解説**

国連安全保障理事会 1945年に発足した国際連合の六つの主要機関のうちの一つで、5カ国の常任理事国と10カ国の非常任理事国から構成され、侵略行為の認定や国際平和と安全の確保に必要な強制行動の決定と要請を主な任務とする。実質事項の決定には、5カ国の常任理事国を含む9カ国の賛成が必要とされる。

国連軍 国際連合の目的を達成するために、国連によって使用される軍隊のことを言う。本来、国連憲章第7章が規定する、平和破壊国に対する強制行動を実施するために特別協定に基づいて加盟国から提供されることになっていた軍隊のことを指すが、それはまだ実現していない。1950年の朝鮮戦争の際に派遣された「国連軍」は、実際には米軍を中心とする多国籍軍であったため、国連の統制下には置かれなかった。

れたのである。その結果，アメリカは共産主義に対抗するために国防予算を大幅に増やしていった。そして，それが冷戦構造の存続に既得権益を持つ，軍産複合体（軍と軍需産業界との密接な結合）をも作り出す結果となったのである。また日本との関係でも，アメリカは1951年9月，日本の防衛だけでなく，「極東の安全」に寄与するものとして日米安全保障条約を締結し，米軍の日本駐留を認めさせた。冷戦という文脈において結ばれたこの条約は，対ソ軍事同盟という性格を持っていた。その後，J. F. ケネディ政権下で本格化したアメリカのヴェトナム戦争への介入も，インドシナにおいてドミノ倒しのように共産主義勢力が拡大するのを防ぐという観点から行われた。

デタントの到来

1953年に成立したアメリカのD. アイゼンハワー政権は，このような中で東欧諸国の共産主義からの解放をめざして「巻き返し政策」を打ち出し，攻勢に出た。だが，1956年のハンガリーでの政変の際にソ連が軍事介入をしたことを受けて，すぐさま軌道修正を余儀なくされた。そしてスターリンの死後，ソ連共産党中央委員会第一書記となったN. フルシチョフも，資本主義世界との平和共存の可能性を模索するようになった。その結果，米ソ協調への期待が一挙に高まったが，すでに両国の間で解き放たれた熾烈な軍拡競争は，軍産複合体を背景にとどまるところを知らなかった。

1957年に，ソ連が核兵器の大陸間送達能力を示す，史上初の人工衛星スプートニク1号を打ち上げると，アメリカでは「ミサイル・ギャップ」が叫ばれるようになった。ソ連は，すかさずこの軍事的な優位性を政治的得点に変えようとして，ベルリンを再び封鎖することをほのめかした。

そして 1962 年，ソ連は一種の賭けに出た。それがあの，世界を震撼（しんかん）させたキューバ・ミサイル危機であった。ソ連は，核戦力におけるアメリカの戦略的な優位性を打ち消すため，米フロリダ州から目と鼻の先にあるキューバの西端に，中距離核ミサイルを配備する計画を実行に移したのである。ところが，それはアメリカの知るところとなり，米ソ間における戦後最大の危機へと発展した。米ケネディ政権は，対応策に苦慮したが，検討した結果，空爆などのさらなる行動の可能性を示唆（し）しつつ，ミサイルを搭載するソ連船のキューバへの入港を阻止することを，テレビ中継を通じて発表した。世界中が固唾（かたず）を呑んで一触即発の情勢を見守る中，ソ連のフルシチョフは，モスクワ・ラジオを通じてミサイル撤去を約束する声明を出した。戦後最大の危機は，こうして回避された。

　この事件を通して核戦争の瀬戸際まで行った米ソ両国は，共存の可能性を真剣に模索するようになった。たとえば，緊急時に米ソ首脳の意思の確認を可能にする通信網としてホットラインが敷設され，大気圏内の核実験などを禁止する部分的核実験禁止条約（PTBT）や，非核保有国による核兵器の保有を禁止する核不拡散条約（NPT）などの条約が，相次いで締結された。

　このような両国による歩み寄りによって，デタント（緊張緩和）が実現することとなった。つまり，米ソ両国は，競合しつつも，共存するために互いに相違点を制御しながら，協調の可能性を模索するようになったのである。

　それを最も象徴的に示したのが，弾道弾迎撃ミサイル（ABM）の制限と攻撃用戦略兵器の現状凍結をめざした戦略兵器制限交渉（SALT），そして東西間の文化交流などの促進を謳（うた）ったヘルシンキ宣言であった。このようなデタントは，米ソ間で核戦力におけるパリティー（均衡）が実現し，また米中が国交正常化を通じて接近し

たことによって，さらに促進された。

冷戦の終焉と冷戦後の混迷

しかし，ソ連が1970年代の末に，アンゴラ，モザンビーク，エチオピアなどに加えてアフガニスタンに軍事侵攻すると，米ソ関係は再び悪化した。この関係悪化は，当時「新冷戦」と呼ばれた。特に1981年にアメリカの大統領に就任したR. レーガンは，ソ連を「悪の帝国」と呼び，ソ連への攻勢を強めていった。アメリカは，中距離核戦力（INF）をヨーロッパ地域に配備し，加えて核ミサイル防衛網の構築をめざす戦略防衛構想（SDI）を発表した。

ところが，米ソ関係は，1985年にゴルバチョフがソ連共産党書記長に就任したことによって，急変する。ゴルバチョフは，国内の政治改革をめざした「ペレストロイカ（立て直し）」と並行して，従来の外交政策のあり方を根本的に問い直し，新しいソ連外交の可能性をE. シェワルナゼ外相とともに模索した。その結果，「新思考外交」と称される新しい外交方針が誕生した。

この外交方針に従ってソ連は，まずヨーロッパに配備されていた中距離ミサイルSS-20を一方的に凍結し，続いて核実験の停止を宣言した。そして1987年には，西側にとって有利とされたINF全廃条約の調印を受諾し，さらにアフガニスタンと東欧からのソ連軍の撤退を宣言した。加えてソ連は，東欧諸国の民主化や東西ドイツの統一などをも容認するかまえを見せた。アメリカも，このようなソ連からのシグナルを重視し，冷戦の終結と戦略兵器削減の可能性を模索するようになった。

その結果，米ソは1991年7月に，核弾頭の総数を6000発に限定する第一次戦略兵器削減条約（START I）に調印し，冷戦終結を確実なものにしていった（その後，米ソは，1993年に核弾頭の総数を

Column⑧ 冷戦の終結とSDI

 何が冷戦終結をもたらしたかについては、さまざまな見方がある。その一つに、レーガン政権が核防衛を可能にするSDIを発表し、ソ連が経済的な理由からそれに対抗できず、アメリカに屈したとする見方がある。まさにこれは、「強い立場からの交渉」が相手を怯ませたとする、リアリスト的な見方である。本当にそうだったのか。アメリカのM.エヴァンジェリスタというソ連研究者は、当時のソ連の要人へのインタビュー結果から、そのような見方を否定している (Evangelista, 2004)。

 ゴルバチョフ書記長は、アメリカに対抗してSDIと同類のプログラムを実施したいとは思ってはいなかった。そのようなプログラムを実施すれば、国内経済改革の足枷になるからである。そもそもゴルバチョフを含む当時の高官のほとんどは、SDIは技術的に難しいため、その実現可能性はきわめて低いと見ていたようである。そして多くの軍関係者は、SDIが実現したとしても、現存の個別誘導多弾頭（MIRV）搭載の大陸間弾道ミサイル（ICBM）で十分に対応できると考えていた。つまり、「何もしなくてよい」というのが、ソ連の指導者の大方の見方であ

3000-3500発以下に削減するSTART IIに調印した）。しかし、この政策の大転換は、ゴルバチョフの予想をはるかに超えるものとなった。ワルシャワ条約機構（WTO）の解体や、ソ連における共産党支配の崩壊のみならず、ついにはソ連の崩壊をももたらす結果となったからである。戦後40年以上続いた冷戦の一方の主役が、ここに消滅した（*Column⑧*参照）。

 では、はたして冷戦終結後の世界は、以前よりもよくなったと言えるのだろうか。たしかに、冷戦が終結したことによって、米ソ間の核戦争の可能性は低くなったと言える。また、それまでは米ソが拒否権を相互に行使し、国連安全保障理事会（安保理）の機能が麻痺し続けてきたが、その状況にも変化が生まれた。イラクがクウェ

った。決してアメリカから強いられて、軍拡競争を放棄したのではなかった。

　ゴルバチョフが冷戦終結に意欲を示したのは、外部からの圧力ではなく、むしろ彼自身の価値観にあったと考えられる。もともと外交よりも内政を得意とするゴルバチョフ書記長にとっては、国内経済改革の方が重要であった。だが、国内経済改革を推し進めるためには、軍事部門からできるだけ多くの資源を経済部門に移転しなければならなかった。

　しかし、西側との対立が続くかぎり、資源の軍部への集中は避けられない、とゴルバチョフは考えた。そこで彼は、軍縮を梃子に西側との協調をはかろうとしたのである。さらに興味深いことに、ゴルバチョフは、モスクワ大学在学中に、核実験の包括的な禁止を唱えたインドのJ.ネルー首相と出会っていた。また在任中、ゴルバチョフは、ヨーロッパの非核化を推進したスウェーデンのO.パルメ首相や、西ドイツのW.ブラント首相とも交流があった。さらに、反核運動で知られるソ連の科学者のA.サハロフ氏とも親交が厚かった、と言われている。

ートに侵攻したときの国連安保理の対応に見られたように、東西の亀裂が消滅したことで大国間の合意形成が容易になり、国連安保理の機能が復活することとなったのである。加えて、冷戦期に積極的に関与していた地域から米ソ両国が手を引いたことで、カンボジアなどの一部の地域では平和が実現した。

　しかし、その反面、旧社会主義国では国家統一の求心力として働いていた共産主義が支持を失った。そのため、民族的な対立が噴出し、内戦へと発展するところも出現した。旧ユーゴスラヴィアは、まさにそのような運命をたどった地域だと言える。また一部のアフリカ諸国では、米ソが手を引いてしまったことで国家そのものが破綻してしまい、部族抗争が人道的な危機を招くところも現れた。

そして，2001年9月11日に国際テロリスト・グループ「アル・カーイダ（基地の意）」の仕業とされる，あの凄惨な，ハイジャック機を使った自爆攻撃が起きた。するとアメリカは，翌月早々に，事件の首謀者をかくまったという理由でアフガニスタンへの攻撃を開始した。そして，さらにその2年後，アメリカは，大量破壊兵器の製造とその使用の危険性を理由に，国連からの承認を待つことなく対イラク戦争を開始した。また同時期にイランや北朝鮮による核兵器開発の疑惑が持ち上がり，国際原子力機関（IAEA）や国連は新たな対応を迫られるようになった。

以上見てきたように，米ソ間の冷戦は，ソ連に対するアメリカの不信感から始まり，徐々にイデオロギーをめぐるグローバルな闘争へと発展していった。そして，その中で両国は，核戦争への恐怖に怯えながらも，しのぎを削る軍拡競争を展開し，幾度もの危機を経験した。だが，幸いにも冷戦が熱戦化することはなく，1990年代の初めに幕を閉じた。熱戦化を避けられた点では，まさに「長い平和」(J. ギャディス)であった。しかし，冷戦後の世界を待ち受けていたのは，旧社会主義国やアフリカなどにおける内戦の勃発と，アメリカを標的とする国際テロ，そして核拡散の脅威であった。

2 事例分析① 人道的介入

人道的介入とは何か

先に述べた冷戦後の混迷において，まずとりあげるべき事例は「人道的介入」であろう。冷戦後，この問題が注目されるようになったのは，各地で内戦が頻発する中，弱い立場にある人々の安全が脅かされるようになったからである。本来であれば，市民一人一人は，自己の安全を国家に保障してもらう権利を有するが，国内秩序

表4 安全保障の類型

安全保障の種類	脅威の源泉	脅威の除去手段	正当性の根拠と責任の所在
国家安全保障	他国（侵略国）	軍隊（国家）	自衛（国家の責任）
国際安全保障	侵略国，平和破壊国（内部的脅威）	勢力均衡，集団安全保障体制（多国籍軍，平和維持軍）	国家主権，内政不干渉，武力行使の禁止（大国の責任）
人間の安全保障	破綻国家，圧政国家（国内的脅威）	人道的介入，人道支援	人権，ジェノサイドの禁止，難民保護（人類の責任）

［出典］ Robert Jackson, 2000, *The Global Covenant: Human Conduct in a World of States*, Oxford University Press の第8章を参考に筆者が作成。

が崩壊したり，独裁者による人権侵害があったりして，市民の安全が確保されない場合がある。そのようなときに他国が介入して市民の安全を保障すべきだ，とする考え方が支持を集めるようになったのである。

通常，人道的介入は，「人為的な暴力から他国民を保護することを目的とする国境を越えた軍事行動」と定義される（Finnemore, 2003）。したがって，人道的介入が対象とする脅威は，他国の行動に脅威が由来する国家安全保障や国際安全保障などとは異なり，自国内にその脅威の源泉があるものである。また脅威を受けるのも，国家ではなく個人なのである（表4参照）。人道的介入を必要とする状況は，このような性質を持つことから，人間の安全保障に関する問題と見られている。

ポスト冷戦期における人道的介入の特徴

冷戦終結後，イラク，ソマリア，リベリア，旧ユーゴスラヴィア連邦のボスニア＝ヘルツェゴヴィナおよびコソヴォなどに対して人道的介入が実施された。もちろん，冷戦中あるいはそれ以前の時代

において，人道的介入が行われなかったということではない。

19世紀まで遡(さかのぼ)るならば，ヨーロッパ諸国がキリスト教徒を保護する目的でギリシャ，レバノン，シリア，ブルガリアおよびアルメニアに介入したことが知られている。冷戦期においても，インド，タンザニアおよびヴェトナムが，それぞれ東パキスタン，ウガンダ，そしてカンボジアに介入した。しかし，これらの介入は，M. フィネモアの研究によると，冷戦後の人道的介入と以下の点で異なる(Finnemore, 2003)。

まず19世紀に見られた人道的介入は，人道的と言っても，その対象がキリスト教徒に限定されていた。さらに介入する側と保護される側との間には，何がしかの宗教的あるいは人種的な絆(きずな)があった。また介入の形態も，純粋に多国間的な介入と言えたのはギリシャへの介入のみで，後はすべて1国による単独介入という形態をとっていた。しかも，いずれのケースにおいても，人道的な目標が介入の最も重要な動機であったというわけではない。オスマン・トルコ帝国の弱体化や，ロシアの勢力拡張を阻止するといった戦略的な利害も重要な動機になっていた。

では，冷戦期の人道的介入についてはどうか。たしかに冷戦期の介入は，19世紀のそれとは異なり，いずれも保護の対象がキリスト教徒に限定されていたわけではなかった。しかし，介入の形態は，いずれも19世紀の場合と同様に，1国による単独介入であった。そのため，いずれのケースも，国連によって人道的介入と認められることはなかった。介入の動機の中に，人道的なもの以外に戦略的な動機も含まれていると見られたからである。

たとえば，インドによるパキスタンへの介入の場合は，インドと敵対的な関係にあるパキスタンを分裂させるという目的があった。またヴェトナムによるカンボジアへの介入の場合には，ポル・ポト

派を支持する中国を牽制するという目的が，そしてタンザニアによるウガンダへの介入の場合には，ウガンダとの領土問題を解決するという目的が混在していた，と見られたのである。

　これらのケースとは対照的に，冷戦終結後に実施された人道的介入は，いずれも多国間的な介入であった。なおかつ人道的な目的が，介入を正当化する最も重要な理由として掲げられた。保護を必要とする人々と宗教的あるいは人種的な接点が全くなくても，また戦略的な利益がともなわなくても，国際社会は人道的危機への対応を迫られるようになったのである。

ボスニアへの介入

　イラクの北部に居住する少数民族クルド人を保護するために，イラク政府に陸と空による軍事的な攻撃を禁じる「安全地帯」や「飛行禁止区域」を設定したという意味では，湾岸戦争が人道的介入の先駆けであった。だが，ここでは，より明確な形で人間の安全保障が問題となった，ボスニア＝ヘルツェゴヴィナへの介入，ソマリアへの介入，およびコソヴォへの介入をとりあげてみよう。

　冷戦終結によって求心力を失った旧ユーゴスラヴィア連邦が崩壊する中，ボスニア＝ヘルツェゴヴィナで，少数派のセルビア系住民と他の民族集団との間で1992年に内戦が勃発した。そして，その内戦の中で，ムスリム系住民に対してセルビア勢力による虐殺が行われた。これは当時，民族浄化（エスニック・クレンジング）と呼ばれた。

　国連は1992年，これに対して直ちに国連保護軍（UNPROFOR）の派遣を決定し，その翌年，ムスリム系住民の保護を目的に，彼らが多く居住する村や町を安全地域に指定して武装解除を求めた。しかしアメリカは，当初この状況を基本的に内戦として見ていたため，

介入をためらっていた。それに勢いづいたセルビア勢力は，ついにその安全地域への攻撃を開始した。そのような中，全く反撃できない国連保護軍の目前で，ムスリム系住民に対する大虐殺が実行されるという事件が起きたのである。サラエヴォの東北東約60kmにあるスレブレニッツァという小さな町がその舞台となり，この事件は，「スレブレニッツァの悲劇」と呼ばれた。

これが引き金となって，1995年，国連安保理の要請に従い，セルビア勢力に対してNATOによる大規模な空爆が実施された。その後，事態は収束へと向かった。そのかぎりにおいては，この人道的介入は成功したと言えよう。

ソマリアへの介入

次に，ソマリアへの介入について見てみよう。この介入の直接的な動機は，内戦による飢餓の悪化であった。国連はこれに対応するため，1992年，国連ソマリア活動（UNOSOM）を派遣して停戦監視にあたった。しかし，食糧物資の略奪や人道支援団体への武力攻撃が頻発したため，国連は人道的危機を「国際の平和と安全に対する脅威」と再規定し，国連憲章第7章に基づく強制行動の執行を加盟国に求めた。これを受けて，米軍を中心とする多国籍軍UNITAFが派遣されることになった。

飢餓はこれによって一時的に回避されたが，その後，国連が遂行しようとした強制的な武装解除に一部の武装勢力が反発し，停戦監視にあたっていた第2次国連ソマリア活動（UNOSOM II）への襲撃事件が起きた。国連安保理は直ちに襲撃の責任者の逮捕と処罰を求め，捕獲作戦に乗り出したが，武装勢力との戦闘になってしまった。

そして，この戦闘で多くの市民や米軍兵に死傷者が出ると，アメリカ国内で撤退を求める声が急速に強まった。ついに国連とアメリ

カは，1995年，武装解除も治安回復も，そして人間の安全保障も確保できないまま，ソマリアから撤退することになってしまった。したがって，ソマリアへの人道的介入は失敗に終わったと言ってよいであろう。

コソヴォへの介入

この三つの事例の中で最も論議を呼んだのは，コソヴォ紛争への介入であった。その理由は，この紛争を終結に導いたとされる，セルビアに対するNATO軍による空爆が国連安保理の承認なしに行われたからである。

この紛争の発端は，1989年に当時のS.ミロシェヴィッチ・セルビア大統領が，アルバニア系住民が多数を占めるセルビア内のコソヴォ自治区から，それまで認めてきた自治権を剥奪したことにあった。これによってアルバニア系住民による分離独立運動が過激化し，1998年ごろからコソヴォ解放軍（UCK）によるユーゴ軍や警察に対する攻撃が頻発した。

そしてセルビア政府は，これに対し民族浄化で応戦した。その結果，大量の難民を発生させることになった。国連安保理は，これが「人道的な大惨事」に発展するおそれがあるとして，紛争当事者に対して「意味のある対話」を求めたが，和平交渉は失敗に終わった。コソヴォからのユーゴ軍の撤退などに，セルビアが強く反発したためであった。この状況を受けてNATOは，1999年，国連安保理においてロシアと中国からの賛同を得られないまま，セルビアに対して大規模な空爆を実施した。

たしかに，これだけを見るとコソヴォのケースは，国際的な合意を形成しないで，NATOが単独で軍事介入を行ったかのように見える。しかし，国際司法裁判所（ICJ）の判事を務めるアメリカの

国際法学者 T. フランクによれば、実際は、ロシアと中国を除く大多数の理事国が NATO による空爆を容認していたと解釈できる。ロシアは、NATO の行動は国連憲章違反だとする決議案を提出したが、安保理はそれを否決した。また、NATO による空爆の後、国連安保理は全会一致で、セルビアのミロシェヴィッチ大統領が空爆前に受諾を拒否していた和平案と同一内容の決議案を可決した。空爆によってもたらされた結果を肯定したのである。このような状況証拠から判断すれば、NATO による軍事介入は、原則のレベルでは国際的に支持されていたものと理解できる (Franck, 2003)。

以上見てきたように、冷戦終結後の人道的介入は、多国間主義的な性格が強く、また人道的な目的が最も重視されていたという点でも共通している（表5を参照）。もちろん、この事実をもって、武力行使の禁止といった国際社会の基本原則が人権規範に取って代わられた、と見るのは早計であろう。むしろ、状況によっては原則への例外として人道的介入が認められるようになった、と見るべきであろう。

つまり、どのような人道的介入も、それが自衛目的以外の武力行使であるかぎり、国際社会の法的な基準からすると違法な行為である。だが、時と場合によっては、そのような行為が人命を救うという善をもたらすことがある。こういった場合には、介入は認められるべきである、というように考えられるようになったのである。そして、それを見極める場として重要な役割を果たすのが国連である、と言えるのかもしれない。

理論的分析——なぜ人道的介入が正当性を持ったのか

では、人道的介入の正当性を高め、介入の形態をより多国間的にしている要因として考えられるものは何か。

表5 19世紀,冷戦期およびポスト冷戦期の人道的介入の比較

介入の時期	被介入国	介入国	保護の対象	介入の目的	介入の形態
19世紀	ブルガリア (1876-78年)	ロシア(イギリスはマイノリティ保護をオスマン帝国に要求)	キリスト教徒	人道的目的(クリミア戦争停戦条約に違反)および戦略的目的(自国勢力の拡大)	単独介入
冷戦期	カンボジア (1979-89年)	ヴェトナム	反ポル・ポト勢力	人道的目的および戦略的目的(自衛およびポル・ポト勢力を支援する中国を牽制)	単独介入(国連もヴェトナムを非難)
ポスト冷戦期	ソマリア (1992-95年)	国連,アメリカ	人道支援団体および飢餓に苦しむ市民	人道的目的(人道物資の供給の安全),紛争鎮圧(強制武装解除),平和形成(国民的和解の達成,民主的政府の樹立,経済再建など)	多国間介入(人道的危機の回避に関して国連による授権あり)

[出典] Martha Finnemore, 2003, *The Purposes of Intervention: Changing Beliefs about the Use of Force*, Cornell University Press を参考に筆者が作成。

　序章,第1章および第2章では,①行為主体(アクター)の行動は,大国間の力の分布という国際関係の構造によって制約されると見るとともに,国際関係の現実を「客観的な世界」としてとらえるネオ・リアリズム(新現実主義),②行為主体の行動は,国際関係の構造によって制約されると見るが,国際関係の現実を「主観的な世界」ととらえるリアリズム(現実主義),③行為主体は,国際レジームを構築することで国際関係の構造的な制約から自由になることができると見るが,国際関係の現実を「客観的な世界」ととらえるネ

オ・リベラリズム（新自由主義），そして，④行為主体は，新しいものの見方や規範を提案したり，あるいはそれを受け入れたりすることで，国際関係の構造的な性質を変えることができると見るとともに，国際関係の現実を「主観的な世界」としてとらえるコンストラクティヴィズム（構成主義）を紹介した。これらのうち，どの見方をとれば，人道的介入をめぐる変化をとらえることができるだろうか。ここでは，この問題と関係がありそうな，ネオ・リアリズム，古典的リアリズム，およびコンストラクティヴィズムのレンズを通して，対象となる現実を見てみよう。

まず，人道的介入のパターン変化は冷戦後に見られるようになったことから，ネオ・リアリズムが重視する国際システム・レベルの要因が作用している可能性が考えられる。冷戦終結後，何が起きたのだろうか。

一つには，冷戦終結によって多民族国家における民族的な対立が表面化し，内戦が頻繁に発生するようになり，それにともなって人道的危機が発生する確率も高くなったと考えられる。また，それと同時に，冷戦が終結したことによって，それまで失われていた大国間の協調が復活し，国連安保理の機能が回復したことも要因の一つとして指摘できる。

しかし，なぜ人道的な目的での介入が正当性を持つようになったのか，という点では疑問が残る。つまり，冷戦終結という構造的な要因で，冷戦後に人道的介入が頻繁に行われるようになったことは説明できたとしても，それのみでは，多国間合意に基づく人道的介入が正当だとみなされるようになった理由については，理解できない。

では，「国益」を重視する古典的リアリズムはどうか。古典的リアリズムの視点からすれば，国家は戦略的な利益の見返りがあると

きにのみ介入する，ということになる。けれども，ソマリアに介入したアメリカの場合を見ても，あるいはユーゴ紛争に介入したNATO 諸国の場合を見ても，そのような戦略的な利益は介入の動機とはなっていなかった。ソマリアに関して言えば，アメリカは，かつて保有していた軍事基地を介入以前に手放していたし（Finnemore, 2003），ユーゴについて見ても，NATO 諸国がユーゴに何らかの戦略的な価値を見出していたという証拠は認められない。

　もちろん，ユーゴの場合には，上陸作戦ではなく，空爆というより軍事的なコストが低い手段が選択されたし，ソマリアの場合には，多くの死傷者を出した途端に引き揚げてしまったという事実は残る。したがって，自国兵士の安全を重視したという意味では，リアリズム的な要素はたしかに見られた。しかし，それは介入の動機とは区別されるべきであろう。

　加えて，冷戦後，多国間主義的な介入が好まれるようになったのは，他国による勢力拡大を阻止するといった戦略的な理由からではなく，自らの介入に道義的な正当性を与えるためであった（Franck, 2003）。

　このように考えると，なぜ人道的な目的であれば介入が正当であると見られるのか，を理解する必要があろう。これに答えるためには，現代の国際社会において人道的な国際規範がいかに共有されるようになったのか，をも見る必要がある。この規範の形成プロセスを長い歴史の中で見ようとすれば，コンストラクティヴィズムの見方が必要となろう。

　では，人道規範はどのような経緯で作られたのだろうか。言うまでもなく，人道規範の根底には，人間は生来平等であるとする自然権の思想がある。これは，もともとヨーロッパの政治思想から生まれた考え方であるが，19 世紀から 20 世紀にかけてヨーロッパを中

心とする国際システムが世界に広がっていく中で、他の地域にも普及していったものと考えられる。

この思想が与えた具体的な影響としては、奴隷制度の廃止があげられる。文明化されていないアフリカ人もヨーロッパ人と同じ人間である、という認識が形成されるようになったためである。その後、同様の理由から、非ヨーロッパ人にも自らの意思で自らの運命を決定できるように自決権を認めるべきである、とする認識が国際社会に浸透した。その結果、民族自決権という規範が形成されるにいたったのである。

また、第二次世界大戦の直後に開かれたニュールンベルク裁判でナチスの戦争犯罪が裁かれた時には、国際的な条約に規定のない「人道に対する罪」が戦争犯罪として処罰の対象となった。伝統的な国際法の考え方からすれば、条約でも慣習法でもない道徳には法的な効力が認められないはずなのだが、これに法的な効力を与える結果となったのである。そのため、それまでははっきりと区別されてきた、道徳と国際法との間の距離が一気に短縮された。

さらに1948年には、国連総会において「集団殺害罪の防止および処罰に関する条約（ジェノサイド条約）」が採択され、非人道的行為を事後的に裁く国際的なルールが明文化された。このような規範の発達を受けて、武力を用いなければ甚だしい人権侵害から被害者を守れない場合には、武力行使禁止の原則は一時的に外されるべきであるとする法的な解釈が形成されるようになった、と考えられる。

この過程において、国連の事務局も重要な役割を果たした。1992年にブトロス=ガリ国連事務総長は、『平和への課題』と題する報告書の中で、「一主権国家内で当該国民が重大な人道上の危機に瀕している場合」に備えて、「人間の尊厳を確保するために被介入国の同意を得ずして武力行使」ができる、「平和執行部隊（PEU）」の創

設を呼び掛けた。つまり、国連は、先に述べた一連の人道規範と国際安全保障のルールを結合させる、接着剤的な役割を演じたのである。

　たしかに、このテストケースとなったソマリアでは国連自身が紛争の当事者になってしまい、平和執行は失敗に終わった。そして、このことが国連による人道的介入に一時的に冷水を浴びせる結果となった。だが、その後ルワンダにおいて国連の平和維持軍がフツ族によるツチ族の大量虐殺を阻止できなかったことから、国連は「国連平和活動検討パネル」を設けて人道的介入に向けた国連平和活動のあり方を見直すこととなった。その検討結果が2000年に出された「ブラヒミ・レポート」（上述の検討パネルの委員長、元アルジェリア外相の名前をとって、このように呼ばれる）である。この中で、非武装市民を保護するために国連平和維持軍に武力行使を認めるべきだという認識があらためて示された。それ以降、市民を保護する目的で国連平和維持軍は大規模化している。平和維持活動（PKO）に関して、加盟国から権限を委任され、ある程度の自律性を持つ国連事務局であったからこそ、このように比較的短時間で、人道的介入に関して加盟国の間で共通理解を形成することができたと推測される。

　以上見てきたように、ネオ・リアリズム、古典的リアリズム、およびコンストラクティヴィズムの三つのレンズを通すと、人道的介入に関する国際関係の現実は異なって見えた。ネオ・リアリズムは、冷戦終結後になぜ人道的介入を要する紛争が増えたのか、という現実に迫った。また古典的リアリズムの視点は、なぜ戦略的な利益が明確ではなかったにもかかわらず、大国はボスニア＝ヘルツェゴヴィナ、ソマリア、コソヴォなどに介入したのか、という疑問を浮き彫りにした。

　そして、コンストラクティヴィズムのレンズを通して見た時に、

なぜポスト冷戦期に人道的介入が正当性を獲得し，なおかつ多国間主義的な介入パターンがとられるようになったのかが明らかになった。甚だしい人権侵害が起きていて，軍事的な手段をとらなければ，それを解決できない状況においては，他国の問題であったとしても，人権侵害を止めさせるために介入しなければならないとする「主観的な世界」が共有されたからであった。人道的介入が国際社会の基本原則からの正当な逸脱であると見られるようになった国際政治の「現実」を理解するには，コンストラクティヴィズムのレンズが必要であると言えよう。

3 事例分析② 核兵器の拡散と不拡散レジーム

「核なき世界」へ

2009年4月5日，アメリカのB. オバマ大統領は，中世の面影を残すチェコ共和国の首都プラハにおいて，「核なき世界」について演説した。

「私は信念をもって明言いたします。アメリカ合衆国は，核兵器のない世界の平和と安全を追求する決意であると。私は甘い考えを持っておりません。この目標はすぐには達成できはしません。私の生きている間には，おそらく達成できないでしょう。この目標を達成するには，忍耐と粘り強さが必要なのです。しかし今，世界は変わることなどできないのだ，という声を相手にしてはなりません」。オバマ大統領は続けた。「こう主張しなければならないのです。そうだ，われわれにはできる (Yes, We Can) と」。

このようにオバマ大統領は，「核なき世界」への始動を力強く訴えた。しかし，演説の全文を読めばわかるように，「核なき世界」は長期的な目標である。当面考えられているのは，現状を転換する

ための現実的行動なのである。非政府組織（NGO）のグローバル・ゼロは，2030年を期限として核兵器を全廃するため，多国間条約を締結するように提案している。この種の提案は，オバマ大統領の選択肢にはなかった。

演説から数ヵ月後，オバマ大統領は具体的行動に踏み出した。それは第一に，安全保障政策上，核兵器への依存を軽減するための行動だった。すなわち，2009年7月，オバマ大統領はロシアのD. メドヴェージェフ大統領と会談し，期限切れの迫ったSTART Iを引き継ぐために，新たな交渉を開始することで合意したのである。またオバマ政権は，翌2010年の4月，核兵器を保有しておらず，NPTを遵守している国には核兵器を使用しない，という方針を明確にした。

オバマ大統領の第二の行動は，アメリカの方針を国際的に広げるために，多国間の基礎を築くものであった。すなわち，2009年9月，「核不拡散・核軍縮に関する安保理首脳会合」を国連で開催した。この会議は「核なき世界」に向けて決議を行い，各国にNPT加盟を求めるなどした。2010年4月には，オバマ政権は47ヵ国の首脳をワシントンD. C. に招いて，「核セキュリティ・サミット」を開催した。参加した首脳たちは，核物質の安全管理を徹底する方針に賛同した。

一連の行動で焦点の一つになっているのは，NPTを中心とする核不拡散レジームである。オバマ大統領は，「核なき世界」を長期的目標に掲げることによって，各国が核兵器に依存する傾向を弱め，核兵器が国際的に拡散する動きに歯止めをかけようとしているのである。ここでは，この核不拡散レジームをとりあげたい。まず，それがどのようなものなのか検討しよう。そして，核不拡散レジームがどのように成立し，展開したのか，核をめぐる国際関係を簡単に

第3章　安全保障

ふりかえる。そのうえで、なぜオバマ大統領が「核なき世界」を追求し、その際に核不拡散レジームを手がかりにしているのか、理論的に分析してみよう。

核不拡散レジームとは何か

核不拡散レジームとは、先に述べたNPTを中心に、関連する他の国際条約・機関も含めた、核兵器の拡散を防止するルールを指す。核不拡散レジームに特徴的なのは、第一に、不拡散という特殊な考えに基づいている点である。第二は、NPTのみに頼るのでなく、それを他の条約や機関と結び付けて、機能を拡大している点である。それぞれについて、以下に説明しよう。

世界には、約2万5000発の核兵器が存在するとされる。これほどの核兵器を、さまざまな政治体制のさまざまな国家が保有していれば、意図的にせよ偶発的にせよ、それが使用される可能性は高くなる。そのような事態を避ける最善の方法は、核兵器の開発・配備を禁止し、廃棄してゆく措置であろう。軍縮（軍備縮小）である。

しかし、核保有国が軍縮に抵抗することは、想像に難くない。しかも核は、軍事利用だけでなく、原子力発電を典型に平和利用もされており、その技術や資材の廃棄は容易ではない。そこで多用されるのが、核兵器の数や運搬するミサイルの種類、開発・実験プロセスなどを管理し、核戦争の可能性や被害を縮小する方法である。これは軍備管理と呼ばれる。

NPTは、不拡散という軍備管理の一種に基づいていた。すなわち、1967年1月の時点で核兵器を所持していた国は、核兵器国として認めた。しかし、そうでない国は非核兵器国として、核兵器国となるのを禁じたのである。NPTで興味深いのは、この不拡散の考え方を軸にして、先に述べた軍縮と平和利用の考え方を組み合わ

せ，一定のバランスを保った点である。すなわち，NPTの下で①核兵器国は，非核兵器国による核兵器の取得や製造などの支援を禁じられ（NPT第1条），非核兵器国は，核兵器の取得や製造を禁じられた（第2条）。②核兵器国は，核軍拡競争の早期停止と軍縮のために，「誠実に交渉を行う」ことを約束した（第6条）。また③すべてのNPT締約国は，原子力の平和利用を「奪いえない権利」として保持したのである（第4条）。

　NPTはこのような原則から成る，わずか10条の条約である。逆に言えば，NPTはその原則の実施方法や違反を避ける方法など，具体的な規定を欠いていた。それは，関連する条約や機関に委ねたのである。すなわち，非核兵器国はIAEA（*Column⑨*を参照）と協定を結び，自国の核物質をIAEAに申告して，それを軍事利用していないことを確認する保障措置を受けなければならない（NPT第3条）。そのIAEAは，その監視結果を国連に報告し，国連では，安保理が違反国に対する非難や制裁などを決議できるのである。他にも，関連する条約や措置などが，NPTの周辺で機能している。たとえば，PTBT（1963年発効）は，核開発に不可欠な実験を大気圏内と宇宙，海中で実施するのを禁じた。また，原子力の関連資材・機材や技術の輸出を制約する措置も複数存在する。

　以上のような核不拡散レジームも，限界をもっていた。イスラエルやインドなどは核保有国だと考えられているが，NPTに加盟していない。また核不拡散レジームは，非核兵器国が密かに核開発する行為を，完全には止められなかったのである。とはいえ，核不拡散レジームは多くの国の参加を得て，国際的な正当性を獲得した。その中核をなすNPTは，加盟国62カ国で発効したが，2010年の加盟国は191カ国に達したのである。南アフリカやブラジル，アルゼンチンなどは1990年代に核開発を放棄し，NPTに加盟した。こ

Column⑨ 国際原子力機関 (IAEA)

　IAEA の名は，多くの人が耳にしたことがあるだろう。北朝鮮やイランなどで核開発の疑惑が浮かび上がった際，まず問題になるのがIAEAによる査察であり，その動向がメディアで広く報じられるからである。

　1953 年，アメリカのアイゼンハワー大統領は国連の総会で演説をし，原子力発電の増加にともなう危険を緩和するために，国際協調を訴えた。IAEA は，その原子力の平和利用を促し，逆の軍事利用を防ぐために，1957 年に創設された。この国際機関の任務は，原子力の研究開発の奨励や援助，途上国における研究開発のための施設や物資の支援，原子力の安全に関する基準や条約の策定，それに原子力の軍事利用を防止するための保障措置など，多岐にわたっている。

　最後にあげた保障措置が，核拡散を防ぐ防波堤だと考えられたため，

うして核不拡散レジームは，核に関する軍備管理の国際レジームとして，最も包括的で普遍的な存在になったのである。

核の拡散と規制

　第二次世界大戦後，核兵器はどのように世界に拡散したのだろうか。また国際社会は，その規制をどのように試みたのだろうか。歴史的な展開を振り返ってみよう。

　ウランが核分裂する際，急速な連鎖反応が起こり，巨大なエネルギーを放出する。この科学的発見は，不幸にも 1939 年になされた。第二次世界大戦が勃発した年である。その後，世界大戦を背景にしてアメリカやドイツ，日本などが，核兵器の開発にしのぎを削った。人類初の核兵器は，第二次世界大戦の最後の年，アメリカで完成する。そのアメリカは，原子爆弾を戦争を終結させるために用いる方針を掲げて，1945 年 8 月に広島と長崎に投下した。原子爆弾は両

IAEAは「核の警察官」「核の番人」などと呼ばれる。しかしこれらの呼称は，実は正確ではない。というのも，IAEAの保障措置は，IAEAの加盟国が核物質の存在を申告するのを受けて初めて，その分量を検査確認し，監視するのを基本としているからである。査察を実施する際も，対象国の政府に事前に通告して実施する。また，IAEAの非加盟国に対しては，査察は実施できない。抜き打ちの査察は，1997年のIAEA追加議定書によって，初めて可能になったのである。しかし，この措置もまた，追加議定書を承認した国のみが対象になる。

このように権限に限界はあるものの，IAEAは核拡散を防止するうえで，やはり不可欠の役割を果たしてきた。それもあって，2005年にはIAEAと当時の事務局長M.エルバラダイが，ノーベル平和賞を受賞している。現在の事務局長は，日本の天野之弥が務めている。

都市の上空で一瞬の閃光を放ち，その光は巨大な力となって二つの都市を呑み込んだ。そして，約20万の人命が奪われたのである。

これほどの破壊力であるから，終戦後，核兵器の国際的管理が課題になった。まず1946年，新設された国際連合が総会で決議をし，国連の原子力委員会が検討の舞台になった。しかし，唯一の核保有国アメリカと，核開発を急ぐソ連が鋭く衝突した。アメリカが，国際機関による核兵器の管理（バルーク案）を主張すると，ソ連は核兵器の使用・保有禁止を先行させる案（グロムイコ案）を譲らなかったのである。冷戦が緊張の度を高めるなかで，両国はかたくなな態度をとり，最初の核管理の試みは挫折した。

1949年にソ連が核開発に成功すると，米ソの核軍拡競争が激化した。その結果，1960年代になると，両国は「過剰殺戮」と呼ばれるような，人類を何度も壊滅させるほどの核兵器を手にした。そのような中で，自国の安全保障や政治的影響力の獲得を目的として，

1952年にイギリスが，1960年にフランスが，1964年には中国が，核実験に成功した。さらにその後，イスラエルや南アフリカ，ブラジルやアルゼンチンなども核保有をめざすことになる。

戦後しばらくの間は，核兵器が使用される可能性もあった。朝鮮戦争（1950～53年）やキューバ・ミサイル危機（1962年）などでは，緊張が極度に高まり，核戦争の瀬戸際にいたったのである。一連の危機に直面して，米ソの指導者は，互いに慎重に行動する必要を強く認識するようになった。歴史学者のJ. ギャディスによれば，両国の指導者が核の使用に慎重になった点にこそ，冷戦が「長い平和」になった一因があった (Gaddis, 1987)。

米ソは，慎重な行動を他の国々にも求めるようになった。というのも，米ソが行動を自制しても，他の国々が紛争を起こせば，核戦争に発展する可能性があるからである。こうして米ソは，奇妙な複合的関係をもつにいたった。すなわち一面では，両国は互いを核兵器による攻撃目標とし，また核開発・配備に力を注いだ。しかし他面では，米ソは核兵器の使用を控え，またそれが国際的に拡散するのを防ぐために，事実上の共同歩調をとったのである。

米ソの共同歩調は，どのようなものだったのか。第一は勢力均衡である。本章の第1節で述べたように，アナーキー（無政府状態）な国際構造のもとで国家間の対立を回避し，国際秩序を保つには，勢力均衡が最も現実的な選択肢になる。米ソは，それを核兵器の領域でも追求し，両国間の核攻撃をともに抑止しようとしたのである。

第二は「核の傘」である。米ソは，NATOや日米安全保障条約，ワルシャワ条約機構や中ソ友好同盟相互援助条約などによって，同盟の国際的ネットワークを築いた。これは，米ソが同盟国を自国の「核の傘」の下に招き入れ，敵対国からの核攻撃の威嚇という雨をしのげるようにするものだった。「核の傘」は同時に，同盟国が自

ら核開発・配備をする必要性を低め，核の拡散を防ぐ意味を持ったのである。

　第三は，核軍縮・軍備管理の国際レジームである。アナーキーな国際構造において，各国の行動を規制し，協力を確実にするには，国際レジームが効果的である。米ソは，勢力均衡や「核の傘」の機能を安定させるため，国際レジームを模索したのである。その典型が，すでに見た核不拡散レジームである。米ソは，1950年代の後半からその実現を模索し，1968年にはNPTが国連で採択された。先にふれたPTBTも1963年に発効し，その後，加盟国が増大していった。

　冷戦がデタント期に入り，米ソの緊張が緩和すると，米ソ間の軍備管理レジームも成立した。米ソは，1972年にSALT IとABM制限条約に合意し，1979年にはSALT II（第二次戦略兵器制限交渉）に調印したのである（SALT IIは，アメリカ議会で批准されずに未発効に終わった）。また1982年，米ソはSTART Iを開始し，1987年にはINF全廃条約に調印した。

冷戦後の新たな核拡散

　1989年に冷戦が終結すると，核をめぐる国際関係は様変わりした。米ソ・米露関係が好転すると（ソ連は1991年にロシア共和国と12の共和国に分裂した），両国間の核戦争は確実に遠のいた。しかし，核の脅威は減少するどころか，増大したのである。本章の第1節で見たように，冷戦後に地域紛争が多発し，また民族・宗教対立を背景にして，いくつかの国が「破綻国家」に陥った。そのような国々では，テロリストの活動も活発化した。この新たな状況において，これまでとは異なる次元の核拡散が進んだのである。

　まず，核開発や核保有をめざす国が増加した。冷戦終結と前後し

て，イラクやイラン，リビア，北朝鮮，インド，パキスタンなどが，次々に核開発に乗り出したり，開発を加速したりしたのである。エルバラダイ IAEA 元事務局長によれば，先に述べた国際情勢のもとで，各国が核兵器を入手すれば力や名声，もしもの場合の（国家や政権の）保障を得られると考え始めたのである。ここで核開発は，吟味しつくした選択ではなく，あえて言えば，相対的に安易な選択になっている。

新たな核保有国が核を使用する可能性も，相対的に高いと考えられた。冷戦後の湾岸戦争（1990-91 年）と前後して，イラクが核兵器と同じ大量破壊兵器にあたる化学兵器を使用したため，その懸念が広がったのである。またインドとパキスタンは，カシミール地方の帰属をめぐって対立し，ともに核兵器を開発していたが，1999 年に対立を強めた際には核攻撃の準備にいたったとされる。核兵器の使用もまた，究極の選択ではなくなったのかもしれない。

また，「破綻国家」や混乱した状態の国々では，核兵器やその素材，技術などの管理がずさんになった。技術者や核物質が流出し，それを取引する「闇市場」さえ生まれた。たとえばソ連から分離したグルジアでは，ゲリラが放射性物質を密輸し，またパキスタンの核技術者 A. カーンなどは，他の国々でも核開発にたずさわったのである。

さらに，テロリストが核を保有・使用する可能性も増した。テロリストの危険性は，以前から指摘されていた。しかし 2001 年の 9.11 テロ事件を契機に，核物質がテロリストの手にわたる事態が，強く懸念され始めたのである。実際にアル・カーイダを率いるウサマ・ビンラーディンは，核物質を用いた攻撃を示唆する発言をしている。

以上で注目すべきは，核拡散が単に再発したのではなく，拡散の

行為主体と動機が変化した点である。新たに核開発を行っているのは、中小国やテロリストであり、従来のような大国ではない。また、それらは核開発・配備を、以前の基準からすれば非合理的な動機で進めている。たとえばイランや北朝鮮などは、IAEAの保障措置を拒否し、国連や各国による批判や経済制裁に直面しても、核開発を中止しないのである。このような状況において、従来の勢力均衡や核不拡散レジームでは、実効性をもたないおそれが出ている。国連の脅威に関するハイレベル委員会は、この状況について「核不拡散レジームの衰退が不可逆的になり、大量の拡散が生じる地点に近づいている」(Report of the Secretary-General's High-Level Panel on Threats, 2004) と、強い危機感を示した。

核拡散への対応策と「核なき世界」という選択

このような変化に直面して、各国はどのように対応したのだろうか。対応を著しく変えたのは、アメリカである。まずアメリカでは、核兵器による攻撃から自国を防御するために、W. クリントン政権が戦域ミサイル防衛（TMD）と本土ミサイル防衛（NMD）を計画し、G. W. ブッシュ政権がこれを推進した。しかし、これらは先制核攻撃を容易にしてしまうとして、ロシアや中国などが警戒感を示している。

また、このブッシュ政権は核不拡散の実効性に力点を置いて、2002年9月の「国家安全保障戦略」で新たな方針を示した。核兵器を手にした敵対勢力に対しては、先制攻撃を辞さないと表明したのである。2003年、イラクで核兵器を含む大量破壊兵器の開発が真近に迫ったと受け止めると、ブッシュ政権は実際に先制的に戦争に踏み切った。しかし先制攻撃の主張と行動は強硬にすぎ、国際レジームを形骸化させてしまうとして、国際的な批判が高まった。

それ以前のアメリカ政府は、むしろ国際レジームを重視し、核不拡散レジームの再構築をはかっていた。アメリカは、NPTの無期限延長（1995年成立）やIAEAの追加議定書（1997年採択）などを追求したのである。IAEAの追加議定書は、未申請の原子力関連施設へも立ち入り調査を可能にするなどしていた。

すでに述べたように、NPTは核の不拡散とともに軍縮と平和利用を土台にしているため、不拡散を強化するならば、アメリカは軍縮に取り組み、平和利用の問題にも対処する必要があった。そのためアメリカは、ロシアとともにSTART II（第二次戦略兵器削減条約、1993年。未発効）とモスクワ条約（2002年）を締結したものの、なお軍縮の努力不足を批判された。平和利用に関しては、アメリカはむしろそれが核開発に悪用されないように、核燃料サイクル技術の使用制限をめざした。これについても国際的な支持は乏しい。こうして、不拡散と軍縮、平和利用のバランスは、不安定化してしまったのである。

アメリカはまた、核関連物質の貿易にも着目し、この面でも核拡散を阻止する国際レジームを強化しようと試みた。すなわちアメリカは、原子力供給国グループにおいて貿易管理を強化し、2003年5月には拡散に対する安全保障構想（PSI）を提唱したのである。PSIとは、大量破壊兵器やそれを運搬するミサイルなどの機材・技術について、非合法的な移転を阻止すべく、各国が協調しようという構想であった。国連では、アメリカが提案して、2004年4月に安保理決議1540が採択された。この決議は、各国の国内において、テロリストなどの非国家主体が核開発することを違法だとし、それを取り締まるしくみを整備・強化するように、各国に義務づけるものであった。

しかし、以上のような措置の効果は決定的とは言えず、核拡散の

脅威は残った。しかも、2005年のNPT再検討会議において、アメリカがNPTの強化のみを強硬に進めようとすると、軍縮の要求が強まり、会議は決裂に終わった。そのような中で浮上したのが、「核なき世界」の構想だったのである。転機となったのは、2007年1月と2008年1月の『ウォール・ストリート・ジャーナル』紙の論文であった。これは、アメリカのH.キッシンジャー元国務長官とW.ペリー元国防長官、G.シュルツ元国務長官、S.ナン元上院議員という、安全保障政策の実務経験者が共同で執筆したものであった。

この4人は、イランや北朝鮮、テロリストなどへの核拡散に危機感を示し、対応策として核兵器に依存した安全保障政策を転換するように主張した。また、そのためにアメリカが、核廃絶に向けたイニシアティブをとるように求めたのである。ここでも、当面の具体的措置としてはロシアとの軍縮交渉や、NPTとIAEAの機能強化、PSIの国際レジーム化などが提唱されていた。注意するべきは、少なからぬ研究機関や実務家が、類似した提案を示していることである。そのような中でオバマ大統領は、キッシンジャーらの構想を受け入れ、大統領選挙の最中に「核なき世界」に取り組む姿勢を示した。それが、大統領就任後のプラハ演説に結実したのである。

理論的分析——なぜアメリカは、「核なき世界」を掲げて核不拡散レジームの強化をはかるのか

なぜアメリカは、「核なき世界」を掲げ、核不拡散レジームの再構築をめざしているのだろうか。この問いに対する答えは、理論的な見方によってかなり異なる。ここでは、ネオ・リアリズムとネオ・リベラリズム、コンストラクティヴィズムを用いて考えてみよう。

ネオ・リアリズムは，アナーキーな国際構造の下で，各国が利益を追求していると見る。そうだとすると，各国が利益を獲得するために力を最大限に追求するのは，必然的だと考えられる。ネオ・リアリズムの始祖 K. ウォルツは，そのためには日本も遅かれ早かれ核武装するはずだ，と論じたほどである (Waltz, 1993)。

　このようなネオ・リアリズムの見方によれば，各国が核開発・配備をめざすのは当然であり，核拡散は必然的だということになろう。ただし，こうして各国が核開発・配備をし，それぞれ力を増大させてゆけば，結果的に国際構造は多極化する。ネオ・リアリズムによれば，今日の核拡散は多極化を意味し，多極化は国際関係を不安定化させると考えられる。

　他方でネオ・リアリズムは，国際構造が二極もしくは一極（覇権）であれば，国際関係は安定化すると見る。核兵器の分野においては，アメリカが今日も最も優位にあると考えられる。もちろん，核兵器の数ではロシアがアメリカを上回るが，ロシアの核兵器の多くは非戦略核や貯蔵・解体待ちの状態である。また冷戦後，ロシアにおける核の管理体制は揺らいでおり，ロシアが核保有国としてアメリカに匹敵する力を保持しているとは言い難い。したがってアメリカは，覇権国もしくは覇権に準じる国として，先に見たような核拡散による多極化を防ぎ，国際関係の安定化をはかっていると解釈できる。アメリカが冷戦後の核拡散に直面して，核不拡散レジームの強化をリードしているのは，その表れだと，ネオ・リアリストは判断するだろう。すなわちアメリカは，核不拡散レジームを再強化し，この国際レジームを通じて国際公共財としての秩序を提供しようとしており，同時に，国際レジームの強化を通じてアメリカの優位を維持し，利益を確保しようとしているのだと考えられる。そうだとすれば，「核なき世界」の主張は，覇権国としての本来の目的

を正当化する見せかけの主張だということになるだろう。

　ネオ・リアリズムが着目した核不拡散の国際レジームは，ネオ・リベラリズムも重視するはずである。ネオ・リベラリズムは，どのように説明するだろうか。この理論的な立場は，国際レジームの役割を強調し，それが覇権国をも拘束して国際協調を促すと論じる。また，各国が「繰り返しゲーム」を展開し，共通の利益を選択すると考える。

　5年ごとに開催されるNPT再検討会議は，ネオ・リベラリズムの想定する「繰り返しゲーム」の舞台となった。そこでアメリカは，非同盟諸国や（1998年以降）新アジェンダ連合（アイスランドやスウェーデン，エジプトなど）と対立し，駆け引きを展開した。その際にアメリカは，核不拡散の強化を主張し，他の国々はアメリカをはじめとする核兵器国に軍縮の約束を強く求めた。そして双方は，核不拡散レジームが失われ，緊張が激化して核が拡散する事態を共通の不利益として確認し合う形になり，歩み寄ったのである。再検討会議は7回のうち3回は妥結しなかったが（1980年と90年，2005年の再検討会議），それでもNPTは持続し，アメリカもその反対国も合意を模索し続けた。この交渉のようすは，ネオ・リベラリズムの見方と合致している。

　すなわち，ネオ・リベラリズムは，アメリカがイニシアティブを発揮しつつも，他の国々の主張を受け入れた側面を浮き彫りにする。アメリカを含む各国が，核不拡散レジームの拘束を受けて協調関係を維持した，と見るのである。このようにネオ・リベラリズムによれば，現象は核不拡散レジームの必然的な展開として説明できる。「核なき世界」の理念がなくとも，説明は可能なのである。しかし，ネオ・リアリズムやネオ・リベラリズムの説明は，「核なき世界」の主張やその世界的なインパクトをあまりに過小評価していないだ

ろうか。「核なき世界」は、すでに一つの理念として広く認知され、各国の市民社会の期待や関心を喚起していないだろうか。それはまた、各国政府に政策の見直しを迫り、部分的にせよ政治的影響を及ぼし始めていないだろうか。

コンストラクティヴィズムはどのような解釈をするだろうか。この見方は、アイディアに着目し、それに基づく変化に着目する点で、これまでの見方とは対照的である。したがって、コンストラクティヴィズムは「核なき世界」の概念をアイディアとしてとらえ、それが利害や力に関する各国の認識を変えつつあるようすに焦点を合わせるであろう。

「核なき世界」は、すでに見たようにオバマ大統領の発案ではなく、キッシンジャーなどの提案に基づいていた。しかも、キッシンジャーらだけでなく、他にも類似のアイディアが多数浮上していた。1990年代後半以降、R.マクナマラ元国防長官やG.バトラー元戦略軍司令官など、多くの実務家が核兵器の削減を主張し、また全米科学アカデミーやヘンリー・スティムソン・センターなどの研究機関が核兵器の撤廃を提起していたのである。その主張は、日本とオーストラリアが設立した「核不拡散・核軍縮に関する国際委員会」やイギリスの外務・英連邦省の報告書にも見られる。「核なき世界」は、こうした考えや提案を集約的に表現したアイディアなのだと言える。

「核なき世界」に関する多くの提言は、核不拡散レジームが冷戦後の核拡散に対応できない状況を前提にして、そのレジームの強化を短期的措置の中核に置いている。アイディアとしての「核なき世界」は、核不拡散レジームの強化を短期的な里程標(りていひょう)とし、それを強力に動機づけ、方向づけるための長期的理念なのである。カーネギー国際平和財団のG.パーコヴィッチは、オバマ大統領がめざし

ているのは，核兵器が不可欠だという各国の認識を転換することだと指摘している（Perkovich, 2010）。コンストラクティヴィズムの観点から言えば，オバマ大統領は，規範起業家として新しいアイディアを掲げて，各国政府の認識の変化を促そうとしているのだと考えられる。そのような認識の変化は，除々に進行し始めていよう。「核なき世界」や核不拡散レジームの強化などを掲げて，多くの国際会議や協議が開かれており，NGO の活動も活発化している。そのような状況において，各国政府があからさまに核開発・配備の推進を主張するのは，少なくとも難しくなり始めているのである。2010 年 9 月，オーストラリアやドイツ，オランダ，日本などの 10 カ国は，「核なき世界」を最終目標とするグループを形成し，当面は「核リスクの低い世界」を追求する方針を表明した。また 11 月の NATO 首脳会議は，今後 10 年間の行動指針に「核なき世界」を最終目標として明記した。ただし，ドイツがそのための具体策を求めたのに対して，イギリスやフランス，アメリカは応じなかった。それにもちろん，イランや北朝鮮など核配備の推進国は，まだ認識を変えそうにはない。そうだとしても，コンストラクティヴィズムの考えによれば，認識の国際的変化は部分的に発生し，ある段階を過ぎると一気に劇的に進む場合がある。今後の推移を見極める必要があろう。

　以上のように，ネオ・リアリズムは核不拡散レジームの再強化を，覇権国による持続的な行動の一環としてとらえ，「核なき世界」を表面的なスローガンだと見た。ネオ・リベラリズムは，核不拡散レジームの持続性に着目し，それはアメリカを含む各国の共通利益を反映していると考えた。「核なき世界」は，双方の理論的な見方によれば，特に重要な意味を持つものとはとらえられなかった。これらに対してコンストラクティヴィズムは，「核なき世界」をアイデ

ィアとしてとらえ，それこそが核不拡散レジームの強化を動機づけ，将来の方向性を示す重要な言説だと解釈したのである。

*

　安全保障の分野では1980年代まで，冷戦構造の下で多くの国が対立し合い，時に深刻な危機や戦争に陥った。国際協調は断片的な危機回避，軍縮交渉などにとどまりがちだった。

　このような冷戦は，戦後のヨーロッパで始まった後，世界に広がるとともに軍事的な色彩を強めた。その後，緊張の緩和や再度の激化という展開を経て，1989年，冷戦はついに終結した。しかし，平和の訪れは限定的であり，新たに内戦が続発し，地域的な不安定が生じた。さらに2001年には，圧倒的なパワーを誇るアメリカを9.11テロ事件が襲った。そして，その後イラクおよび北朝鮮による核兵器開発が問題となった。とはいえ，人道的介入や紛争後の平和構築，核拡散への対策など，国際協調の取り組みにおいてかつてなかった成果も見られる。

　冷戦後の世界は，大きな構造的変化を示している。それを巧みに分析して現象の要因を明確化するのは，容易ではない。本章の二つの事例分析においては，複数の理論的な見方を用いたが，安全保障問題にはリアリズム的な見方が適合するとは言い切れなかった。また，それぞれの理論に利点と限界があった。理論的な見方の妥当性を見極めて，現象を適切に分析する必要があろう。

◆さらに読み進む人のために──
　カルドー，メアリー／山本武彦・渡部正樹訳，2003年『新戦争論
　　　──グローバル時代の組織的暴力』岩波書店
　　＊冷戦後の「新しい戦争」の特徴を，実態調査に基づいて明確化している。暴力の形態，人々のアイデンティティやグローバル化との関係をはじめ，多面的な特徴を鋭く指摘していて，参考になる。

日本語版は 9.11 テロ事件の考察も収めている。

ギャディス, ジョン・L./五味俊樹ほか訳, 2002 年『ロング・ピース——冷戦史の証言「核・緊張・平和」』芦書房
  ＊本書の主眼は, なぜ冷戦が始まったかではなく, なぜ米ソは, 幾度ともなく危機を経験したにもかかわらず, 冷戦は熱戦化しなかったのか, という点に置かれている。特に, 二極システムの安定性について考えるうえで示唆に富む。

ハレー, ルイス・J./太田博訳, 1970 年『歴史としての冷戦——超大国時代の史的構造』サイマル出版会
  ＊冷戦期に起きた主要な事件をめぐって, アメリカ政府内の議論がどういうものであったのかを知るうえではもちろんのこと, 冷戦期のソ連という国家の性質を考えるうえでも示唆的である。

最上敏樹, 2001 年『人道的介入——正義の武力行使はあるか』岩波新書
  ＊懲罰的な人道的介入に対して, 批判的な立場から書かれた概説書である。国際法の解釈において, 人道的介入を原則化することがなぜ危険なのかについても, 説得力のある議論を展開している。

梅本哲也, 2010 年『アメリカの世界戦略と国際秩序——覇権, 核兵器, RMA』ミネルヴァ書房
  ＊アメリカの安全保障戦略を国際秩序のあり方と関連づけながら, 冷戦終結後から今日にいたるまで論じている。クリントンや G. W. ブッシュの政権がどのように核政策を展開したのかも, 詳細に解明している。

Finnemore, Martha, 2003, *The Purpose of Intervention: Changing Beliefs about the Use of Force*, Cornell University Press.
  ＊国家の政策目標がなぜ変化するのかについて, コンストラクティヴィズムの視点から答えようとした研究書である。19 世紀以降に介入という言葉が使われるようになった理由や, 現在, 介入の形態が多国間的になっている理由について分析している。

国際経済関係

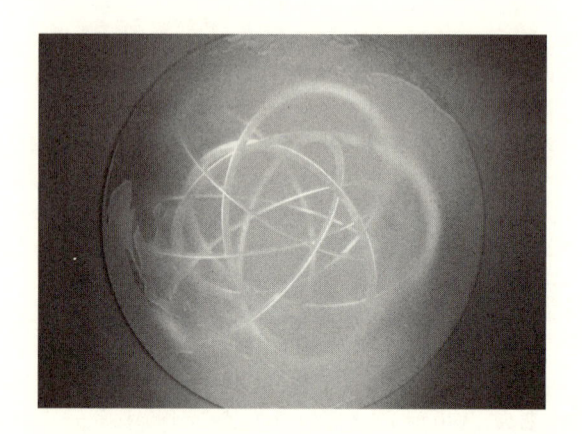

第4章

　国際経済分野は，第3章で見た安全保障の分野とはかなり異なった歴史的展開をたどった。最大の特徴は，戦後すぐに主要な国際レジームが成立し，次第に機能するようになった点にある。しかし，それであらゆる問題が処理できたわけではない。また，国際環境が変動し，次々に前例のない重大な問題が現れた。各国はそれらにどのように対応し，また国際レジームはどのように推移したのだろうか。近年，一方ではグローバル化が劇的に進み，他方では地域主義の動きがさかんになり，国際経済関係は大きな変化を示しつつある。本章の最後にこれらの事例をとりあげ，本書第1部の理論的な見方を用いて分析してみよう。

1 歴史的展開
——国際レジームの形成からグローバル化へ

　現在の国際関係を典型的に表す言葉として，グローバル化（globalization）は最もよく用いられる語の一つであろう。実際，今や各国は，経済関係のネットワークによって緊密に結び付いている。国際貿易額は年間約7兆90億ドルになり，国際資本取引はわずか1日で約1兆5000億ドルを超えて，未曾有の規模に達している。

　しかし国際関係においては，各国がそれぞれ経済活動にいそしめば，必然的に経済交流が拡大し，相互関係が緊密化するわけではない。すでに見たように，国際構造はアナーキー（無政府状態）的であるため，各国はたとえ国際協調のためであっても対外的な束縛を嫌う。自国の利益を優先しがちだからである。仮にこの傾向が強くなれば，むしろ対立や紛争が発生し，国際的な経済交流は縮小しかねない。それを回避するには，各国が国際協調的なルール，つまり第2章で見た概念で言えば国際レジームを確立し，それを遵守する必要がある。

　第二次世界大戦後の国際経済関係においては，どのような国際レジームが，どのように誕生したのだろうか。また，成立した国際レジームは，スムーズに展開したのだろうか。それは，今日のグローバル化とどのように関連しているのだろうか。

国際レジームとしてのブレトンウッズ・GATT 体制
　第二次世界大戦は，実は各国間の経済的対立を一因としていた。1929 年にニューヨークで世界恐慌が発生すると，打撃を被った各国は，自国の経済を守ろうとして保護主義に傾斜した。ひいては各

国が近隣諸国と取り決めを結んで，市場や資源を地域内に囲い込んでいった。こうして国際経済は，複数の地域ブロックに分解してしまった。戦前にも自由主義的な国際レジームは存在したが，その実態は二国間条約の集まりにすぎず，ブロック経済の台頭とブロック間の対立を抑えるほど強力ではなかった。高まった緊張を背景に，各国はついに戦争へと転落していったのである。

　したがって，戦後に国際平和を展望するなら，経済関係の安定が不可欠の条件であった。アメリカやイギリスの政府指導者は，ブロック経済や保護主義を乗り越えるために，自由主義を多国間の国際レジームの下で堅固なものにしようと構想した。大戦勃発後の1941年には，早くもアメリカのF. ローズヴェルト大統領とイギリスのW. チャーチル首相が大西洋憲章に合意し，そうした国際レジームの構築を戦後構想に掲げている。終戦前の1944年になると，アメリカの呼びかけに応じて44カ国がワシントン郊外のブレトンウッズに集まり，国際通貨基金（IMF）と国際復興開発銀行（IBRD. 通称，世界銀行）の樹立に合意した。

　IMFは，金融分野の国際レジームである。それは，各国間の貿易上の支払いを円滑にし，各国の通貨の交換を安定化した。後者の通貨の交換のために，IMFは固定相場制を設け，各国間の通貨交換の比率を一定に維持した。また，アメリカのドルを各国の通貨の価値を測る基準に位置づけ，そのドルを金と交換できるようにして，ドルの価値を保証した。

　他方の世界銀行は，戦後復興・開発分野の国際レジームである。各国が経済開発を進める際に，資金を貸し付けた。世界銀行は，そうすることでドルを世界に流通させて，いわゆる国際流動性を確保し，開発の支援と合わせて，各国が国際貿易に参加できるよう促したのである。双方の国際レジームは，合わせてブレトンウッズ体制

と呼ばれる。

このブレトンウッズ体制は自由貿易を支える機能を持っており，貿易分野の国際レジームと車の両輪をなすはずであった。米英両国は，そうした国際貿易レジームとして国際貿易機関（ITO）を構想し，1948年のハバナ会議では54カ国がITO憲章に合意するにいたった。しかし，憲章の内容について，一方では自由競争が過剰となって，参加国の国内で弱小産業が打撃を受けるという懸念が生じた。他方では，逆に貿易自由化が不十分であるという不満が残った。そのため，肝心のアメリカやイギリスにおいてさえ，ITOは議会の承認を得られなかったのである。

そこで各国は，暫定的な協定としていた関税及び貿易に関する一般協定（GATT）を，代替的に国際貿易レジームとして運用することにした。すでに各国は，当面の貿易自由化のために関税削減の国際交渉を進めていた。GATTは，その国際交渉の成果にITOの主要ルールを組み合わせて，最恵国待遇◆，輸出入の数量制限の禁止をはじめとする一連のルールを備えていた。

こうして成立した三つの国際レジームは，自由主義を掲げていたものの，純然たる自由主義レジームではなかった。先に述べたブレトンウッズ会議において，米英両国は共に自由主義的ながら，性格を異にする構想を示していた。すなわち，アメリカの案は為替の安定と自由貿易を厳格化していたのに対して，イギリスの案は国内経

◆**用語解説**

最恵国待遇 ある国が貿易相手国に対して，最もよい貿易上の待遇を提供すること。戦後のGATT・WTOレジームの下では，最恵国待遇を無条件で多国間ベースで提供しなければならない。たとえば，日本がアメリカに最恵国待遇を提供すれば，それと同等の貿易上の条件を他のすべての国に提供するのである。これによって，世界的な貿易自由化がより進みやすくなっている。

Column⑩ 日本による国際・地域秩序構想

　日本外交は構想力を欠き，受け身の対応に終始しがちだ。国際秩序を提示し，追求する努力に欠ける——これらは，日本外交の批判によく見られる議論である。たしかに，この批判が妥当する面は少なくない。しかし日本も，時に重要な国際経済秩序の構想を提案しており，それが実現したケースもある。ただし，日本は近隣諸国との間に歴史問題をかかえている。そのため，国際秩序の構想を推進すれば，かつての大東亜共栄圏をイメージさせ，あるいは過剰に影響力拡大をめざしていると見られて，拒否反応を受けやすい。

　たとえば1957年，岸信介首相が東南アジア開発基金の構想を提案すると，東南アジアもアメリカも冷淡であった。その40年後の1997年，アジア金融危機が発生した際に日本の橋本龍太郎内閣は，大蔵省（財務省の前身）の構想に基づいてアジア通貨基金（AMF）を提唱した。しかし，中国が拒否し，アメリカも容認しなかった。

　とはいえ，2000年にはASEAN+3の財務相会議が，チェンマイ・イニシアティブに合意した。これは実質的にAMFの再現であった。ただし，関係国の懸念を考慮して，チェンマイ・イニシアティブは多国間の地域制度ではなく，二国間の外貨融通協定をネットワーク化したものとなっていた。また，通貨・金融支援の条件として，IMFの改革プログラムを受け入れるよう求めていた。

済をより重視し，穏健な経済自由化を想定していたのである。同様の理念対立は，GATTの関税削減交渉の際にも生じた。こうした二つの立場が国際交渉を通じて融合していき，それを反映して，国際レジームは一方では市場競争を基調にした。しかし他方では，国内の雇用や福祉の必要性を認め，そのための政府の市場介入をある程度は許容したのである (Ruggie, 1983; 1996)。

　たとえば，GATT は自由貿易主義を原則に掲げ，貿易制限の完

実現した地域秩序構想の好例として，1989年に創設されたアジア太平洋経済協力（APEC）もあげられよう。この構想は通商産業省（経済産業省の前身）の非公式の研究会に始まり，その中間報告は，実質的にAPECの骨格を示していた。また通産省では，村岡茂生審議官などがASEAN諸国などを歴訪して説得し，実現の見通しを得た。しかし，日本が前面に出て提案すると，やはりアジア諸国の反発を招くおそれがあった。そこで通産省は，オーストラリアに提案を委ね，それをR.ホーク豪首相が韓国訪問時に提唱したのである（大矢根編，2009）。

　また1996年には，日本政府が半導体の国際貿易や，需給バランス，環境問題などについて，国際レジームとして民間の世界半導体会議と政府間の主要政府間会合とを提案し，翌1997年に実現した。これに先行する日米半導体摩擦において，日本はアメリカから厳しい要求を突き付けられ，外国製半導体を輸入するための数値目標（日本市場における20％以上を占有）を受け入れてしまっていた。その撤廃をめざして，日本政府は国際秩序を構想したのである。その際，日本政府は世界貿易機関（WTO）の国際規範を前面に掲げ，またヨーロッパやアジア諸国に慎重に働きかけて，構想を実現に導いた（大矢根，2002）。

　これらの例は，秩序構想の妥当性と国際的通用性に加えて，慎重で賢明な外交の必要性を示唆しているようでもある。

全撤廃をめざした。しかしGATT規約の第19条は，輸入が拡大して国内産業に重大な被害が生じた場合に，限定的な貿易制限を認めている。このように，国際経済レジームは自由主義と限定的な保護主義，言い換えれば市場競争と部分的な市場介入を備え，複合的な性格を持っていたのである。それゆえに，国際レジームはむしろ各国の経済的・政治的現実に妥当し，各国が支持・遵守できたと言える。

こうして国際レジームが成立すると,各国はそれによって共通の行動基準や将来に対する展望を得たため,対外経済活動を本格化できた。さらに国際レジームは,国内政策の基準にもなった。各国政府が国内でも市場競争を促し,また場合によっては,産業競争力の強化や福祉のために一定の市場介入を実施したのである(久米,1994;大矢根,2005a)。アメリカは戦後当初,純然たる市場経済を志向したが,日本やフランス,韓国などは政府の市場介入を相対的に多用した。こうして国際レジームと各国国内の対応が功を奏して,1960年代には先進諸国が終戦直後の荒廃から立ち上がり,貿易を拡大し,国内経済も著しい成長を示したのである。このため,この時期は国際経済の「黄金の時代」と呼ばれるようになる。

 以上に見た国際レジームは,第3章で見た安全保障上の冷戦と無関係だったわけではない。冷戦が深刻化する中で,経済的な自由主義の理念も,西側諸国が結束するポイントとなったのである。また国際レジームは,設立後すぐにスムーズに機能したわけではなく,アメリカの冷戦政策が呼び水となってようやく稼動した。というのも,アメリカが冷戦の観点からマーシャル・プランと呼ばれる欧州経済の援助計画を実施したため,ドル不足によって対外貿易を拡大できないでいたヨーロッパに,ドルが流通したのである。またアメリカは,同盟国の西ヨーロッパ諸国や日本に国内市場を開放し,輸入を受け入れた。こうして,各国が国際レジームを積極的に利用するようになったのである。

 このような「黄金の時代」の例外を忘れてはならない。アジア・アフリカ諸国の多くは,戦前における支配・植民地状況から政治的に独立を達成したものの,経済的には自立できなかった。もちろん,これらの国に対しては世界銀行が支援し,米ソが冷戦上の勢力拡大の観点から援助を拡大した。他の先進諸国も,市場の獲得を期待す

るなどして援助を実施した。しかし、こうした援助は、発展途上国の開発には十分に結び付かなかったのである。

他方、東側諸国はブレトンウッズ・GATT体制の外で、自由主義ではなく社会主義、共産主義に基づいて、独自の地域レジームを構築した。1949年、東側諸国はコメコン（経済相互援助会議）を設立して、関係各国に分業を割り当て、振替ルーブルという貿易決済のための手段を設けたのである。いくつかの東側諸国は戦後当初、少なくとも公式発表の統計では好調な成長を示した。しかし、計画経済の下で、次第に深刻な低迷に陥っていった。

国際レジームの揺らぎ

戦後の国際レジームはようやく順調に機能し始めたが、その背後には危機が潜んでいた。1970年代になると、それが相次いで表面化し、国際レジームは大きく揺さぶられてしまう。

まず、GATTは基本的に鉱工業製品を対象としており、エネルギー取引についての国際ルールは成立していなかった。そのような中、1973年に第4次中東戦争が勃発し、アラブ産油国がいわゆる石油戦略を発動した。すなわち、敵対するイスラエルを支持する国には、石油輸出を削減もしくは停止する、と表明したのである。多くの国は、アラブ産油国による石油の安定供給に依存していたため、衝撃を受けた。この事件は、オイル・ショック（石油危機）と呼ばれるようになる。

また、IMFの背後では、戦後復興にともなって多くの国の政府・民間機関が、ヨーロッパの銀行などにドルを預け、運用するようになった。この資金をユーロダラーと言う。産油国の余剰資金、各国の民間機関の資金などがユーロダラーとなり、政府の規制の網をくぐって運用され、次第に拡大していった。こうした資本の国際移動

がさらに膨れ上がると、各国の通貨の価値が影響を受け、政府が自国通貨の価値を維持するのも難しくなった。

その困難は、ついにアメリカ政府にさえ手に負えないほどになった。こうして1971年、アメリカのニクソン政権は、突如として金とドルの交換を一時的に停止した。すなわち、IMFの固定相場制を支える役割を、アメリカは事実上放棄してしまったのである。これをドル・ショック（ニクソン・ショック）という。アメリカ政府は、国外ではヴェトナム戦争、国内では福祉拡充のために拡張的な財政運営をして、ドルをばら撒いていった。その結果、ドルの債務がアメリカの金の準備を超えてしまい、ドルへの信頼が揺らいだのである。

そこで各国は、多国間会議で通貨の価値を調整し、同年12月にはスミソニアン合意◆にこぎつけた。しかし、結局、IMFの固定相場制は崩壊してしまった。1973年、変動相場制に移行したため、各国の通貨の価値は市場の自動調整作用を反映してたえず流動するようになった。通貨の相場が流動すると、民間金融機関はリスクに備えて投機的な資金取引を拡大したため、国際的な資本移動はさらに膨張してしまった。

このような石油とドルのショックを受けて、先進国の多くは前例のない経済的苦境に陥った。経済成長率の低下と失業率の増加、そ

◆**用語解説**

スミソニアン合意 ドル・ショックを受けて、1971年12月に先進10カ国の財務・大蔵大臣がワシントンのスミソニアン博物館に集まり、為替政策について合意した。その主眼は、固定相場制を維持する点、そのためにドルの価値を切り下げる点にあった。ドルは10％切り下げられ、日本の円との関係では1ドルが308円になった。しかし、その後も主要国の通貨は安定しなかった。1973年2月に再びドルを切り下げたものの、同年中に固定相場制は維持できなくなり、変動相場制へと移行した。

れにインフレ率の高進が同時に生じるという，スタグフレーション（景気後退下の物価水準の上昇）が発生したのである。日本は例外的にこれを比較的無難に乗り切り，輸出主導型の成長を続けた。すると欧米諸国では，日本からの輸入が急速に増大し，これと反比例するかのように欧米諸国の企業の経営が悪化し，倒産や失業が深刻化した。ここに貿易摩擦が発生した。日本に続いてアジア NIEs（新興工業経済群）も輸出主導型の経済成長を加速させ，貿易摩擦は広がった（*Column⑪*参照）。

こうして 1970 年代後半から 90 年代半ばまでは，貿易摩擦の時代となった。各国間で繊維や鉄鋼，半導体，農産物など，対象を変えながら貿易摩擦が発生し，経済問題が外交関係をも揺さぶったのである。1980 年代半ば，各国間の貿易収支上の不均衡がさらに拡大すると，争点は貿易の量だけでなく，その背景にある国内の法制度や商慣行などの是非にまで及んだ。事態は複雑化し，特に日米間では政治的対立が著しく高まった。

たとえば日米半導体摩擦は，最も深刻化した問題の一つである。半導体摩擦において，アメリカ政府は，日本における政府の産業政策や産業界の協調的な商慣行を批判し，それらが日本の輸入拡大を妨げていると主張した。アメリカ政府は，日本の半導体輸入の拡大のために数値目標を定めるようにさえ求めた。しかもアメリカ政府は，その合意が早期に履行されそうにないと見ると，1987 年 4 月，3 億ドル相当の対日経済制裁を発動するにいたった。

このような貿易摩擦は，本来であれば GATT レジームによって解決すべきであった。しかし各国は，厳格な GATT のルールを適用するよりも，融通性のある二国間交渉で政治的に対処した。その結果，日本やアジア NIEs などの輸出国側が，自由貿易の権利を自ら放棄する格好で，自主輸出規制による決着を受け入れた。また，

Column⑪ NIEs と BRICs

　NIEs とは、新興工業経済群（Newly Industrializing Economies）の略語である。発展途上国の中でも、1970 年代以降に急速な成長を遂げた国々であり、アジアのシンガポール、香港、韓国、台湾、中南米のメキシコ、ブラジル、ヨーロッパのギリシャ、ポルトガル、ユーゴスラヴィアなどを指す。

　1980 年代になると、アジアの四つの NIEs が際立った経済成長を続けたため、4 匹の龍もしくは虎と呼ばれた。このアジア NIEs は、かつて非民主的で権威主義的な政治体制をとり、政府の強い指導力の下で産業の発展を方向づけて、輸出指向的な高度成長を追求した。この経済成長の結果、国内に中間層と呼ばれる一定の豊かさと政治的関心を持つ人々が拡大してゆくと、この層を政治的基盤として民主化が実現した。

　BRICs とは、ブラジル、ロシア、インド、中国の頭文字からなる造語である。世界最大手の証券会社ゴールドマン・サックス社が 2003 年、経済成長が著しく、今後も発展が見込める国として選択した。同社の試算によると、2050 年には国民総生産（GNP）で見た経済規模は、①中国、②アメリカ、③インド、④日本、⑤ブラジル、⑥ロシアの順にな

日本などは自主輸入拡大を採用し、輸入を自由に選択する権利を部分的に放棄して、事実上特定国（多くの場合はアメリカ）からの輸入を拡大した（Bhagwati, 1988）。

　こうなると GATT レジームは信頼性を低め、動揺してしまう。そのような中、欧米諸国は周辺地域での貿易の活発化に期待し、それによって日本やアジア NIEs の台頭に対応しようとした。1990 年代に入ると、アメリカの試みは北米自由貿易協定（NAFTA）に、ヨーロッパの試みは欧州連合（EU）に結実した。他方で、多くの企業が貿易摩擦や通貨の価値の流動化を嫌い、海外に工場を設けて国境をまたいだ分業ネットワークを構築していった。こうして多くの

るという。中国は製造業の拡大を背景として、インドは優れた情報技術（IT）産業を中心として、目を見張る経済成長を示している。ゴールドマン・サックス社は2009年に報告書を出し、この順位を入れ替えている。それによると、①中国、②アメリカ、③インド、④ブラジル、⑤メキシコ、⑥ロシアの順になるという。日本は8位に下落している。

BRICsは共に多くの人口、資源を持ち、また軍事的・政治的な地域大国でもある。しかも中国、ロシア、インドは核兵器を保有し、前二者は国連安保理の常任理事国でもある。ブラジルは途上国の領袖的な立場にある。したがって、BRICsが仮に順調に成長を続けるなら、国際政治・安全保障上も無視できない影響が生じうる。そのような事情もあって、BRICsは主要国首脳会議（サミット）にも参加し、国際的な発言力を強めていった。すなわち2003年、G7（主要7カ国首脳会議）はロシアを加えてG8となった。2008年11月には、サブプライム・ローン問題を契機とする世界金融危機に効果的に対応するため、G20カ国・地域首脳会議が開催され、翌年以降も実施されている。このG20には、BRICsに加えて韓国や南アフリカ、アルゼンチン、メキシコなどが参加している。

企業が多国籍企業となっていった。

また、世界銀行レジームの機能にも限界があった。世界銀行は途上国の発展を効果的に促せず、途上国の多くは成長軌道に乗れなかったのである。1970年代になると、途上国はむしろ国際レジームそのものが先進国に有利で、途上国の発展を構造的に難しくしていると主張し、ブレトンウッズ・GATT体制そのものの変更を求め始めた。新国際経済秩序（NIEO）◆の主張である。1974年には国連で資源特別総会が開催され、NIEO樹立の宣言が採択されるにいたった。これに対して先進国は、GATT規約に第4部を設けたのをはじめ、途上国を優遇する措置を部分的に採用して対応した。

しかし，国際レジームは動揺の一途をたどったわけではない。各国が，その修復や代替的な秩序維持策を模索した。たとえば，固定相場制が失われてからも，主要先進国は為替相場を適正化しようとし，特に 1985 年のプラザ合意では，G5 が画期的な政策協調をはかった。この G5 とは，アメリカ，日本，西ドイツ，フランス，イギリスの先進 5 カ国蔵相・中央銀行総裁会議をいう。その後もカナダ，イタリア，またロシアを加え，先進 8 カ国財務相・中央銀行総裁会議 (G8) として国際経済の安定化をはかった。

また各国は，貿易摩擦の悪影響を抑えようと，GATT の東京ラウンド（ラウンドとは多国間貿易交渉），ウルグアイ・ラウンドを実施した。それが功を奏して，関税だけでなく関税以外の貿易障壁が取り除かれ，GATT レジームの対象も鉱工業製品からサービス，投資などへと拡大していった。

さらに，主要国首脳会議（サミット）や経済協力開発機構 (OECD)，また二国間の首脳会談や閣僚会談などにおいて，各国はその時々の経済的課題に対処し，国際協調の必要性や自由主義理念の尊重を繰り返し表明した。各国の企業や産業界も，民間ベースで自主的なルールづくりを進めた。こうして，多様な行為主体（アクター）が多分野の課題に対応しようとし，緩やかに協調して秩序を

◆用語解説

新国際経済秩序（NIEO） 1970 年代前半に，発展途上国がブレトンウッズ・GATT 体制は先進国に不当に有利であると主張し，その変革を求めて新たな国際秩序の構想を示した。発展途上国は新国際経済秩序の構想において，途上国を含むすべての国の経済的主権を確立し，平等・公平を原則として，先進国と途上国の経済格差を是正するよう求めた。具体的には，たとえば途上国が自国の天然資源を優先的に開発できるよう，天然資源の恒久主権を提案し，また，途上国が農業など第一次産品の国際貿易において影響力を確保できるよう，生産者同盟の強化を求めるなどした。

表 6　GATT・WTO における自由化の流れと広がり

市場参入分野	ラウンド(多国間貿易交渉)		ルール分野	
		1948年1月 GATT発足		
鉱工業品関税	東京ラウンド 1973-79年	反ダンピング 貿易の技術的障害 政府調達 補助金 ライセンシング等		
鉱工業品関税 サービス 農業	ウルグアイ・ラウンド 1986-94年	反ダンピング 貿易の技術的障害 政府調達 補助金 ライセンシング等	繊維協定 原産地 知的財産権 衛生・植物検疫 紛争解決手続 貿易関連投資	
		1995年1月 WTO発足		
鉱工業品関税 サービス エネルギー 流通 電子商取引 農業	ドーハ開発アジェンダ 2001年-	反ダンピング 補助金 地域貿易協定	知的財産権 (部分的交渉)	投資 競争 貿易円滑化 政府調達の透明性 電子商取引	環境

[出典]　経済産業省ホームページの資料 (http://www.meti.go.jp/policy/trade_policy/wto/round/data/200111_nagare.pdf) を筆者が修正。

第4章　国際経済関係

創造する試み，すなわち第2章で述べたグローバル・ガヴァナンスが断片的に現れつつある。

グローバル化の進展と複合的な影響

1990年代の半ばになると，グローバル化が劇的に進展した。顕著なのは国際的な資本移動の活発化であり，パソコンのキー一つで膨大な資本が瞬時に，国境をまたぐようになった。ポートフォリオ資本と呼ばれる，株式や債券など短期金融市場に向かう資本が増大し，またインターネットに代表される情報技術（IT）が進歩したためである。

国際貿易もさらに拡大している。1995年に世界貿易機関（WTO）が成立して，貿易レジームをサービス貿易や農業などの領域にも拡張し，紛争解決手続き◆を強化してルールの拘束力を高めたのである。それを反映して，あれほど激しかった貿易摩擦は影をひそめ，貿易環境は改善した（グローバル化とWTOについては，本章事例分析①を参照）。

グローバル化の意義や影響はしばしば誇張されており，慎重に評価する必要がある。というのも，国際的な経済交流はむしろ19世

◆用語解説
WTOの紛争解決手続き　GATTの紛争解決手続きでは，紛争解決委員会が貿易紛争について裁定を示しても，1カ国でも裁定に反対すれば採択されなかった。これをコンセンサス方式という。このため紛争解決手続きはあまり機能せず，貿易摩擦が深刻化した。WTOでは，逆コンセンサス方式が用いられ，すべての国が一致して反対しないかぎり，裁定が採択される。また，この方式が紛争解決手続きの各段階，すなわちパネルの設置，パネルと上級委員会の報告採択などの際に実施される。しかもこれらの一連の手続きには，詳細な手順や期限が定められている。さらにWTOでは，訴えられた国が裁定を遵守しないならば，訴えた国が対抗措置（制裁）を実施できる。このように，WTOにおいては紛争解決手続きが，国際組織には稀なほど強化されている。

紀後半から20世紀初頭の方が進んでいたからである。国民総生産(GNP) に占める貿易の比率や，人口に占める移民の比率は，当時の方が高水準であった (Hirst and Thompson, 1999)。また，グローバル化という名称とは裏腹に，経済交流の大幅な拡大は先進国，NIEs，BRICsなどの間に限られており，サハラ砂漠以南のアフリカを典型として，取り残された地域も点在する（BRICsについては*Column⑪*参照）。そうだとしても，戦後で見れば現在の経済交流は未曾有の高水準であり，それが国際関係に無視できない波及効果を及ぼしているのも確かである。

すなわちグローバル化は，一方で人々の生活の利便性や豊かさを向上させる。しかし他方では，経済活動を刺激するあまり，地球環境の汚染や，食の安全の形骸化，伝統的なコミュニティの崩壊などをともなってしまう。国際経済関係において，後者のグローバル化の負の作用が明白な形で表れたのは，1997-98年のアジア金融危機や，2008-09年のサブプライム・ローン問題を発端とした危機であった。これらの出来事は，国際資本移動がいかに不安定で制御不能であるのかを，まざまざと見せつけた。ここでは，アジア金融危機について見ておこう。

東アジア諸国は，経済発展のための資金を海外資本に頼り，自国の通貨をドルに合わせて変動させて（ドル・ペッグ），資金の流入を促していた。しかし国際投資家が，まずタイ経済に不安の目を向けた。タイでは，資金が産業の実質的な成長に十分に生かされず，短期的な利潤追求のために土地や株の購入に回っていると見た。国際投資家は，投資した資金の返済が滞るのではないかと懸念したのである。投資家はタイから次々に資金を引き揚げていき，その額はタイの国内総生産（GDP）の約20％にまで達した。こうしてタイでは資金不足や通貨バーツの価値下落が起こり，深刻な打撃を被った。

国際資本は元来流動的であったため、タイに発した危機は、瞬(またた)く間にマレーシア、フィリピン、韓国などに波及していった。それぞれの国の経済は、必ずしも重大な問題をかかえていなかったにもかかわらず、国際資本が逃避していったのである。グローバル化の悪影響は明らかだった。

　危機を経験して、東アジア諸国は、グローバル化の負の作用に対処する必要性を痛感した。かといって、グローバル化を否定するのではなく、その正の作用を享受し続ける必要もあった。対応は各国単位では困難であり、東アジア諸国は地域内の協力を本格化させた。すなわち、東アジア諸国は2000年、ASEAN（東南アジア諸国連合）＋3（3とは日本、韓国、中国）でチェンマイ・イニシアティブに合意して、通貨の交換協定を結び、また、国際資本の移動に関して共同監視体制を築いたのである。同時に東アジア諸国は、ASEAN＋3や自由貿易協定（FTA）を通じて、相互に経済自由化や規制緩和などを進めた。これは、欧米で進んでいた地域主義を東アジアが受け入れ、地域主義が国際的趨勢(すうせい)となったことも意味した（地域主義とFTAについては、本章事例分析②を参照）。

　グローバル化の負の作用は、短期的な危機とは別に、発展途上国において持続的なダメージを与えた。多くの途上国では、国内経済が安定化し、確立する前に、グローバル化の荒波が押し寄せたのである。すなわち、途上国の開発プロジェクトに対しては、先進国の銀行から大量の資本が流入したが、金利の上昇によって途上国の債務が膨らんだ。そこでIMFや世界銀行は、自由主義的な理念に基づいて途上国に対して経済改革、つまり構造調整プログラムを求めた。しかし、その多くは途上国の実情に適合せず、失敗している。

　1980年代末以降、重債務の低所得国について、G7が債務の返済期限の延長や削減などを決めたが、効果は限られていた。事態を多

少なりとも好転させる契機となったのは，ジュビリー2000◆と呼ばれる非政府組織（NGO）などの活動だった。それがトランスナショナル（脱国家的）に展開して各国政府を動かし，重債務最貧国の40カ国の持つ二国間債務に関して，先進諸国が債務の帳消しに応じたのである。

　ジュビリー2000に限らず，多くのNGOや市民団体などが，グローバル化の負の作用に関して批判の声をあげ，対抗する活動に力を注いでいる。反グローバリズム運動である。1990年代末から2000年代初めにかけて，IMFやWTOなどの国際会議が開催されると，激しい反グローバリズム運動が見られた。（反グローバリズムについては，本章事例分析①を参照）。

　グローバル化が顕著になったのは，冷戦が終結した後であった。それは，世界各地で地域紛争が相次いで発生した時期でもあり，国際経済関係が安全保障や紛争国の安定化などの問題と接点を持つようになった。すなわち，地域紛争がいったん鎮静化すると，以後は紛争の再発防止や，政治的な民主化，社会的な秩序維持といった平和構築が課題になった。その際，旧ユーゴスラヴィア連邦や，東ティモールなど多くの紛争地域において，国連機関や北大西洋条約機構（NATO）などの軍事・政治機構に加えて，世界銀行やIMF，各国政府，それにNGOのネットワークが，開発の支援や貿易自由化

◆**用語解説**
　ジュビリー2000　ジュビリーとは，旧約聖書におけるヨベルの年，つまり50年目の年を指す。古代イスラエルでは，その年にすべての債務が帳消しになったとされる。ジュビリー2000は，全アフリカ・キリスト教会協議会の呼びかけで始まった運動で，2000年までに貧困国の債務を帳消しにするよう求めた。1990年代半ば以降，イギリスのクリスチャン・エイドをはじめとするキリスト教援助団体，開発NGOのOxfamが本格的に推進し始めた。これに呼応して，各国のNGOが各国内の議会や政府に働きかけた。

など経済面で関与しているのである。

　他方，グローバル化にともなって，経済活動が地球環境や食の安全，労働上の権利などを脅かしている。こうした問題の解決のためには，国際経済における自由主義のアイディアを地球環境の保護や，人権の保障などのアイディアと調和させるような，総合的なアプローチが不可欠になってきている。そのための取り組みはまだ順調に成果を生み出しているとは言い難いが，徐々にではあってもグローバル・ガヴァナンスに結実しつつある。

　以上のように，国際経済の分野では，他の分野と違って国際レジームが早期に成立した。その国際レジームの不安定化と安定化への試みとが，歴史的展開の主旋律となってきた。国際レジームに基づいて，一方では各国の経済が発展し，他方では国際レジームの動揺を背景にして，民間企業・金融機関が国境を越えた活動に力を注いでいる。この双方の上に，今日のグローバル化が現れているのである。

2　事例分析①　グローバル化と WTO
　　——ドーハ開発アジェンダの難航

グローバル化とは何か

　グローバル化とは多面的な現象であるものの，単純化して言えば，地球上の遠隔地の社会が相互に，直接的に結び付く現象だと言える (Giddens, 1991)。この結び付きは，物や金，人，情報などが，大型航空機や IT などによって国境を越えて移動し，実現する。今や，多国籍企業や NGO などだけでなく，ごく普通の個人や市民集団でさえ，比較的容易に対外交流の相手を見つけ，関係を結ぶことができる。

1960年代以降,国際貿易や多国籍企業による直接投資が大きく伸びていた。1990年代半ばには,各国が規制緩和や資本の自由化を進め,またインターネットが普及するなどしたため,資本や情報の国際移動がすさまじい勢いで膨張した。そして今日,資本や情報の取引は,コンピューターのネットワーク上で常時,グローバルに展開している。

　グローバル化は,この言葉が含意するように地球規模の動きである。すなわちグローバル化は,世界中の人々の持つ豊かさや便益への願望を背景として,各国,各社会の相違を乗り越え,経済的・社会的・文化的な共通化を促している。また,この潮流を維持し,拡張し,その便益を拡大しようと,各国が政策や国内の法制度などを相互に調整している。このような動きの延長線上で,グローバルな統合や同質化が進んでいるのである。

　他方でグローバル化は,人々の望まない不利益や不都合をもたらす。たとえば,大量の投機的な資本が移動すると,各国の経済はアジア金融危機のような打撃を被りかねない。あるいは,欧米の大衆文化が急速に流入すると,途上国の伝統的な社会秩序が揺さぶられかねない。すなわち,グローバル化の下で,皮肉にも各国,各社会の相違がかえって浮き彫りになり,分裂が深まってもいるのである。

　このように,グローバル化が異なる側面をもっているため,その評価や対応策についての議論はさまざまである。覇権安定論者のR.ギルピンによれば,議論は二つの立場に大別できる(ギルピン,2001)。一方の市場主義派は,グローバル化による繁栄を主張し,市場の役割がさらに拡大して,それと反比例するかのように政府の機能が縮小していく趨勢を展望する。他方の修正主義派は,グローバル化による勝者と敗者が鮮明になっていき,国家間や社会内部で競争と対立が激化すると論じる。そのため修正主義派は,競争力の

強化と弱者の保護とが必要になり、政府の機能はむしろ拡大すると主張するのである。

修正主義派が着目する負の影響を深刻に受け止め、グローバル化自体に歯止めをかけようとする考えや運動も浮上している。反グローバリズムである。その主体は、パブリック・シティズン、Oxfam、地球の友などのNGOや、各国の労働組合、市民団体などである。反グローバリズムの運動は1990年代の末以降、IMFやWTO、サミットなどの国際会議の場で大規模に、場合によっては過激に展開している。その運動を背景に、1998年には多国間投資協定（MAI）の国際交渉が挫折に追い込まれた。先進諸国は、この協定によって国際投資の安定と拡大をめざしていたが、多数のNGOがグローバル化の象徴とみなして攻撃し、交渉自体が異例の中止にいたったのである。

反グローバリズムが強調するのは、「底辺への競争」「民主主義の赤字」「アカウンタビリティ（説明責任）」などである。底辺への競争とは、特に途上国がグローバル化に対応するために多国籍企業を誘致しようとし、そのために最低賃金や労働時間などの労働権、あるいは環境保護のための規制などを、競って緩和してしまう現象をいう。民主主義の赤字とは、グローバル化の悪影響が途上国や市民に及ぶのに、それらの行為主体がWTOやIMFのルールづくりに十分に参加できない状況を指す。そして、国際レジームやレジーム形成を主導する先進諸国や政府の政策決定者に、情報の公開や説明などを求めるのが、アカウンタビリティである。

以上のように、グローバル化は単線的に進展しているのではなく、一見矛盾しかねない性格や影響をともないながら、また反グローバリズムを呼び起こしながら推移しているのである。

グローバル化とWTOの法化

　グローバル化は，国際関係の基本構造がアナーキーであるにもかかわらず，進展している。それは本章の最初に述べたように，GATTとその後身のWTO，IMFや主要国首脳会議などが，国際レジームとして機能しているためである。国際レジームが各国の協調を促し，また自由主義的な政策の地平を，国境を越えて広げているのである。

　したがって，グローバル化をさらに進め，その恩恵を拡大しようとするなら，国際レジームの一層の強化・拡充が不可欠になる。同時に，先に述べたように，グローバル化はさまざまな負の影響を各国に及ぼしてしまう。それを改善するには，国際レジームの修正が不可欠になる。すなわち，WTOやIMFなどの国際レジームは，いったん成立すればグローバル化を問題なく支え続けるわけではない。強化や修正を必要としているのである。

　国際経済分野には，他の分野にもまして多くの国際レジームが存在する。そのなかでも最も強力で，幅広いルールを備えているのは，WTOであろう。第2章で述べた概念で言えば，国際レジームの「法化」は，EUとともにWTOにおいて最も進んでいると考えられている。というのも，WTOは前身のGATTに比べて，自由貿易ルールを鉱工業製品のみでなく農業やサービスへと拡張し，また貿易に関連する投資・知的財産権にもルールを設けたからである。さらにWTOは，先にふれたように厳格な紛争解決手続きを備え，各国がルールを遵守するようにしているからである。

　ここまで「法化」すると，WTOは各国の協調を促すだけでなく，多様なステークホルダー（利害関係者）の対立を刺激し，複雑なダイナミズムを引き起こす。すなわち，一方では，多くの国の政府・企業がグローバル化による利益の拡大を期待し，一層の「法化」を

望んでいる。しかし他方では、発展途上国の政府や多くのNGOが、WTOの「法化」によって自由貿易の経済的利益が過度に優先され、地球環境や健康などの社会的価値が犠牲になる、と懸念している。あるいは国際競争力を持つ先進国のみが優遇される、と批判しているのである。このような双方の立場が、WTOを強化・修正する多国間交渉——現在進行中のドーハ開発アジェンダにおいて、複雑に錯綜しているのである。

ドーハ開発アジェンダ

　GATTとWTOの強化・修正は、集中的に実施される多国間交渉を通じて実現してきた。この多国間交渉はラウンドと呼ばれる。1948年の関税引き下げ交渉（ジュネーヴ・ラウンド）以来、トーキー・ラウンド（1951年）やウルグアイ・ラウンド（1986～1994年）など、8度のラウンドが行われてきた。その結果、鉱工業製品の平均関税は大幅に低下し、たとえばアメリカで3.5%、EUで3.6%、日本では1.5%という低水準になった。また、貿易に悪影響を及ぼす補助金やダンピング（不当廉売）などについて、多くの国際ルールが成立した。こうして国家間の障壁は低くなり、世界規模で自由貿易が展開しているのである。グローバル化も、その延長線上で進展している。

　現在の多国間交渉は、ドーハ開発アジェンダと名づけられている。この名が象徴するように、今回の交渉は従来のラウンドとは様相を異にし、新たな展開を見せている。まず、「ドーハ」とは中東のカタールの首都の名である。これは、後に述べるように、アメリカのシアトルにおけるWTO閣僚会議が、NGOや労働組合などの反対運動に直面し、ラウンドの開始に失敗したことを背景にしている。すなわち、新たな多国間交渉は、反WTO運動の結集しにくい発

展途上国で始まったのである。

　また「開発」とは，発展途上国の開発を意味する。従来のGATT や WTO は自由貿易主義をかかげてきたが，それは途上国の発展に結実しなかった。この反省に加えて，9.11 テロ事件が貧困を背景に発生したと考えられた。そのため，今回は途上国の開発を主な目標の一つに掲げたのである。最後の「アジェンダ」は課題の意味で，ラウンドの言葉の代わりに採用された。ラウンドの語は，これまでの経緯から先進国中心の貿易自由化交渉という含意をもっていた。それを避けたのである（ただし，その後は慣例どおり，新ラウンドもしくはドーハ・ラウンドなどと称される場合も多い）。

　それでは，このドーハ開発アジェンダは，どのような分野を交渉し，どのように推移しているのだろうか。後でも述べるように，当初考えられていた新しい分野——「貿易と労働」「貿易と環境」などの分野で，貿易自体でないため「非貿易的関心事項」と呼ばれる——は，交渉分野から外したり，交渉ではなく協議の対象に格下げしたりした。発展途上国や NGO などの強い反発のためである。その結果，交渉分野は鉱工業製品やサービスの貿易自由化，反ダンピングや貿易円滑化などの貿易ルールなどに絞った。それでも，途上国の重視する農産物自由化や「貿易と開発」問題はとりあげられた。

　これらの交渉は，相当に難航している。ドーハ開発アジェンダは 2001 年 11 月に開始し，約 3 年後の 2004 年 12 月に妥結する予定だった。しかし交渉は遅れ，そのおよそ 3 倍の 9 年弱を経た現在（2010 年 8 月）でも，妥結の見通しは立っていない。

　今回の多国間交渉は，最初から波乱含みの展開だった。新ラウンドの開始をめざして，まず WTO 閣僚会議が 1999 年 11 月末からシアトルで開催された。その際に，歴史的失敗を喫したのである。すなわち，多数の NGO や労働組合，市民団体などが各国からシア

トルに結集し,反グローバリズムや反WTOを掲げて大規模なデモを展開したのである。それらの一部は暴徒と化し,グローバル化を象徴するマクドナルド,ナイキなどの商店や事業所に投石や放火をし,警察と衝突するに及んだ。そのために日程の遅れた閣僚会議も,大荒れだった。多くの交渉分野の扱いをめぐって,各国が対立する立場で妥協せず,いくつかの国は交渉分野そのものに反発したのである。こうして,新ラウンドは開始できなかったのである。

その後も,交渉はめまぐるしく難航と中断,そして再開を繰り返している。2003年9月にメキシコのカンクンで行われた閣僚会議は,交渉の折り返し点と考えられていたものの,決裂に終わった。2005年12月の香港閣僚会議でも合意は成立せず,2006年6月には,P.ラミーWTO事務局長が交渉の一時中止を宣言するにいたった。再開後もやはり交渉は難航し,2008年7月のジュネーヴ非公式閣僚会議も決裂を余儀なくされた。その後の交渉も難航している。

それでも,各国の立場の隔たりは徐々に狭まっている。主要分野の農業と鉱工業について,貿易自由化の方式を交渉の議長がとりまとめ,各国が意見を交わすようになっているのである。また,医薬品アクセス問題◆は,先進国と途上国の対立の典型とみなされていたが,先に述べたカンクン閣僚会議で妥結を見た。

これまで見てきたように,ドーハ開発アジェンダがここまで難航しているのは,なぜだろうか。特に農業・鉱工業分野で,先進国と発展途上国が鋭く衝突している。農業・鉱工業分野では,各国が攻守の立場を代えて対立し合い,"三すくみ"状態になって,交渉が硬直化しているのである。すなわち,農業の関税削減交渉では,アメリカやブラジル,オーストラリアなどが積極的で,EUやインド,日本などは消極的であり,穏健な措置を求めている。同じ農業分野でも補助金削減交渉では,逆にアメリカが最も消極的で,他の国々

は一層の削減を求めている。他方，鉱工業製品の関税削減・撤廃交渉では，アメリカを中心とする先進国が積極的で，ブラジルやインドなど途上国が抵抗しているのである。

　もちろん，各国の立場が異なるのは，国際交渉の常である。しかも，ドーハ開発アジェンダのように153カ国が参加していれば，多様な立場がありえる。しかし，それがドーハ開発アジェンダで特に交渉を阻んでいるのは，その対立の背景に表面的には見えにくい要因が潜んでいるためかもしれない。次に，それを理論的に分析してみよう。

理論的分析──なぜドーハ開発アジェンダは難航しているのか

　ドーハ開発アジェンダは，なぜ難航しているのだろうか。本書で示した理論的な見方は，各国間，特に先進国・発展途上国間の対立に潜む要因を照らし出してくれるだろうか。ここでは，ネオ・リアリズム（新現実主義）とネオ・リベラリズム（新自由主義），そしてコンストラクティヴィズム（構成主義）を用いて確かめてみよう。

◆**用語解説**
　医薬品アクセス問題　　WTO の TRIPs（貿易に関連する知的財産権）協定は，医薬品の特許という開発者の権利を守る観点から，安価なコピー薬品（ジェネリック薬品）の貿易を禁じた。しかし，多くの発展途上国では医薬品を製造できず，先進国の高価な薬品も購入できないため，エイズ感染症などを治療できなくなる。このため途上国や NGO は，途上国がジェネリック薬品の製造の可能な途上国（ブラジル，インドなど）から輸入できるように求めた。
　2003年8月，WTO 一般理事会は，一定の条件で安価な医薬品を輸出できるように，決議を採択した。同時に，人道を目的としない商業輸出に転用するなどの問題が起これば，WTO 事務局長などに周旋を申し込めるものとした。このような決定に基づいて，カンクンで開催された WTO 閣僚会議において，問題は妥結したのである。

ネオ・リアリズムは，アナーキーな国際構造が国際関係を規定すると考え，力の突出した覇権国が存在する場合にのみ，各国が安定的に協調できるとしている。また，それが客観的な世界だと想定している。

　したがって，まず覇権国が存在するのか，確認する必要があるだろう。国際貿易分野では，市場の規模が力を意味すると考えられる。アメリカの力はやはり顕著であるが，GATT の形成期に比べると相対的に低下しており，今日のアメリカを覇権国と見ることは妥当ではない。他方で，ヨーロッパや日本はもとより，発展途上国の市場規模が拡大している。しかも GATT・WTO の加盟国には，発展途上国のメンバーが増大している（Barton, Goldstein, Josling and Steinberg, 2006）。発展途上国のメンバーは，1950 年代には全加盟国 36 カ国中で 17 カ国だったものの，2009 年には 153 カ国中で 123 カ国，つまりは 5 分の 4 にまで増加したのである。

　このように力の配置が変化し，アメリカが覇権を失う中で，多国間交渉における交渉方式も変化している。そのため，アメリカが他の国々をリードして，各国間の対立を抑えるのは，さらに難しくなっている。従来のラウンドでは，少数の先進国が中心になって集権的・閉鎖的に交渉が進み，その合意に若干の修正を加えて全体的な合意が成立していた。この交渉の仕方は，会議が開催された GATT・WTO 事務局の部屋の色彩にちなんで，グリーン・ルーム方式と呼ばれてきた。しかし，シアトル閣僚会議においてグリーン・ルーム方式の存在が露見し，発展途上国が批判をあびせた。そのためドーハ開発アジェンダでは，各国が新たな交渉方式を模索している。その過程において，発展途上国もさまざまなグループを形成して，影響力の拡大をはかったのである（Keohane and Nye, 2001）。リアリストの D. ドレズナーも指摘するように，特に新興勢力の中

国とインドの台頭は著しい。アメリカも，両国の交渉への実質的関与を容認せざるをえなくなっている（Drezner, 2007）。

したがってアメリカは，覇権国としてリーダーシップを発揮できなかった。むしろ他の先進諸国や発展途上国と同じ土俵に立って，経済的利益の拡大を追求したと考えられる。このようにネオ・リアリズムの観点からすれば，力の配置状況が変化して多極化するなかで，先進国・発展途上国間でさえ対立が激化し，交渉が膠着状態に陥っていると考えられる。

かつてネオ・リアリストの J. グリエコは GATT の東京ラウンドを分析して，アメリカとヨーロッパ，日本が対立したようすを明確化した（Grieco, 1990）。ドーハ開発アジェンダでは，類似の対立が発展途上国をともなって展開しているのだと考えられる。ただしネオ・リアリズムは，あれほど活発な NGO や労働組合の活動を，視野から外してしまっている。

これに対して，ネオ・リベラリズムはどのような説明をするだろうか。この理論的な見方も，ネオ・リアリズムのようにアナーキーな国際構造を重視する。しかし，その客観的な世界は対照的であり，国際レジームが各国に共通する利益の実現を促すため，対立が収まり，各国が協調できると見る。WTO は高度に法化しているため，国際レジームとしての機能を高めていると考えられる。しかしそうであるならば，ドーハ開発アジェンダという WTO 成立直後の多国間交渉は，過去のラウンドにもまして協調的に，スムーズに展開してもおかしくはない。ネオ・リベラリズムは，各国間の対立を説明できないのである。

しかし，ネオ・リベラリズムの延長線上で交渉難航の要因を探るなら，WTO が法化した結果，国際レジームに想定外の機能変化が生じた可能性を指摘できるだろう。法化したために，国際レジーム

が各国の行動を強く拘束し，各国の自律性を奪うほどになると，各国は自国の利益に敏感になるのである。この傾向は，法化をめぐる議論において指摘されている (Goldstein and Martin, 2001)。特にアメリカがWTOの拘束を嫌っているようすは，しばしば論じられている。

ただし，WTOの国際レジームは元来，自由貿易を各国の共通利益とし，それを推進するメカニズムとして成立したはずである。それが各国の利益に役立っていないというのも，奇妙である。仮にそうだとすれば，共通利益の考え方が変化してきていて，WTOと各国の利益認識の間にズレが生じているのかもしれない。それを浮き彫りにするのは，コンストラクティヴィズムであろう。コンストラクティヴィズムは，これまで見てきた理論とは異なり，利益や力ではなくアイディアに着目している。さらには，アイディアのあり方によって，各国が利益や力の考え方そのものを変えうるとして，各国間の「主観的な世界」を重んじている。

シアトル閣僚会議では，WTOの基軸をなす自由貿易主義のアイディアに対して，環境保護や人権擁護，発展途上国の開発などが対抗的なアイディアとして浮上した。国際貿易の分野において，環境や人権擁護，開発のアイディアが今日ほど重要性を持つことはなかった。しかし，たとえば地球環境については，1990年代のキハダマグロ事件やエビ・ウミガメ事件◆をきっかけとして，自由貿易主義が地球環境の侵害につながる可能性に，関心が高まっていた。これに対する懸念と批判は，多くの環境NGOや開発NGOを通じてトランスナショナルに広がった。トランスナショナルな社会運動が，政府とは異なるアイディアをWTOに持ち込んだのである (O'Brien, Goetz, Scholte and Williams, 2000; Bull and McNeill, 2007)。シアトル閣僚会議は，このようなトランスナショナルな運動を通じて，

自由貿易主義のアイディアが大きく動揺する機会になったと考えられる。

コンストラクティヴィズムによれば，第2章で述べたように，規範起業家が新たなアイディアを提起し，その国際的な普及を推進する場合がある。ここではNGOが，規範起業家として自由貿易主義のアイディアに潜む問題を訴え，別のアイディアを掲げたのである。ただし，シアトルに結集したのは多様な行為主体であり，国際貿易を否定する過激な環境NGOも，貿易を重視する開発NGOも，単に保護主義的な労働組合も含んでいた。しかも彼らは，自由貿易主義の限界を鋭く突いても，新たに代替的で実現可能なアイディアは提案できなかった。その意味では，規範起業家としての役割は限定的であった。そうだとしても，自由貿易主義がかつての絶対性を失い，行為主体の共有知識として流動化し始めたのは確かである。ドーハ開発アジェンダの難航は，各国政府が自由貿易主義を無条件に尊重しなくなった点，あるいは自由貿易主義を状況の変化に対応し

◆**用語解説**

キハダマグロ事件とエビ・ウミガメ事件　キハダマグロ事件とエビ・ウミガメ事件は，GATT・WTOの紛争解決手続きの下で環境保護措置が自由貿易に反すると判断された例として，よく知られている。

エビ・ウミガメ事件では，エビ漁において絶滅危惧種のウミガメが混獲されて殺傷されるため，アメリカが，そのような漁法で捕獲されたエビの輸入を禁止した。これに対してインドやマレーシアなどが，輸入禁止は自由貿易に反するとして，1996年にWTOに申し立てた。WTO紛争解決手続きにおいて，上級委員会は，アメリカが輸入禁止の際に独自に開発したウミガメ除去装置の利用などを基準に判断しており，国内の措置を海外に強制しているなどとして，WTO違反だと判定した。

キハダマグロ事件も類似した事例であり，マグロ漁においてイルカが混獲されているとして，アメリカが輸入を禁止し，メキシコが自由貿易の観点からGATTに申し立てた。この事例でもGATT違反だと判定されたものの，この判定がGATTで採択されるにはいたらなかった。

て、適切に修正できなかった点を要因としていると考えられる。

　以上のように、三つの理論的な見方によって、ドーハ開発アジェンダの難航に関して、異なる要因が浮かび上がった。ネオ・リアリズムは、各国間の対立の背景にある力の配置状況を照らし出した。ネオ・リベラリズムは、各国の対立を説明できなかったものの、法化による国際レジーム上の副作用を示唆した。以上の二つの見方は、国家の行動のみを重視し、それが以前と同様の利益認識に基づいていると想定していた。これらの見方が見逃した変化を、コンストラクティヴィズムは明確化した。コンストラクティヴィズムによれば、NGO などの行動を契機にして、自由貿易主義のアイディアは大きく動揺し始めていた。そうであるからこそ、各国は自由貿易を共通利益として利害対立を乗り越えることができなかったのである。

3 事例分析② 東アジアの地域主義
——競合する広域 FTA 構想

地域主義とは何か

　グローバル化が進展する一方で、一見それと矛盾するかのような、地域的なまとまりが台頭している。地域主義（regionalism）や地域統合（regional integration）と呼ばれる動きであり、具体的には自由貿易協定（Free Trade Agreements, FTA）や地域協議体などの形態をとっている。

　特に FTA の増加には、目を見張るものがある。GATT・WTO に通報された FTA は、1970 年の時点でわずか 7 件、90 年に 16 件、2000 年でも 66 件であった。それが、2010 年には 180 件を数えるまでに拡大しているのである。しかもその約 80％ は、1990 年代の後半以降に成立している。このような地域主義の拡大は、程度の差こ

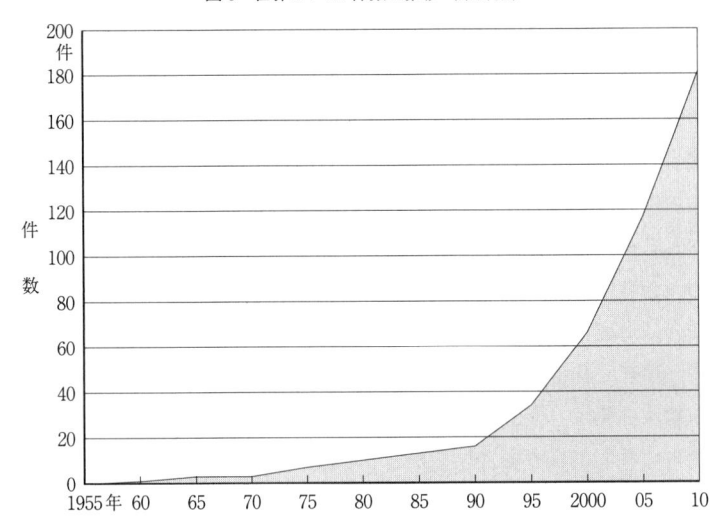

図3 世界のFTA件数の推移（累計数）

[注] WTOもしくは，GATTに通報され，現在も発効中の地域貿易協定（RTA: Regional Trade Agreement）について，重複を除いた件数。年は，各RTAの発効日による。
[出典] WTOホームページ（http://rtais.wto.org/UI/PublicAllRTAList.aspx）のデータに基づいて筆者が作成。

そあれ，世界各地に見られる。

　具体的には，ヨーロッパではEUが成立し，東欧諸国に拡大している。アメリカ大陸では，北米にNAFTA，南米に南米南部共同市場（メルコスール）が誕生した。しかしアジアでは，他の地域に比べて地域主義の台頭が遅れた。とはいえ，2000年代に入ると，アジアでもFTA交渉が本格化し，また地域的な経済協議体としてASEAN+3や日中韓3国協力などが現れた。安全保障分野の協議体としては，1994年にASEAN地域フォーラム（ARF）が成立している。

　地域をまたぐ形でも，多くのFTAが見られる。EUとメルコスール，欧州自由貿易連合（EFTA）とシンガポール，アメリカとシ

ンガポール，韓国とEUなどのFTAである。次々に地域主義が現れるようすは，各国があたかも競合しているようでもある。

ここまで地域主義，地域統合，FTAといった語を用いてきた。それらは，相互にどう関係しているのだろうか。まず，地域主義が最も包括的な概念である。それは，各国が政策課題に効果的に対応するために，国際社会レベルでも各国レベルでもなく中間の地域レベルを選択し，そこで経済や政治，安全保障などの政策の調整を進め，さらには各国政府の機能を部分的に統合する動きを指す。地域統合は地域主義の一形態であり，その機能の統合度が高い場合を指す。現在，統合が最も進んでいるのはEUである。

地域主義は，機能統合の高まりに応じてFTAから関税同盟へ，さらに共同市場や経済同盟などへと進むとされる。すなわちFTAでは，複数の国が貿易自由化のために，貿易の障壁になる関税をそれぞれに削減・撤廃する。関税同盟では，さらに進んで複数国が関税を地域外に対して共通化する。経済同盟では，その共通化の対象を各種の規制や経済政策一般に広げるのである。

現在，世界的に拡大しているのはFTAである。しかし多くのFTAが，統合の対象を関税だけでなくサービス・金融取引の自由化や，知的財産権の保護などに広げている。さらに環境対策や人の移動の促進などへと拡大して，包括的な内容を備えるようになっている。

地域主義の効用

地域主義が台頭しているのは，それに効用があるためである。その効用が，グローバル化への対応や，冷戦後の秩序づくりなどに有益だと考えられているのである。

第一の効用としては，経済的効用があげられる。各国の市場を自

由化し，統合すれば，競争の効果が拡大して，関係国の経済活動が活性化する。また，複数の国の制度や手続きを共通化すれば，企業間の連携や共同事業などが，一国内では想定できなかった規模に広がるのである。

　第二に，その経済的効用に基づく政治的効用がある。近年着目されているのは，経済的効果を手がかりにして自国の構造改革を推進する点や，発展途上国の経済発展，ひいては民主化を促進する点である。

　前者の構造改革として，規制緩和や民営化を進めようとすれば，国内で抵抗勢力が現れて改革はスムーズに進展しなくなる。そのため各国政府は，FTAを通じて改革の圧力を作り出したり，国内の改革推進勢力を強化したりするのである。日本政府もかつて，この点をFTAを推進する理由に掲げていた。後者の途上国に関しては，貧困や独裁などが，政治的不安定やテロの発生などにつながりかねないとされる。そこで各国は，地域主義によって経済発展を促し，政治的安定化や民主化を期待するのである。2003年の対イラク戦争の後，アメリカが中東FTAを構想したのも，そのためであった。

　第三には，地域主義は外交上の効果も持っている。地域主義は，国家間の関係を緊密化し，協調し連携する外交パートナーを増やすのである。したがって，地域主義のあり方によっては，地域内の国家間の力関係も変化してくる。中国や韓国，日本が，競い合うように「東アジア共同体」の構想を提起し，また，その実現に向けて東アジア・サミットをめぐって駆け引きを展開したのは，そのためでもあった。

　地域主義の効果として，最も議論の余地があるのは，第四の国際経済レジームとの関係であろう。地域主義がWTOレジームの「躓（つまず）きの石」になるのか，「建築の石」になるのか（stumbling block or building block），という議論である。同じ貿易自由化を進めるにしても，WTO は多国間で無差別に推進する。これに対して地域主義は，二国間もしくは一部の国家間で，意図するかどうかは別にして，結果的に差別的に自由化を推進する。そのため一方では，戦前のようなブロック経済に直結しないとしても，国際貿易の細分化や縮小，WTO レジームの信頼性の低下を引き起こす可能性が否定できない。これが「躓きの石」の議論である。

他方で，WTO は多様な国からなるため，必然的に合意形成に長い時間と困難な交渉を要する。これに対して地域主義であれば，交渉参加国は相対的に少数であり，交渉のコストはより低い。また，交渉参加国の経済水準や意向によっては，WTO 以上に高水準の経済自由化も実現する。そのため，地域主義が WTO を強化するための触媒となる可能性がある。実際に NAFTA はウルグアイ・ラウンドに影響を与え，WTO におけるサービスや知的財産権のルールの基礎になった。これが「建築の石」の議論である。

東アジア地域主義の展開——広域 FTA の構想

東アジアにおいては，経済的な地域主義が拡大し始めるのは遅かった。より広いアジア太平洋地域では，1989 年に APEC が誕生しており，また 1992 年には，ASEAN・FTA（AFTA）も成立していた。しかし，東アジアで地域主義が本格化するのは，ヨーロッパやアメリカなどの地域に十年あまり遅れてからだった。

変化は 1990 年代末に訪れた。1998 年にシンガポールや中国，韓国，そして日本などが，時を接して域内で FTA を追求し始めたのである。その後の展開は急速で，東アジアのほとんどの国が二国間の FTA 交渉に乗り出し，次々に FTA が成立していった。また東アジア諸国は，域外の国々とも FTA 交渉に踏み出した。その結果，

東アジアも，世界的に進展するFTAのネットワークに組み込まれている。

また1997年には，先にふれたASEAN＋3が開催され，その後の地域協力の核になる。ASEAN＋3は，東アジア諸国がアジア金融危機に対処する場となり，そこに成立した協力関係が基礎になって，経済・金融やエネルギー，環境など多分野の協力が進展したのである。さらにASEAN＋3は，テロや海賊の対策など，内政干渉をともないかねず，政策協調が容易でない分野にも協力を拡張している。

このように，東アジアで地域主義が拡大すると，その延長線上に「東アジア共同体」の理想が語られるようになった。東アジアの各国は，他の地域にもまして多様である。政治的には民主主義国から独裁国まで，経済的には先進国から最貧国まで，宗教上もキリスト教圏からイスラム教圏まで，実にさまざまである。しかも過去には，侵略や過剰な関与の歴史もあった。こうした国々が地域統合の度合いを高めるのは，やはり容易ではない。そうだとしても，経済や環境などの分野で協力を進め，ひいては協力を安全保障分野に広げ，地域を安定化させるのは不可能ではない，と展望され始めたのである。しかし同時に，こうした「東アジア共同体」が不可能，あるいは逆に共同体形成に伴って対立が生じ不適切だ，とする議論もある。

「東アジア共同体」の構想は，ASEAN＋3の場において民間の東アジア・ビジョン・グループと，政府間の東アジア・スタディ・グループが検討した。これらのグループは，「東アジア共同体」への道のりにおいて，東アジア諸国の首脳によるサミット（首脳会議）や，東アジア規模の広域FTAをめざすべきだと提言した。これらは当初，中長期的な目標として掲げられたが，意外に早く実現へと向かう。東アジア・サミットは2005年12月に開催された。各国の

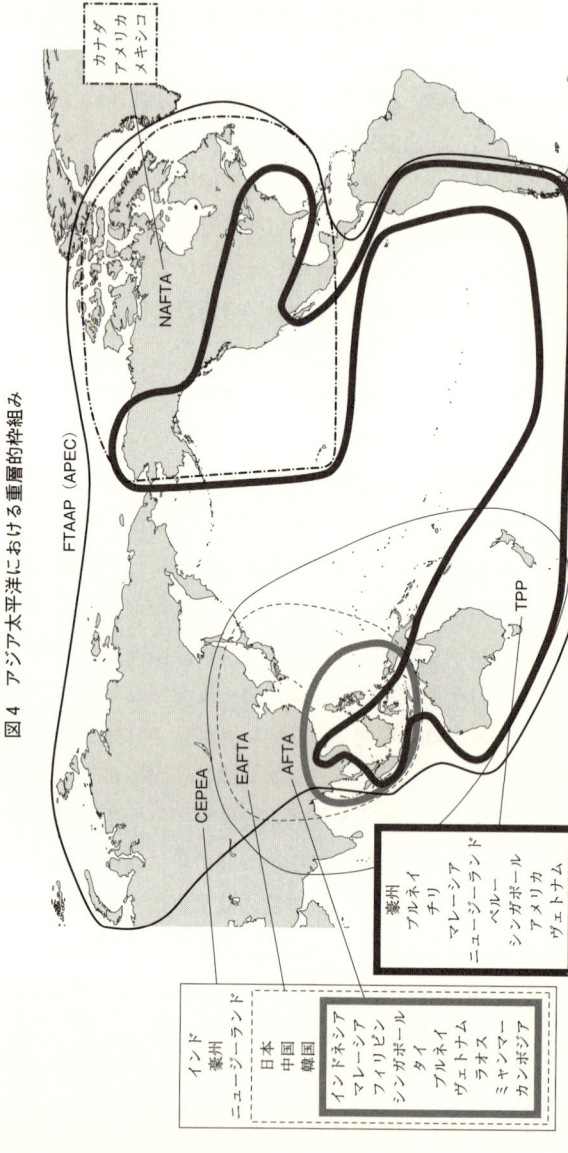

図4 アジア太平洋における重層的枠組み

FTAAP (APEC)

NAFTA
- カナダ
- アメリカ
- メキシコ

CEPEA
EAFTA
AFTA
TPP

TPP
- 豪州
- ブルネイ
- チリ
- マレーシア
- ニュージーランド
- ペルー
- シンガポール
- アメリカ
- ヴェトナム

CEPEA
- インド
- ニュージーランド
- 豪州
- 日本
- 中国
- 韓国

EAFTA
- インドネシア
- マレーシア
- フィリピン
- シンガポール
- タイ
- ブルネイ
- ヴェトナム
- ラオス
- ミャンマー
- カンボジア

[注] FTAAP（アジア太平洋自由貿易圏） TPP（環太平洋連携協定） CEPEA（東アジア包括的経済連携協定）
AFTA（ASEAN自由貿易地域） EAFTA（東アジア自由貿易地域） NAFTA（北米自由貿易協定）
[出典] 経済産業省ホームページ (http://www.meti.go.jp/policy/trade_policy/apec2010/data/data.html) の図を筆者が修正。

168　第Ⅱ部　国際社会のすがた

首脳がマレーシアのクアラルンプールに集まり，より広範に協力を進める方針を確認したのである。広域 FTA についても，後に見るように，複数の提案が浮上した。

しかし東アジアの地域主義は，直線的に進展しているわけではない。その進展過程は複雑で，先に述べた東アジア・サミットをめぐっても，対立が表面化した。すなわち一方では，日本やシンガポール，インドネシアなどが東アジア・サミットを開放的な性格にし，そのメンバーも ASEAN＋3 にインドやオーストラリア，ニュージーランドを加え，16 カ国にするように提案した。追加した 3 カ国は対米関係の良好な民主主義国であり，台頭の著しい中国を牽制し，また，東アジア・サミットに関与できないアメリカの懸念を抑える意味も持っていた。これに対して中国やマレーシアなどは，東アジア・サミットは東アジア独自の協力の場にし，メンバーも ASEAN＋3 に限定するように主張したのである。最終的に東アジア・サミットは，前者の提案に基づいて 16 カ国で開催された。

東アジア・サミットにおいて，首脳たちはこの場が「共同体形成」（「東アジア共同体」の語ではない）に「重要な役割」を果たすと宣言した。これに対して，直後に開催された ASEAN＋3 の首脳会議は，ASEAN＋3 こそが「東アジア共同体」への「主要な手段」だと宣言した。こちらの協議体の方が主役だと示唆したのである。東アジア・サミットをめぐる対立の構図は，ここにも表れている。

同様の対立の構図が，現在（2010 年 8 月）進行中の広域 FTA にも認められる。広域 FTA は，二国間 FTA が錯綜している現状において，それらの矛盾を解きほぐして調整し，より大きな経済的・政治的効果を実現する可能性を秘めていた。それは，「東アジア共同体」への一里塚にもなるとも考えられた。しかし，広域 FTA の範囲にどの国を含めるのか。どのような原理で広域 FTA を築くの

か。各国の立場には，なおも深い溝がある。

　すなわち，まず2004年9月，中国がASEAN+3をメンバーとする東アジア自由貿易地域（EAFTA）を提案した。これに対して2006年8月，今度は日本が東アジア・サミットの16カ国をメンバーにして，東アジア包括的経済連携協定（CEPEA）を提起したのである。日中両国は，構想の具体的内容を明確にしてはいない。しかし双方の広域FTAは，メンバーだけでなく自由化の原理もやや異なると観測されている。

　中国のEAFTA構想は，ワシントン・コンセンサスと称されるアメリカ主導の自由主義とは異なる，別の論理を模索するものと見られている。アジアには，各国の自律性や（結果ではなく）過程を重視し，コンセンサス（全会一致）を重視する慣行がある。これは「アジア方式（Asian way）」と称される。EAFTAの構想は，それをより強く反映しそうなのである。日本のCEPEA構想も，「アジア方式」を部分的に是認しよう。しかし同時に，それはアメリカ・ヨーロッパ発のより普遍的な慣行（いわば「ユニバーサル方式」）をも志向し，より自由主義的で，人権や民主主義も尊重すると見られている。EAFTAとCEPEAは，2009年10月の東アジア・サミットにおいて，ともに議論された。しかし興味深いことに，当面は双方の広域FTAを，並行して検討してゆく方針になったのである。

　それは，新たな広域FTAの構想が浮上したためでもあった。アメリカが2006年，東アジアではなくアジア太平洋を対象として，アジア太平洋自由貿易圏（FTAAP）を提案したのである。これは，東アジアの地域主義が本格化する中で，アメリカが居場所を失う事態を避ける意図を秘めていた。またアメリカのFTA構想であるため，高度な経済的自由化を求め，幅広い製品・サービスについて国内法制の国際的標準化をともなうものと観測された。アメリカの提

案を受けて，APECでは中長期的な地域統合のあり方を検討し始め，その報告書に基づいてAPEC首脳会議が議論を重ねている。そのような中で，アメリカは高度な自由貿易の実現を後押ししようと，有志国でTPP（環太平洋連携協定）を拡大しようとしている。

広域FTAをめぐっては，以上の構想が競合しつつ並存している。提案国の中国と日本，アメリカは，支持の拡大を追求しているが，同時に他の構想を排除してはいない。近年のASEAN＋3や東アジア・サミット，APECの宣言は，むしろ三つの構想が相互に補完的で強化し合うものだと，繰り返し表明しているのである。

理論的分析――なぜ複数の広域FTA構想が競合しているのか

上に見たように，東アジアもしくはアジア太平洋の地域秩序を展望しながら，中国と日本，アメリカが異なる広域FTAを提案している。複数の構想が競合しつつも並存しているのは，なぜだろうか。その要因について，本書の理論的な見方はどのような解釈を提供するのだろうか。ここでは，ネオ・リアリズムと防御的リアリズム，ネオ・リベラリズム，それにコンストラクティヴィズムの理論的な見方を使い分けて，考察してみよう。

まずネオ・リアリズムは，力の国際的な配置状況が各国の行動を左右すると想定している。第二次世界大戦後の東アジアでは，ネオ・リアリズムの議論を展開したM.マスタンドゥーノも指摘するように，アメリカが長らく地域的な覇権国として，国家間の実質的なルールを作り，それを支える役割を果たしてきた。そのため日中韓をはじめ，各国間の潜在的な対立も抑制されてきた（Mastanduno, 2006）。しかし，アジアにおけるアメリカの覇権は，GDPや国際貿易上のシェア（占有率），外貨準備高，特許件数などの指標で見ると，相対的な衰退が明らかである（Ravenhill, 2006）。

他方で，中国の台頭は著しい。そのため，冷戦後の東アジアでは，米中の二極構造が成立し，国際システム上，安定しているという見方もある。ただし米中の力関係については，プリンストン大学の A. フリードバーグをはじめとして，中国はアメリカに匹敵せず，二極構造を構成しないとする見方も根強く，論争的である（Ross, 2006; Freidberg, 2005）。

　ネオ・リアリズムは，このように覇権国が衰退し，主要国の力関係が変動していれば，国際レジーム（ここでは地域レジーム）は成立しないと見ている。この見方によれば，いずれの広域FTAも地域レジームとして成立していないのは，力の配置が流動化しているためだと考えられるだろう。しかし，広域FTAが成立しないのであれば，なぜ各国はその構想を競って追求しているのか，ネオ・リアリズムでは説明がつかない。ネオ・リアリストのグリエコも指摘したように，ネオ・リアリズムは国際レジームの動態について，詳細な議論を欠いているのである。

　同じリアリズムでも，ネオ・リアリズムに批判的な防御的リアリズムは，国際レジームの役割に着目した。しかも，国際レジームの存否が国際的な力の配分に規定されるだけでなく，逆に国際レジームが，各国間の力関係を左右する側面に着目した。その際に防御的リアリズムは，ソフト・バランシングの考えを用いた。ソフト・バランシングとは，大国や脅威を感じる国に対して，複数の国が連携して非軍事的・非攻撃的な措置をとり，力のバランスをとることを指す（Paul, Wirtz and Formann, 2004）。ジョージア州立大学のK. ハーなどによれば，ASEANを構成するような弱小国は，脅威と感じる国をARFや東アジア・サミットなどの地域レジームから排除して牽制し，また条件によっては，逆に地域レジームに取り込んで，その行動を抑制しようとする（He, 2008; Ba, 2008）。

この観点を応用すれば，中国がEAFTAを提案し，対米協調的な国を含めるのに消極的なのは，アメリカを牽制するためだと考えられる。また日本がCEPEAを提案し，日本と同じく対米協調的なオーストラリアやニュージーランド，対米関係を改善したインドを含めたのは，中国への牽制だと解釈できるだろう。すなわち，複数の広域FTA構想が競合しているのは，主要国が互いにソフト・バランシングを試みている証左だと考えられる。ただしその際，広域FTAのどのような作用が，日中米のバランシングをどのように左右しているのか，その因果関係は必ずしも明確ではない。その意味では，曖昧さの残る議論ではある。

　防御的リアリズムは，地域レジームを力の牽制手段だと見ていた。しかし，国際レジームを最も重視するネオ・リベラリズムは，むしろ各国が協調し合い，共通の利益を獲得できる場として，国際レジームをとらえている。R. コヘインによれば，各国がこうしたレジームのメリットを求めれば，地域レジームは成立しうる（Keohane, 1984）。この観点からすると，日中米が広域FTAを提案しているのは，それぞれ地域協力と共通利益の実現を追求しているためだということになる。そうであれば，広域FTA構想が並存し競合しているのは，対立の証しではなく，主要国がより効果的な協調を求めて，適切な地域レジームを模索し合っている表れだと考えられる。

　しかし，その際の共通の利益とは何なのか，ネオ・リベラリズムの分析にも曖昧さが残る。FTAであるから，第一義的な共通利益は経済的利益だとするならば，それを最大化するのは最もメンバー国が多いFTAAPである可能性が高い。しかも，FTAAPが基盤とするAPECは，すでに約20年の協調の実績を持っている。にもかかわらず，FTAAP以外の広域FTA構想も存続しているのは，共通利益が経済的利益ではなく，各国にとって自明ではないためで

あろう。

　この共通利益の考え方自体に切り込むのは，最後のコンストラクティヴィズムである。コンストラクティヴィズムは，行為主体の間の理念や認識など，すなわちアイディアが行為主体の利益や力についての考えを左右し，その「主観的な世界」が国際関係の現実を形成すると考える。この立場からすれば，各国が東アジアもしくはアジア太平洋の地域アイディアを共有してはじめて，地域レジームは確立する。すなわち，複数の広域 FTA が競合するのは，地域の共通利益やその実現方法などについて，基本的なアイディアが定まっていないためにほかならない。

　中国の提案した EAFTA は，すでにふれたように「アジア方式」的なアイディアを志向している。アメリカの FTAAP 提案は，それと対照的にワシントン・コンセンサスを反映した「ユニバーサル方式」のアイディアに依拠している。日本による CEPEA 構想は，後者の市場競争を掲げながらも，日本自身を含むアジア諸国の事情に配慮する必要をにじませている。各国が，これらの構想の一つを選択できないのは，それぞれに「アジア方式」と「ユニバーサル方式」の間を揺れ動いているためだと考えられる。東アジア諸国は，アジア金融危機に直面した際，ワシントン・コンセンサスに反発してアジア域内の独自の協力を学習し合った。コンストラクティヴィストの A. アチャリアや A. D. バによると，ASEAN は伝統的な地域アイディアを共有してきており，それが周囲の国々に拡張して ASEAN＋3 や東アジア・サミットなどを支えたのである（Acharya, 2000, 2009; Haacke, 2003; Ba, 2009）。中国でさえ，こうした地域レジームにおける対話を通じて，「アジア方式」を受け入れていったという（Johnston, 2003）。

　他方で東アジア諸国は，「ユニバーサル方式」を受容せずには，

グローバル化の波から取り残される。東アジア諸国は、二国間FTAを検討し交渉する過程において、そのことを欧米のFTAから学習した（大矢根，2004）。そのため、東アジアの二国間FTA協定は、「ユニバーサル方式」的な自由主義を反映しているのである。

このようにコンストラクティヴィズムは、それぞれの広域FTA構想が異なるアイディアに基づいて並存しており、一本化できないでいる理由を説明してくれる。広域FTA間の対立は、地域アイディアの次元にかかわるからこそ根本的であり、容易には調整できないのだと言える。

以上のように、広域FTAの競合は、ネオ・リアリズムによれば、東アジアもしくはアジア太平洋におけるアメリカの覇権喪失の反映であった。また、防御的リアリズムの観点からすれば、日本と中国、アメリカがソフト・バランシングを展開している表れであった。ネオ・リベラリズムは同じ現象を、各国が地域協力と共通利益を追求する過程だととらえた。これらの見方は、現象の背景にある興味深い動きを浮き彫りにしたが、各国が追求しているもの自体を十分に明確化していないきらいがあった。コンストラクティヴィズムは、それを地域アイディアとして照らし出す手がかりを持っていた。この見方によれば、広域FTAの競合は、地域アイディアの模索過程を意味した。

*

以上見てきたように、国際経済関係においては戦後すぐに国際レジームが成立し、国家間関係が安定化していった。しかし、1970年代以降には危機が相次ぎ、国際レジームが激しく揺さぶられた。そのため、各国がサミットやGATTラウンドなどを通じて国際レジームの維持や発展、あるいは補充を試みた。一面ではその成果として、他面ではその限界に民間企業・銀行が適応したために、グロ

ーバル化が大きく進展している。グローバル化は,世界的な統合と分裂,豊かさの拡大と富の偏在,混乱とグローバル・ガヴァナンスの胎動,それに地域主義の台頭など,さまざまな動きをともないながら進展している。国際経済関係は変動に富み,複雑な動きを示しているため,その実相をつかみ,より本質的な原因・理由と結果の関係をとらえるには,理論的な見方がより重要な意味を持つだろう。

◆さらに読み進む人のために―――

ギルピン,ロバート/古城佳子訳,2001年『グローバル資本主義――危機か繁栄か』東洋経済新報社
  *著者は覇権安定論の論者の一人。戦後から最近にいたる国際貿易や金融,多国籍企業,地域主義などの動向を,それらの背後にある政治的力学に着目しつつ概観している。

サッセン,サスキア/伊豫谷登士翁訳,1999年『グローバリゼーションの時代――国家主権のゆくえ』平凡社選書
  *グローバリゼーションをめぐる政治,経済,社会などの構図を明確化している。著者は経済学者であるが,他分野の多様な現象について洞察に富む議論を展開している。

UFJ総合研究所新戦略部通商政策ユニット編,2004年『WTO入門』日本評論社
  *WTOをめぐる一見複雑な法体系や,政治と経済などをわかりやすく解説し,WTOの全体像を示している。著者は,通商問題については日本最大級のシンクタンクの研究員たち。なお,このシンクタンクは現在,三菱UFJリサーチ&コンサルティング株式会社と改称している。

大矢根聡編,2009年『東アジアの国際関係――多国間主義の地平』有信堂高文社
  *東アジアの地域主義に関して,中国やインド,韓国,アメリカなどの近年の外交・内政を,「多国間主義」という対外協調の観点から詳細に検討している。その対象はFTAやインターネット,対米安全保障関係,核開発など,多様な領域に及んでいる。

地球環境

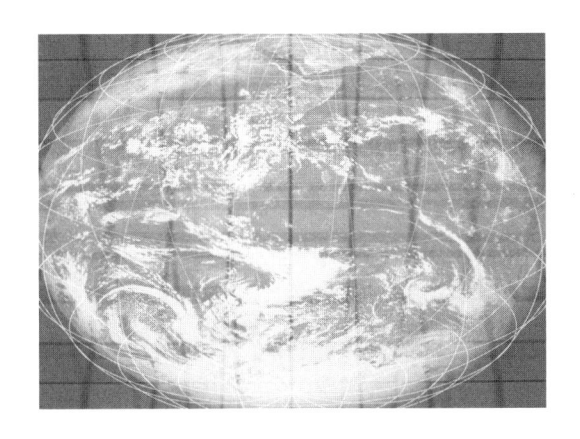

第5章

　国際政治の場に地球環境問題が登場するようになったのは，いったいいつごろだろうか。そのきっかけとなったのは，何だったのだろうか。地球環境破壊が富を追求する人間の行為の結果だとすると，当然，経済成長とどう折り合いをつけるのかが問題になるだろう。つまり，「持続可能な開発」をどう実現するのかが大きなテーマとなる。本章ではこのテーマに関して，二つの事例を取り上げる。一つは，気候変動の防止をめざす地球環境レジームである。もう一つは，途上国の開発を援助する国際開発援助レジームである。これらの国際レジームは，どのようにつくられたのだろうか。

1 歴史的展開——地球環境問題への対応

　人類は，長きにわたって，自然環境を自らの必要を満たすために自由に使うことができるものと考え，無制限に利用してきた。しかし，石炭にしても石油にしても，天然資源はだいたいにおいて有限であり，自然環境は人間の活動から何ら影響を受けずに存在できるものではない。そのことを私たちにわからせたのが，1970年代以降，国際的に注目されるようになった地球環境問題であると言えよう。

　地球環境問題には実にさまざまなものがある。日常的に使われるようになった用語だけを拾っても，酸性雨，オゾン・ホール，地球温暖化，絶滅品種，外来種，遺伝子組み換え生物，森林破壊，と枚挙に暇がない。しかし，程度の差こそあれ，どれも国境を越えて発生する可能性を持つ問題である。したがって，問題の解決には国家間の協力が必要であるという点では一致している。

　このような地球環境問題に対して，国際社会はこれまで，どのように取り組んできたのだろうか。ここ30年あまりで，数多くの多国間環境条約（MEA）が締結されてきた経緯からすれば，主に多国間協力による解決がはかられてきたと言ってよいであろう。

　この章では，まず，このように多岐にわたる地球環境問題が国際政治の問題として扱われるにいたった経緯について，ふりかえることにしよう。

経済成長と環境問題

　「霧の都ロンドン」という表現があるが，イギリスに行ったことのある人なら，それが真実でないことを知っているに違いない。実

は，ロンドンの「霧」とはスモッグのことで，産業革命後のイギリスで深刻化した大気汚染のことを，こう表現するのである。つまり，イギリス国内の社会問題としては，すでに19世紀に環境問題は存在していたということになる。しかし，環境問題が国際問題として注目されるようになったのは，1970年代に入ってからであった。

1950年代から60年代にかけて，ヨーロッパ諸国や日本は，戦後，急成長したアメリカの国内市場に支えられて復興をとげ，高度成長期を迎えた。この過程で，これらの国々では急速に工業化と都市化が進んだ。そして，その歪(ひず)みとして公害問題が引き起こされたのであった。特に，アメリカに次いで世界第二の経済大国に急成長した日本では，四日市喘息(ぜんそく)や水俣病(みなまた)など，いわゆる公害病が深刻な社会問題となった。世界経済の最前線にあったアメリカでも，人体に無害とされた殺虫剤DDTの有毒性の問題がアメリカ内務省に勤務する水産生物学者カーソンによって告発され，その結果，政府は対応を迫られることになった。

また1972年には，賢人会として名高いローマ・クラブ◆から委託を受けた，アメリカのマサチューセッツ工科大の研究者グループが『成長の限界 (*The Limits to Growth*)』という報告書を発表し，経済成長による天然資源の枯渇が関心を集めるようになった。このようなムードの中で，物質的な豊かさよりも，生活の質を重視する社会への転換が叫ばれるようになっていった。

◆用語解説
ローマ・クラブ　イタリアの実業家アウレリオ・ペッチェイの呼び掛けで1970年に創設された国際的な研究・提言グループで，軍備拡張や環境破壊などの地球規模の問題について，学識経験者による提言を行っている。1968年に準備会合をローマで開いたことから，この名称となった。1992年には，第1報告書『成長の限界』の続編である『限界を超えて——生きるための選択』を発表した。

環境外交の始まり

しかし、環境問題が、国際的な協力を必要とする国際政治の問題として意識され始めたのは、1970年代に入ってからであった。ヨーロッパにおいて、酸性雨の問題が顕在化したことがそのきっかけとなった。

1950年代から60年代にかけて、スウェーデンにおいて湖沼に生息する魚が次々と大量死するという、奇怪な現象が発生した。スウェーデンの科学者が、その原因を調査したところ、酸性度の高い沈着物にその原因があることが判明した。さらに、その科学者は、驚くべきことに、それらの物質の大部分がイギリスや中欧諸国から気流によって運ばれてきたものであるとする見解を示した。この調査結果を重く見たスウェーデン政府は、汚染源となっている国々に協力を呼び掛けるために、国際連合に対して環境問題をテーマとする国際会議の招集を求めた。こうして、「かけがえのない地球」をテーマとする国連人間環境会議（UNCHE）が、1972年にスウェーデンのストックホルムで開かれた。

この会議は国連史上、最大級の会議となり、スウェーデンのO.パルメ首相やインドのI.ガンディー首相をはじめとする114カ国の政府代表が出席した。この会議では、環境保護よりも開発を優先すべきだとする途上国と、天然資源の保護などを重視する先進国とが真っ向から衝突し、話し合いは難航した。しかし、国境を越える環境破壊に関しては、その汚染源となる国家が責任を負うべきであるとする原則が合意され、一定の成果をあげた。会議の後、同会議の行動計画を実施する組織として国連環境計画（UNEP）が設立されたことも、重要な成果の一つと言ってよいだろう。

酸性雨に関しても、徐々に国際的な関心が高まった。1970年代の末には、酸性雨に関する共同研究の促進を義務化する、長距離越

境大気汚染条約が締結された。そして，その研究プログラムを通して，ヨーロッパにおける酸性雨の被害の実態や，その原因となる汚染物質の移動経路などが，徐々に明らかにされた。それにともなって，汚染物質の削減に向けた外交努力が活発化し，汚染物質の削減を義務化する国際議定書が相次いで締結されるにいたった。

持続可能な開発の原則

しかし，ストックホルムの国連人間環境会議では解決されなかった，重要な問題が一つあった。それは，環境保護と開発の権利とをどのように調和すべきか，という問題である。意見の一致を見なかったのは，先に述べたように，先進国と途上国が激しく対立したからであった。しかし，この対立は，1980年代に入って，途上国が開発問題により実践的な姿勢で臨むようになっていく中で，徐々に姿を消していった。

このような流れの中で，経済発展と環境保護を統一的な枠組みでとらえようという考え方が形づくられるようになっていった。科学的な環境NGO（非政府組織）として知られる国際自然保護連合（IUCN）が，自然保護が次世代の開発にとって重要であることを示した世界保全戦略を策定したのは，まさにそのような努力の先駆けであった。そして，それに触発されて国連の場でも，ノルウェーのブルントラント女史を委員長とする「環境と開発に関する世界委員会（WCED. 委員長の名前をとってブルントラント委員会とも呼ばれる）」が設置され，開発と環境保全の関係性に関する包括的な検討が始まった。

この委員会は1987年にその検討結果をまとめ，『地球の未来を守るために（*Our Common Future*）』という報告書を国連総会に提出した。その中で，その後とてつもなく大きなインパクトを持つことに

なる「持続可能な開発(sustainable development)」という考え方が示された。「将来の世代のニーズを満たす能力を損なうことなく、今日の世代のニーズを満たす開発」と定義されるこの概念は、その後、1992年にブラジルのリオ・デ・ジャネイロで開催された国連環境開発会議(UNCED♦、通称「地球サミット」)において、国際社会がめざすべき重要な目標の一つとして掲げられるにいたった。

たしかに、このような考え方が、理念のレベルであれ、国際社会によって支持されたことは画期的な出来事であった。しかし、具体的な指針が示されたというわけではなかった。どのような開発であれば「持続可能」と言えるのか、またどのような環境保護であれば開発と両立できるのか、などに関して、1990年代以降の国際社会は実践の中で模索していくことになった。

最も具体的な形でその模索が現れたのは、次節で取り上げる気候変動に対する国際社会の取り組みであった。1992年の「地球サミット」で気候変動枠組み条約が調印されたのを受けて、97年には、京都で温室効果ガスの排出量削減をめざす国際会議が開かれた。そこで、具体的な削減目標を掲げる京都議定書が合意されるにいたった。現在は、京都議定書が効力を失った後のしくみをどうするかが国際的に検討されている。

これ以外にも、2000年には、遺伝子組み換え生物の輸出入の規制をめざすカルタヘナ議定書が採択された。また、翌年の2001年

◆用語解説
国連環境開発会議(UNCED) 地球サミットとも呼ばれる。1992年6月3日から14日までブラジルのリオ・デ・ジャネイロで、1972年の国連人間環境会議の20周年記念として、環境をテーマに開催された。この会議では、気候変動枠組み条約、生物多様性条約、および森林原則が採択されたほか、持続可能な開発を謳った「リオ宣言」と、それを実現するための行動計画として「アジェンダ21」も採択された。

には，ダイオキシンなどの残留性有機汚染物質の製造，使用および輸出入を原則禁止するストックホルム条約が採択された。そして2002年の9月には，南アフリカのヨハネスブルクにおいて，地球サミットからの10年間を振り返ることをテーマに，「持続可能な開発に関する世界首脳会議」が開かれた。この会議では，衛生施設の普及や再生可能なエネルギーへの変換などを目標とする，持続可能な開発を進めるための指針が採択された。このように「持続可能な開発」の原則は，さまざまな領域で実践されつつあると言えよう。

　以上見たように，地球環境問題が国際政治の問題として登場したのは，比較的最近のことであった。以前は，国家は何の制約もなく経済成長をめざすことができたが，この問題が国際政治の議題となってからは，経済成長と地球環境との調整を強いられるようになった。その意味では，「持続可能な開発」は各国の新しい目標となった，と見ることができよう。

2 事例分析①　地球環境レジームの形成
―― 気候変動の防止

　持続可能な開発の原則が各国に受け入れられる中，地球環境を守るために，国家間でどのようなルールがつくられてきたのだろうか。ここでは，近年，国際的な関心が高まっている地球環境問題の中から，気候変動の問題をとりあげる。この問題は，原因が人間の経済的な活動にあり，その影響が地球全体に及び，また問題解決には国家間の協力が必要であるという特徴をもつ。その意味では，この問題は典型的な地球環境問題であると言えよう。

　環境分野では，特に1980年代後半以降，国際条約の数が急激に増えている。1980年代前半までに採択された多国間環境条約の数

図 5　多国間環境条約の採択数の推移

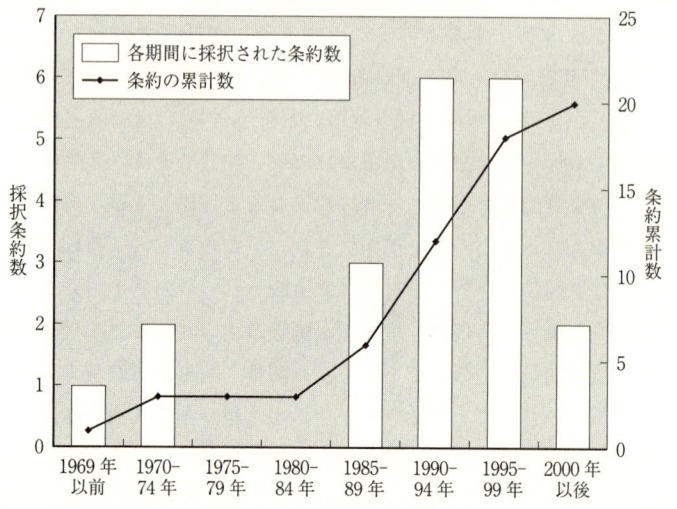

［出典］　外務省ホームページ（http://www.mofa.go.jp/mofaj/gaiko/kankyo/jyoyaku/pdfs/jyoyaku_kikan.pdf: 2010 年 11 月 5 日アクセス）掲載の表「地球環境関連条約・国際機関等一覧」から筆者作成。

が 5 未満であったのに対して，それは現在では 20 を超えている（図 5 参照）。このように国際的な条約が結ばれるようになった背景には，地球環境問題という問題の性質が作用していると考えられる。というのは，複数の国々の領域内での企業や消費者の活動が原因となって，環境が破壊される場合には，当然，一国の努力だけでは問題を解決できないからである。そして，問題解決に必要な国際協力を促進するには，国際条約の締結が欠かせない。その典型が，気候変動である。

気候変動問題とは，主に日常生活や経済活動に必要なエネルギー源として，化石燃料を消費することで空気中の二酸化炭素（CO_2）の濃度が増大し，それによって地球の平均気温が上昇し，ひいては

生態系に悪影響を及ぼす問題のことを言う。以下では、この問題を事例として取り上げ、国際社会がこれに対しどのように対応したのか、そしてそこにはどのような特徴があるのか、を考えてみよう。

気候変動防止レジーム

空気中のCO_2の濃度が上昇すると、地表の温度も上昇するという仮説は、すでに1世紀以上も前に提出されていた。しかし、この問題について本格的な研究が行われるようになったのは、1970年代に入ってからのことであった。そのころ頻発した旱魃などの異常気象が、この問題に対する科学者の関心を高めたからであった。これから世界はどの方向に向かうのか。すなわち、再び氷河期に向かうのか、それとも温暖化の方に向かうのか、といったことが科学的な論争の的となった。当初は、アメリカの科学者を中心に研究が進められていたが、1970年代後半になると、世界気象機関などがこの問題をとりあげるようになったこともあり、国際的な研究が行われるようになった。

そして、1980年代の半ばごろからは、この問題に政治が関与すべきであるという認識が生まれ、80年代の末には、官僚や政治家も交えた初の国際会議が開かれた。

しかし、問題に政治が深く関与することを正当化する科学的な根拠に乏しかったため、気候学者から構成される「気候変動に関する政府間パネル（IPCC）」が設立されることになった（*Column*⑫参照）。このパネルは、気候変動に関する科学的な評価を行う第一作業部会、気候変動の影響の分析を行う第二作業部会、そして対応戦略を検討する第三作業部会から構成されていた。このうち第一作業部会は、世界気象機関の世界気象計画に参加する、300人以上の大気物理学者のネットワークによって支えられていた。

IPCC は 1990 年 8 月に第一次評価報告書を発表し,その中で人為的な CO_2 の放出によって 2100 年までに気温が 3℃ 上昇し,気温を安定化させるためには,直ちに CO_2 の排出量を 60% 近く削減しなければならない,と結論づけた。だが,それにもかかわらず,その後開始された気候変動枠組み条約の締結をめざす外交交渉では,条約に削減目標を盛り込むことに対して各国の同意は得られなかった。

　しかし,その後第 3 回の締約国会議 (COP 3) までに具体的な削減目標を盛り込んだ議定書を成立させることになり,先にふれた京都会議がそれに向けた交渉の最終舞台となった。しかし,この会議でも各国の利害が複雑にからみ合い,交渉は難航を極めた。規制の対象とすべき温室効果ガスの範囲をどうするのか,CO_2 の吸収源をそれに含めるべきなのか,排出量取引◆や共同実施◆といった,議定書の執行に一定の範囲内で柔軟性をもたせるための措置,いわゆる柔軟性措置をどうするのか,そして途上国に対して削減義務を課すべきかどうかなど,さまざまな点が問題になった。15% の一律削減を要求する EU と削減に応じないアメリカが激しく対立する中,

　◆用語解説
　　排出量取引　規制対象となっている温室効果ガスの排出削減目標を達成できない国が,削減目標を超えて削減できた国から,その超過分を排出権として買う。それを取得した国は,それを自国の排出削減量の中に含めることができるため,そのぶんの排出削減を免れることになる。このように,国家間で排出権を取引し合うことを排出権取引と言う。
　　共同実施　数値目標の達成のために,先進国同士が共同で規制対象ガスの排出削減や吸収の事業を実施することを言う。まず,排出削減コストの高い国が,低コストの国に対して資金や技術を投資する。投資を受けた国は,それをもとに排出量の削減を実施し,それによって削減された排出量を投資国に譲渡する。投資国は,それを自国の排出削減として計算する。

交渉は難航を極めたが，最終的には規制対象を六つの温室効果ガスに広げるとともに，CO_2の吸収源および柔軟性措置を認める方向で，各国の理解が得られた。それを前提に，欧州連合（EU），アメリカと日本にそれぞれ8％，7％，6％の削減義務が課せられた（先進国全体では平均約5％の削減となり，途上国は免除となった）。

けれども，吸収源や柔軟性措置（京都会議以降，双方は「京都メカニズム」と呼ばれるようになった）を無制限に認めれば，削減義務自体が形骸化するおそれがあり，また義務の不履行に対する罰則規定が用意されなければ，ルールの実効性を担保できないことから，議定書の運用ルールが必要となった。そこで，それを2000年の第6回締約国会議（COP6）までに設定することになった。しかし，その後新しく誕生したアメリカのG. W. ブッシュ政権が京都議定書プロセスからの離脱を表明したため，交渉は，アメリカ不在のまま，進められた。そして最終的に，京都メカニズムに上限を設けるなどの厳格なルールを主張してきたEUが日本に大きく譲歩する形で運用ルールが合意された。

この合意の成立によって，京都議定書を核とする気候変動レジームが形成されるにいたったのである。京都議定書そのものは，アメリカの離脱もあり，その発効が危ぶまれたものの，その後ロシアが批准したことで，2005年2月に発効にいたった。けれども京都議定書には二つの問題点があった。一つは，その対象が2008年から2012年までの5年間のみであったことから，2013年以降には議定書が適用されないという問題であった。もう一つは，アメリカや今後エネルギー需要の急増が見込まれる中国やインドなどの主要排出国が参加していないという問題であった。したがって京都議定書が発効すると，国際社会は，早々とこれらの「ポスト京都議定書」問題の解決に向けて動き出した。特にカナダのモントリオールで開催

Column⑫ 気候変動に関する政府間パネル（IPCC）

　IPCCは，気候変動に関する科学的な判断基準を提供するために，国連環境計画（UNEP）および世界気象機関（WMO）が共同で1988年に設立した政府間機関である。IPCCは，その目的を達成するために，気候変動に関する科学的知見の集約と評価を行っている。その成果は，5，6年おきに発行される評価報告書にまとめられる。したがってIPCCの主たる業務は，気候変動に関して自ら新しい調査や研究を行うのではなく，すでに公表されている研究成果の要点を科学的・中立的な立場から整理し，科学的知見の信頼性や確実性といった観点から評価することにある。

　この評価作業には，世界中から数多くの科学者や専門家が参加している。たとえば，2007年に発表された最新の第四次評価報告書の場合，130カ国以上から450名を超える代表執筆者と800名を超える執筆協力者が寄稿し，2500名以上の専門家がその査読に参加したと言われている。特に同じ分野の他の専門家による査読は，評価報告書の信頼性を高めるうえでは欠かせない作業である。評価報告書は，通常，気候変動に関する科学的知見を評価する第一作業部会，気候変動の社会および生態系への影響に関する評価を行う第二作業部会，そして排出抑制や気候変動の緩和策を評価する第三作業部会に分かれて，作成される。これまで1990年に第一次評価報告書が，1995年に第二次評価報告書が，2001年

されたCOP 11以降，国家間の交渉は本格化した。交渉は，アメリカを含まない議定書に基づく交渉と，アメリカが参加する枠組み条約に基づく交渉との二本立てで進められた。そして2007年12月，インドネシアのバリ島で開催されたCOP 13で，アメリカも参加する条約作業部会が正式に設置され，2009年までの合意を前提とする工程表として「バリ行動計画」が採択された。

　このような国連での交渉と並行して，主要国首脳会議（サミット）

に第三次評価報告書が、そして 2007 年には第四次評価報告書が発表されている。

IPCC は国際政治に一定の影響を及ぼすと言われているが、IPCC 自体が各国に対して直接、政策提言を行うことはない。けれども、節目節目において気候変動問題への国際社会の対応に科学的な妥当性を与える組織として間接的な影響力を持っている。その功績が評価され、2007 年には、地球温暖化に関するドキュメンタリー映画「不都合な真実」に出演したアル・ゴア元米副大統領とともに、ノーベル平和賞を受賞している。現在進行中の「ポスト京都議定書」交渉においても IPCC の第四次評価報告書が各国の立ち位置に大きな影響を与えている。

しかし、この輝かしい功績とは裏腹に、最近 IPCC の科学的中立性を問題視する向きもある。科学的な不確実性があったにもかかわらず、安易に樹木の年輪から過去の気温を推定してしまったことなどが明るみにでたからである。これに対して、IPCC の R. パチャウリ議長は、IPCC の過去の実績には「一点の曇りもない」としつつも、今後は、専門家の間でコンセンサスがない場合には、IPCC 報告書の中に意見の相違を反映させるように努力する方針を明らかにした。逆説的だが、このように政治に一切足を踏み入れないという立場を貫くことが、IPCC のような知識共同体が政治に対して影響力を持つための必須条件だと言えよう。

でも交渉が行われた。2005 年にイギリスが開催したグレンイーグルズ・サミットで気候変動問題が主要な議題になって以来、気候変動問題はサミットの議題の定番となっていた。特に 2007 年ドイツのハイリゲンダムで開催されたサミットでは、「ポスト京都議定書」問題をめぐる交渉が過熱した。EU が、2050 年までに 1990 年比で温室効果ガスの排出を半減するという目標をサミットの声明文に盛り込むべきだと主張したのに対して、アメリカやロシアなどがそれ

に難色を示し対立が顕在化したのである。またG. W. ブッシュ政権は，サミットの直前に主要排出国15カ国を対象とする新しい枠組み，主要経済国会議（MEM, Major Economies Meeting on Energy）を提案し，EUを牽制した。その結果ハイリゲンダム・サミットでは，EU，カナダおよび日本のみが2050年までにCO_2の排出量を1990年比で半減することに応じるのにとどまった。しかし，その後も交渉は続けられ，その翌年に北海道の洞爺湖で開催されたサミットで，「2050年までに世界全体のCO_2排出量を90年比で半減する」という長期目標が承諾され，同時にG8各国は，それに向けて国別中期目標を設定することとなった。これにより「ポスト京都議定書」交渉に弾みがつけられ，2009年12月にデンマークのコペンハーゲンで開かれるCOP 15に世界中の期待が集まった。

　この過程でもEUは，他の排出主要国が相応の削減努力をする場合には2020年までに30％削減し，単独でも20％まで削減することを提案し，交渉をリードした。しかし，その努力も虚しく，コペンハーゲン会議では先進国の中期目標はおろか，G8サミットで合意されていた長期目標すら盛り込まれなかった。進展が見られたのは，途上国に対する資金支援と，それにともなう途上国の削減行動に関する事項だけであった。また，この「コペンハーゲン合意」が「決定」ではなく，「留意」されるにとどまったことで，それ自体が今後の交渉の出発点となるかさえも疑われた。しかし，このような逆風のなか，EUの欧州委員会は，単独で30％削減する方針へと転換した。そして2010年12月にメキシコのカンクンで開かれたCOP 16では，それまでに各国によって自己申告された削減計画が正式に了承され，それらの削減計画に対するモニタリング，報告および検証（MRV）が義務化されることとなった。

理論的分析——なぜ気候変動レジームを形成し，それを発展させる過程で EU がリーダーシップを発揮できたのか

　以上見たように，国際社会はこれまで，国際レジームの形成を通して，気候変動問題に対処してきた。そして，その過程でリーダーシップを発揮したのは，紛れもなく EU であった。EU は他国にもましてより厳格な削減目標を提案し，交渉をリードしてきたからである。EU は，京都議定書交渉では 15% の一律削減を要求し，続く議定書の運用ルールに関する交渉でも，削減義務を形骸化するおそれのある京都メカニズムの利用に歯止めをかけようとした。さらに「ポスト京都議定書」の枠組みをめぐる交渉では，他国が相応の削減努力をする場合には 30%，単独でも 20% の削減を目標として掲げた。そしてコペンハーゲン会議が失敗に終わると，今度は単独で 30% 削減することを検討した。

　したがって，以下では，なぜ，EU が気候変動レジームの形成およびその発展過程でリーダーシップを発揮できたのかという点に絞って，国際政治の諸理論の分析の射程を評価する。

　この事例については，①大国間の能力の分布を客観的な現実として見るネオ・リアリズム（新現実主義），②客観的な各国の利得構造と国際レジームの作用を重視するネオ・リベラリズム（新自由主義），そして最後に，③規範や知識の形成を重視するコンストラクティヴィズム（構成主義）の視点から分析することにしよう。

　まず，ネオ・リアリズムの視点からこの事例を見た場合，何が説明できて，何が説明できないのだろうか。ネオ・リアリズムの覇権安定論によれば，国際レジームによって達成されるべき目標は，ある種の国際的な公共財と見ることができ，それは一国に力が集中するときに，はじめて提供されることになる。その際，何が力を構成するのかは政策の分野によって異なるので，それぞれの分野に即し

て考える必要がある。

　第1章でふれたように、非軍事的な分野では、たとえ大きな軍事力を持っていたとしても、それがどのような場合でも政治的な影響力として有効に働くとは言えない。そのことはもとより、総合的な経済力ですら、問題領域によっては政治的な影響力に変換できるとはかぎらないからである。したがって、ネオ・リアリズムの論理を非軍事的な分野に応用する際には、その分野における国家の行動に直接影響する、力の源を探らなければならないのである。

　たとえば、気候変動の場合では、力の源は CO_2 の排出量の大きさであろう。その国の環境破壊への寄与率が高ければ高いほど、そのぶん問題の解決にはその国による協力が必要とされ、その国に大きな発言力を与えるからである。この点からすると、「ポスト京都議定書」交渉が本格化するまでは、アメリカが、そしてそれ以降は中国が、最も大きな力を持っていたと見ることができる。2005年のアメリカの CO_2 の排出量は、世界全体の22%を占め、言うまでもなく世界最大であったが、2007年になると、世界全体の20%にまで下がり、世界全体の21%を占める中国に抜かれたからである（中国の排出量は、2005年の時点では、世界全体の19%にとどまっていた）。中国とは対照的にEUの排出量は、1997年に18%だったが、その後減少し、2005年には12%となった。

　では、気候変動に関するレジーム形成は、実際にアメリカや中国が主導する形で行われたと言えるのだろうか。すでに見たように、気候変動レジームの形成および発展過程では、アメリカでも中国でもなくEUがリーダーシップを発揮してきた。もちろん、それでもアメリカの意向や中国の意向が国際レジームの内容にまったく影響を及ぼさなかったわけではない。京都議定書に排出量取引などの京都メカニズムが盛り込まれたのは、アメリカの働きかけによるとこ

ろが大きかったし，運用ルールの交渉で最終的に京都メカニズムの利用に上限をつけなかったのも，アメリカを意識してのことであった。そしてコペンハーゲン会議において，長期中期を問わず，削減目標が一切最終合意に盛り込まれなかったのは，交渉過程でセンターステージに立った中国の意向が反映されたためであった。したがって，その限りでは，覇権国の影響力を重視するネオ・リアリズムによる説明に対して，一定の評価はできる。

しかし，これらの国々はどちらかと言うと，強いレジームの形成を阻止しようと動いたのであり，それを推進しようとしたのではない。したがって，アメリカや中国ではなく，EUがなぜ気候変動に関して，アメリカなどの要求に譲歩しながらも，強いレジームの形成を推進しようとしたのかは，このような枠組みでは理解できない。

次に，ネオ・リベラリズムの視点から見ると，同じ現実がどのように違って見えるだろうか。この理論は，覇権国が不在でも，国家間の関係が持続し，なおかつ「目には目を」戦略に代表される相互主義的な戦略がとられれば，国際協力は可能になるという見方であった。たしかに，気候変動レジームには締約国会議（COP）という交渉の場が恒常的に用意されていたので，国際レジームの形成に関する国家間の交渉を持続的に行うことができたと言えるかもしれない。しかし，相互主義的な戦略がとられていたかというと，それに関しては，完全に「はい」と答えることはできない。というのは，途中でアメリカが京都議定書プロセスから離脱してしまったにもかかわらず，EUは交渉を精力的に続け，運用ルールを最終的に成立させるとともに，「ポスト京都議定書」交渉でも単独でCO_2を大幅に削減する姿勢を示したからである。EUが示した，これらの対応は，ネオ・リベラリズムが想定する「繰り返しゲーム」とはまったく逆の対応であった。なぜならば，ネオ・リベラリズムでは，アメ

リカや中国が協力を拒むときには，EU も「目には目を」戦略の下で協力しないことを選択するはずだからである。CO_2 の削減は生産コストを高めるため，CO_2 の削減を一方的に強いられる企業は競争的なグローバル市場において不利な状況に置かれることになる。その場合，企業は他国に対して協調的な姿勢を示す政府の責任を厳しく追及するようになるため，政府にとっても大きな「調整コスト」を強いられることになる (Drezner, 2007a)。したがって，他者が「非協力」を選択する場合には，自分も「非協力」を選択した方がより合理的なのである。しかし，EU はそのような「合理的な」選択をしなかったのである。つまり，ここでも EU の選好が再び問題となる。

では，コンストラクティヴィズムの理論を使うことで，これらの事実をどのように説明できるのだろうか。ネオ・リアリズムでも，ネオ・リベラリズムでもうまく理解できなかった EU の選好を理解するには，EU の利益形成過程を見る必要がある。

コンストラクティヴィズムのレンズを使うことで見えてくるのは，まさにこの過程である。その点からすると，行為主体（アクター）の認識形成を重視する知識共同体論が一つの手がかりとなるだろう。国際政治学にこのような視点を逸早く導入したアメリカの政治学者 P. ハースによると，知識共同体は「特定の専門的知識を共有し，政策決定に影響を与えようとする集団」と定義される (P. Hass, 1990; 1992)。国家の利益形成は，この知識共同体によって新しいものの見方が提示され，それが政策決定者に受容されたときにはじめて可能となる，と考えられる。

そのような役割を果たす知識共同体は，この事例において存在したのか。気候変動の研究者のネットワークを基にしてつくられた IPCC を知識共同体と見ることができる。IPCC が報告書の形で提

供した科学的な知見はEUおよびEU加盟国の利益形成に大きな影響を及ぼしたと言える。特に1980年代の末から90年代の前半にかけてEUの環境政策をリードしたドイツでは、科学者がかなり早い段階で政策決定に直接関与し、産業界ならびにその利益を重視する経済省も、科学的な知見を受け入れていた（山田, 2004b）。そしてEUの欧州委員会が、早くも90年代の初めにCO_2の排出量を削減する目的で、EUレベルでの炭素税の導入を検討していたことからも、IPCCの知見が、加盟国だけでなく、欧州委員会にも浸透していたことがうかがえる。

ただIPCCが存在したことだけで、EUのリーダーシップを説明することには、次の二つの意味で限界がある。一つは、国家間でIPCCが与えた影響に違いが見られたからである。特にアメリカは、EUや日本などと異なり、地球温暖化が人間の活動によるものであることを長きにわたって否定し続けてきた。なぜ、このような違いが出てきたのかは、知識共同体メンバーと政府の関係、国内の社会勢力間の力関係あるいは政治指導者の信条といった各国に固有な要因によって説明されるべき問題であると言える。より興味深いのは次の点である。気候変動問題が主要な議題となった2005年のグレンイーグルズ・サミットで、公式の場としては初めて、G8のすべての国が気候変動に関するIPCCの科学的な知見を受け入れた。

それにもかかわらず、その後の「ポスト京都議定書」交渉ではEUのみがレジーム形成の推進力となった。それはなぜか。端的に言えば、EUがIPCCの提供する知識を受け入れただけではなく、それをEU排出量取引制度（以下、EU・ETS）として内面化することに成功したからであった。そして、その内面化の過程で欧州委員会の環境総局が重要な役割を果たしたのであった。環境総局ではアメリカの大学院で経済学を学んだエリートが多く登用されていた。彼

らはアメリカで実施された硫黄酸化物の排出量取引制度をモデルに排出量取引制度の域内導入を提唱した (Skjærseth and Wettestad, 2008)。

そして、この制度へのNGOや産業界の理解を得るために、欧州委員会は、欧州気候変動計画 (ECCP) を組織し、その下に柔軟性メカニズムに関する作業部会 (Working Group I on Flexible Mechanisms) を設置し、そこで環境NGOや各種業界団体の代表に対して、排出量取引制度が最も費用対効果が高い方法であること、ならびにキャップ・アンド・トレード型◆の排出量取引制度の採用によって削減が確実に行われることなどを力説した。化学業界や鉄鋼業界などの代表が国際競争力の低下を懸念して導入に抵抗したものの、産業界全体としては、一定の譲歩を条件に導入を支持するにいたった。つまり欧州委員会は、EU・ETSを提案し、それを設計する中で、特定業界のニーズにも配慮しつつ、規範を内面化することに成功したのである。そして欧州委員会は、ECCPで得られた了解をもとに、ETS指令案をとりまとめ、それを2001年10月に欧州議会および閣僚理事会に提出した。EU・ETS指令は、最終的に2003年10月に採択され、2005年から実行に移された。そして2009年には、これまでのETSの経験をふまえて、それをさらに強化する方向で改正も行われた。削減を確実なものにする、この強力なEU・ETSの存在こそが、EUが世界をリードできた理由なのである。

このように、知識や規範の内面化といった「主観的な世界」を重

◆用語解説
キャップ・アンド・トレード方式　一単位当たりの製品を生産するのに必要なエネルギーの総消費量を取引の対象とする原単位方式とは異なり、排出量取引制度に参加する主体全体の総排出量に上限を設定した上で、各主体に対して排出枠を配分し、削減状況に応じて個々の主体間で排出枠の移転を認める方式のことをいう。温室効果ガスを確実に削減するには、この方式の方が有効だとされる。

視するコンストラクティヴィズムのレンズを通して現象を見ると，EU がなぜ気候変動レジームの形成と発展過程においてリーダーシップを発揮できたのかが，はっきりと見えてくる。

3 事例分析② 国際開発援助レジームの変容

第2節では，地球環境レジームの形成について検討した。もう一つ重要な問題がある。それは，すでに別の分野で国際レジームが存在する場合に，それと「持続可能な開発」原則との間でどう折り合いをつけるのか，という問題である。ここでは，世界銀行（国際復興開発銀行）を中心とする国際開発援助レジームを取り上げて，その問題について見てみよう。

世界銀行による開発援助

世界銀行は，戦後復興と途上国の開発支援を目的として第二次世界大戦後，国際通貨基金（IMF）と共に設立された国際金融機関である。世界銀行の主な活動は，商業レートよりも低い金利で，政府，政府機関，および政府保証が得られる民間企業に長期融資（償還期間は 15 年もしくは 20 年）を行うことである。世界銀行という場合，より正確には本体の国際復興開発銀行（IBRD）と，貧困国に対して譲許的融資（元本のみの返済で，償還期間が 35 年から 40 年の融資）を行う国際開発協会（IDA）の双方を指す。

実際に世界銀行が途上国に対して開発支援を行うようになったのは，1950 年代に入ってからであった。そして 1960 年代の後半までは，鉄道，道路，港湾および発電所といった，公共インフラ（産業基盤）に対して集中的に融資が行われた。これは，世界銀行が金融機関として採算性を重視せざるをえなかったということもあったが，

それ以上に「開発＝国民総生産（GNP）の増大」とする認識が，専門家の間で常識となっていたからである。当時の考えでは，GNPを伸ばすには工業化が必要であり，それを推し進めるには，エネルギーの供給と輸送手段の確保が必要であるとされたのである。

しかし，1960年代に入ると，途上国における貧困の実態が指摘されるようになった。そして，工業化政策に基礎を置く，それまでの開発アプローチは，K. ミュルダールやD. シアーズといった開発経済学者から，公然と批判されたのである。

そのような中，1968年にR. マクナマラ元米国防長官が世界銀行の総裁に就任した。マクナマラは，貧困問題の解決は先進諸国の道義的な責任である，という強い信念を持っていたと言われる。世界銀行はこの新総裁の下で，開発という言葉の意味を問い直すことに全力を注いだ。その過程で世界銀行は開発を再定義した。従来の開発概念は国を単位としたが，世界銀行によって再定義された新たな開発概念は，人を単位とするものになった。すなわち開発とは，もはや単にGNPの増大を意味するものではなく，貧困撲滅，識字率の向上，幼児死亡率の低下といった，個々の人間の福利厚生を意味するものとなった。

その結果，1970年代を通して世界銀行は，公共インフラ整備といったハードな部門だけでなく，農村開発，教育あるいは保健衛生といったソフトな部門にも，融資するようになった。このようなアプローチは，途上国の人々の基本的なニーズを充足することをねらったものであったので，ベーシック・ヒューマン・ニーズ（BHN）・アプローチと呼ばれた。

しかし，1980年代に入り，メキシコをはじめとするラテンアメリカの国々で，民間金融機関から借り入れた融資が返済できないという累積債務問題が発生した。世界銀行は，再び方向転換を迫られ

た。そのため世界銀行は、IMFと共に、借入国に緊縮財政や金融引き締めなどを融資条件として求めるようになった。これは、借入国の経済構造の改革などを目的としていたことから、構造調整プログラム（SAP）と呼ばれた。

1990年代の初頭に実施された世界銀行内部の自己評価では、世界銀行が実施した構造調整プログラムは、だいたいにおいて成功したと評価された。ラテンアメリカの経済が復調の兆しを見せ、アジアではインドネシアや韓国などが急成長を遂げ、さらに中国や旧ソ連圏が順調に市場経済に移行しつつあったことも、このような楽観的な観測を生む背景となった。

市民社会からの批判

ところが、ちょうど同じころ、先に見たように「持続可能な開発」という新たな理念が提案され、それが国際社会のめざすべき目標の一つとして掲げられるようになった。それによって世界銀行は、再び開発概念の再考を余儀なくされたのである。その必要を唱えたのは、政府ではなく、環境保護や人権保護に関心を持つ市民社会、すなわちNGOであった。これらのNGOは戦略的に、ブラジルのポロノレステ計画やインドのナルマダ計画といった、当時、世界銀行の肝煎りで進められていた大型開発プロジェクトを標的にした。

最初に、世界銀行にこのNGOの力を認識させたのは、ポロノレステ計画に関してであった。この計画は、ブラジル北西部に位置するロンドニア州内のアマゾン流域に広がる熱帯林を切り開いて、高速道路を開通させ、この地域への入植を促進することを目的としていた。しかし、この計画が実施されてから3年も経たないうちに、広大な面積の森林が破壊され、その地域で自給自足的な生活を営んでいた先住民族の人々が行き場を失う、という状況が発生してしま

った。ブラジル政府との融資協定の中には、先住民族に対して保留地などを確保することが盛り込まれていたが、この問題の発覚によって、それが十分に守られていないことが判明したのである。

この問題の存在を世界に向けてアピールしたのは、アメリカに拠点を置く、世界自然保護基金（WWF）や地球の友（FoE）などの国際的な環境NGOであった。これらのNGOがアピールをなしえたのは、ブラジルのローカルなNGOと連携することで、現地の情報を入手することができたからであった。その情報を土台に、アメリカ連邦議会の動員をはかったのである。それが成功したことによって、世界銀行は、アメリカ連邦議会からの圧力を受けることになり、やむをえずポロノレステ計画への融資の一時的停止を決定した。

ナルマダ計画でも、同様のプロセスが見られた。同計画は、インドの西部に位置するナルマダ川流域に、大中小合わせて3000基以上のダムを建設するというものであった。その主要な目的は、グジャラート州、マディア・プラデシュ州、およびマハラシュトラ州における電力供給および灌漑（かんがい）であった。けれども、これが実行に移されると、河川流域の自然環境が破壊されるだけでなく、広範囲の土地が水没するため、マディア・プラデシュ州とマハラシュトラ州を中心に、約7万世帯が影響を受けることになると予想された。しかし、十分な環境影響評価と社会影響評価が行われないまま、世界銀行とインド政府との間で融資協定が結ばれ、計画は実行に移されることになった。

これに対して、インド国内のローカルなNGOによる抗議運動が、全国規模で組織された。しかし、インド政府がNGOの要求に十分に応えようとしなかったため、現地のNGOは、環境防衛基金（EDF）や地球の友などの国際的なNGOと連携するようになっていった。このような状況の中、アメリカ連邦議会の下院でこの計画に

関する特別公聴会が開かれ，インド現地のNGO「ナルマダを救う会（NBA）」の代表M.パトカ女史が，この公聴会で証言する機会を得た。これが功を奏し，一部の下院議員は，ナルマダ計画の実施が，先住民族の保護に関する世界銀行のガイドラインと世界銀行とインド政府との間で締結された融資協定に違反しているとして，世界銀行総裁に対して世界銀行のIDAへの増資を拒否する構えを示した。

世界銀行は，直ちに元国連開発計画（UNDP）事務局長のB.モースを団長とする独立調査団を組織し，現地調査を実施した。調査終了後，モース団長は，移転住民および環境への影響についての評価が十分でなかったとして，ナルマダ計画への世界銀行融資の停止を勧告する報告書を世界銀行に提出した。これを受けて理事会は，半年後に再度停止すべきかどうかを検討するとして，インド政府に対して改善を求めた。そして，この決定を不服としたインド政府は，世界銀行の融資を辞退し，自己資金による計画実施を宣言した。だが，その後インドの最高裁判所が計画の一時停止を申し渡すことになった。

これら二つの事例において，市民社会が世界銀行を動かすことができたのは，貧しい国々に無利子で融資を行う世界銀行の国際開発協会が3年に1度の増資を必要としたからであった。つまり出資額の多いアメリカに，世界銀行は弱みを握られていたのである。そこを市民社会がうまく突いたのである。

市民社会のネットワークは，これらの成功例を踏み台にして，さらに1994年には創立五十周年を迎えた世界銀行に対して，「五十年でもう十分」キャンペーンを展開した。

世界銀行の改革と持続可能な開発

反世界銀行運動が頂点に達した1995年に世界銀行の総裁に就任

したのが，J. ウォルフェンソンであった。世界銀行はこの新しい総裁の下で，外部からの批判に必死に応えようとした。貧困削減，持続可能な開発への転換，および市民社会との関係改善などを目標に掲げたのは，そのためであった。そして，その一環として，①現地スタッフの予算執行に関する権限の強化，②開発プログラムの策定に関する借入国の裁量の強化，③世界銀行の援助によって生じる悪影響から弱者を守るためのセーフガード（環境社会保護）政策の強化，などを実施した。

すでに世界銀行は，環境問題に関しては，1980年代の後半に事務局内に環境局を設置し，環境関連のスタッフを増員するなどの改革に着手していた。その中で注目すべきは，セーフガード政策の制定であった。セーフガード政策は，環境影響評価，強制移住，先住民族の保護，自然生息地の保護などを含む10の領域で，世界銀行が守るべきガイドライン（行動指針）として制定されたものである。だが，先に述べたポロノレステ計画やナルマダ計画などによって，そのような政策に実効性が欠けていることが浮き彫りになったのである。そのような実効性の問題を解決しようとして創設されたのが，インスペクション・パネル（査閲パネル）であった。

インスペクション・パネルは，NGOによる反世界銀行キャンペーンを契機に，1993年に設立された制度である。この制度の目的は，世界銀行のセーフガード政策の遵守に関して申し立てがあった場合に，その事実関係を調査することにある。手続きとしては，まずプロジェクトの影響を受ける二人以上の個人もしくはその代理人がインスペクション・パネルに申し立てを行い，それを受けてパネルは，まず申立者の適格性審査を行う。次にパネルは，その審査結果を理事会に報告し，それを受けて理事会が本調査の可否を決定する。そして，パネルによる本調査が行われることになった場合は，

パネルはその調査結果を理事会に報告し，それを受けて理事会が対応策を決定する，という運びになる。

ところが1998年にこの制度が強化されるまでは，理事会が本調査の実施を認めることはほとんどなかった。借入国がパネルによる干渉を嫌い，理事会において多数派工作を行ったり，事務局が事前に状況改善に向けた行動計画を理事会に提出したりしたからである。しかし，1998年に理事会は，事務局による行動計画の提示を本調査が完了するまで認めないことや，行動計画を作成する際に申立者との協議を義務づけることなどを決定した。その結果，本調査が承認されるケースは，制度改正後，明らかに増えている。それゆえ，開発プロジェクトの実施において，その影響を受ける住民の声が以前よりも反映されやすい状況が生まれている，と言える。

このほか，世界銀行は，セーフガード政策をより実施しやすい内容にしたり，開発に関係するさまざまな利害関係者との対話を促進したりしている。特に後者は，世界ダム委員会（WCD）などの国際的な独立委員会の設置に象徴的に表れている，と言えよう（*Column*⑬参照）。

以上見たように，1990年代の初めごろから，世界銀行は，持続可能な開発と真剣に向き合うことを強いられてきた。インスペクション・パネルの制度化とその強化は，その証左と言える。しかし，忘れてはならないのは，そこにいたる過程で世界銀行を守勢に立たせた市民社会の役割と力であろう。

理論的分析——なぜ世界銀行は国際開発援助レジームを修正したのか
以上見てきたように，世界銀行は，GNPの拡大をめざすインフラ融資から出発し，1960年代末には貧困削減，80年代には構造調整，そして90年代には持続可能な開発と，任務の重点を移してき

> **Column⑬　世界ダム委員会（WCD）**
>
> 　WCDは，世界銀行の業務評価局（OED）によるダム・プロジェクトの評価を不満とするNGO国際河川ネットワーク（IRN）などの働きかけによって，1998年に発足した国際的な独立委員会である。ダム業界，市民社会，そして影響住民などのステークホルダー（利害関係者）が大型ダムに関して知識を共有し，さらにダム・プロジェクトを進めるにあたってのガイドラインを勧告することをめざしたのである。
>
> 　WCDは，2年半にわたる検討を経て，2000年11月に最終報告書『ダムと開発――意思決定のための新しい枠組み』を発表した。この報告書は，ダム・プロジェクトに対するそれまでの開発援助を厳しく批判する内容となっていた。そして，改善策として，プロジェクトの選定に際して移転住民や下流域住民の同意を事前に得ることなどを勧告した点も，関係者から注目された。

た。それにともなって「開発」の実態も変わり，国際開発援助レジームも同様に変容してきた。では，なぜ1990年代に入り，経済開発という面では比較的うまくいっていた国際レジームを変えなければならなかったのか。ここでは，特に持続可能な開発との関連で見られた国際開発援助レジームの変容について，事例①の場合と同様に，ネオ・リアリズム，ネオ・リベラリズム，そしてコンストラクティヴィズムの三つの視点から分析してみよう。

　秩序形成における覇権国の役割を重視するネオ・リアリズムの覇権安定論の立場からすれば，世界銀行において最も大きな影響力を持つアメリカが，国際レジーム変容の原動力となったと見るであろう。特にプロジェクトの承認を任務とする理事会では，アメリカ，日本，ドイツ，フランスおよびイギリスの5大出資国に，大きな発言権が与えられている。出資額に応じて票が与えられているからで

市民社会寄りの内容とはいえ、対立する利害関係者の間で合意形成が実現したのはなぜだろうか。その理由の一つに、この委員会に参加したステークホルダーの代表が、それぞれ独立した個人としての資格で討議に参加したという点があげられる。さらに、この過程ではマルチ・ステークホルダー・プロセス（MSP）が採用され、WCDの委員には各ステークホルダーから信頼を集める個人が選出されたことも、プラスに働いたものと考えられる。このほか討議の過程で、ダムがどの程度開発にとって有効なのかを評価するための基準をあらかじめ設定しなかったことも、委員の間で先入観にとらわれない意見交換を可能にしたと言えよう。

　WCD は 2000 年にその任務を終えたが、その後、UNEP の中にダム開発プロジェクト（DDP）が設置され、ステークホルダー間の対話が進められた。しかし現時点では、水力発電を推進する途上国政府からの抵抗が強く、WCD の基準への支持は限定的である。

ある。これらの国の票を合計すると、全体の約 37% にも達する。中でもアメリカの比重は大きく、全体の約 17% となっている。こうして見ると、たしかに世界銀行の理事会におけるアメリカの影響力は大きいと考えられる。だが、それでも 5 大出資国の支持を得るだけでは、理事会で過半数をとることはできないのも事実である。

　したがって、アメリカの影響力は、むしろ他に原因があると見るべきであろう。すでに述べたように、世界銀行がこれまでさまざまな改革に着手してきたのは、アメリカ連邦議会からの IDA への増資拒否の圧力によるところが大きかった。この事実からすると、アメリカの世界銀行に対する影響力は、IDA とアメリカ連邦議会との関係から生じていると言えよう。しかし、そもそもなぜアメリカの議会が、そのような影響力を行使しようとしたのか。その点に関しては、ネオ・リアリズムによって説明することは難しい。

では，ネオ・リベラリズムによる説明はどうか。たしかに一般的には，世界銀行もしくは出資国と借入国との間には共通利益が存在し，その関係も長期的であると見ることができる。すなわち借入国は，世界銀行からプロジェクトの実施に必要な資金を調達でき，世界銀行も借入国に出資することで，利息を稼げるからである。そして世界銀行が収益をあげることになれば，世界銀行の財政基盤は強化されるので，出資国も必要に応じてさまざまな政治目的に世界銀行を使えるようになる。実際，アメリカを中心とする出資国は，冷戦終結後，東欧やロシアなどの移行経済国やバルカン地域の諸国を支援するために世界銀行を，悪く言えば，銀行の自動支払機のように利用してきた。

　したがって，出資国にとっても，また借入国にとっても，相互協力は利益の拡大につながると言える。この論理からすれば，もし出資国や世界銀行が借入国に対して持続可能な開発に向けた努力を求めたとしたら，借入国も，協力的な関係を維持しようとしてそのような要求を受け入れると予測される。世界銀行および出資国も，借入国との長期的な関係を損ねない程度に，借入国に対して持続可能な開発の実現に向けた努力を求めるものと予測される。

　たしかに，このような見方は一定の説明能力を持つ。たとえば，世界銀行の事務局がインスペクション・パネルの本調査を避けようとして，理事会に行動計画を事前に提出しようとした事実などは，これでよく説明できる。そのような行動をとれば，ある程度持続可能な開発に配慮しつつ，借入国との長期的な関係も維持できるからである。しかし，そもそもなぜ世界銀行および出資国が，持続可能な開発に向けた努力を借入国に対して要求したのかについては，説明を要する。つまりネオ・リベラリズムでは，共通利益の存在から協力が実現することは説明できるが，その協力の内容が，なぜ持続

可能な開発の実現になったのかは説明できないと言える。

　では、コンストラクティヴィズムのレンズを使えば、どのような現実が明らかになるだろうか。まず、なぜ出資国、中でもアメリカ政府が持続可能な開発の実現に向けて、増資拒否の圧力をかけたのかという点について考えてみよう。これを理解するうえで鍵となるのが、トランスナショナル（脱国家的）に活動を展開したNGOの役割である。なぜなら、環境評価に関する規範や、先住民族や影響住民の人権保護に関する規範を、社会運動を通して政府関係者に浸透させたのは、NGOだったからである。もし、NGOによる粘り強い説得や抗議活動がなければ、出資国の政治家がそのような規範を受容することも、またそれを守らせるために世界銀行に対して影響力を及ぼすことも、なかったと言えよう。

　最後に、なぜ世界銀行が持続可能な開発への改革を実行したのかを見てみよう。たしかに先に述べたように、世界銀行は有力な出資国からの圧力を受けて改革を推進した。しかし、世界銀行が完全に受け身であったかというと、必ずしもそうとは言えないであろう。どのような対応が持続可能な開発のために必要なのかについては、世界銀行自身が判断したからである。たとえば、どの程度の環境影響評価がどのような内容のプロジェクトに必要なのか、あるいはどのような社会集団を先住民族と呼ぶのかなどについては、セーフガード政策の策定を通じて、世界銀行が独自に判断してきたのである。つまり、多国間開発銀行として遵守すべき具体的な行動基準は、世界銀行によって自ら規定されてきたと言えよう。

　この事例分析においても、ネオ・リアリズム、ネオ・リベラリズム、およびコンストラクティヴィズムの三つのレンズを通すと、国際関係の現実は異なって見えた。ネオ・リアリズムは、最大の出資国であるアメリカが世界銀行の融資政策と借入国の開発政策に無視

できない影響力を及ぼしたことを映し出した。またネオ・リベラリズムは，なぜ世界銀行と借入国が持続可能な開発の実現に向けて協力したのかを説明した。そして，コンストラクティヴィズムのレンズを通して見た時には，なぜその協力の焦点が持続可能な開発になったのかがはっきりと見えてきた。環境および社会への影響を配慮することを当然のことと見る国際関係の現実が，NGO によってつくられ，出資国も世界銀行も，それを自らの現実として受け止めようとしたからであった。

＊

以上見てきたように，地球環境問題が国際政治の議題となったのは 1970 年代以降であった。その後，環境保護と経済成長を調和させる持続可能な開発の原則が打ち立てられ，国際社会は，その共通目標の達成に向けて，これまでの政策や制度を省みることになった。本章では，それを具体的に示すものとして地球環境レジームの形成と国際開発援助レジームの変容を事例にとりあげ，多角的な検討を試みた。いずれの事例においても，知識共同体や NGO によって「主観的な世界」が変化したことが国際レジームの形成や変容をもたらした，と言えよう。

◆さらに読み進む人のために───

亀山康子，2010 年『新・地球環境政策』昭和堂
  ＊地球環境問題への取り組みに関するこれまでの代表的な研究を紹介し，地球環境問題の全体像を描こうとした労作である。国際環境条約の交渉過程や政策決定過程はもとより，環境問題と民主主義との関係などにもふれている。

信夫隆司編，2000 年『地球環境レジームの形成と発展』国際書院
  ＊国際問題をめぐるグローバル・ガヴァナンスに関して，主だった理論を手際よく紹介した専門書である。オゾン・ホールの問題や気候変動の問題などに関する，詳細な事例研究も掲載されている。

竹内敬二, 1998年『地球温暖化の政治学』朝日選書
  ＊気候変動問題の背景と京都議定書の交渉過程に関して, 新聞記者の視点から詳細に記述した一般書である。特に省庁間の駆け引きや, アメリカ連邦議会の動きなど, この問題に関する日米の国内の意思決定過程が鋭く描かれている。
環境経済・政策学会編, 2010年『地球温暖化防止の国際的枠組み──ポスト2012はいかにあるべきか』東洋経済新報社
  ＊環境経済・政策学会が主催した, 2013年以降温暖化防止のためにどのような国際的枠組みをつくるべきかという「ポスト京都議定書」問題に関するシンポジウムの記録である。パチャウリIPCC議長をはじめとする国内外の気候変動問題の専門家による研究発表が収録されていて, この問題に関する国際社会の到達点と今後の課題がわかりやすく示されている。
ポーター, ガレス＝ジャネット・ウェルシュ・ブラウン／細田衛士監訳, 1998年『入門地球環境政治』有斐閣
  ＊地球環境問題について, バランスよく包括的な見通しを与えてくれる概説書である。具体的な国際レジーム形成の事例や, 経済や開発とのつながり, 地球サミットの交渉過程等がわかりやすくまとめられている。
山田高敬, 2004年「地球環境領域における国際秩序の構築──国家の選好と知識」石田淳ほか編『国際政治講座④ 国際秩序の変動』東京大学出版会
  ＊最近の国際政治理論を用いて, 気候変動レジームの形成過程について分析している。特にIPCCの影響が日米欧でなぜ異なったかについて, 言説対抗という視点から分析している。
Young, Oran R., 1994, *International Governance: Protecting the Environment in a Stateless Society*, Cornell University Press.
  ＊国際レジーム間の調整の重要性を指摘した最初の専門書である。特に制度形成交渉というものが国際レジーム形成を可能にする諸条件について, さまざまな地球環境問題を題材に実証的な分析を行っている。

人　権

第**6**章

　　第二次世界大戦後に，人権の保護は国際的な問題とみなされるようになった。その後，人権についての条約が次々に締結され，国際政治における人権の重要性が増した。だが，たとえば国家安全保障と比べて，人権の保護がどれだけ重要かという点は，論争の的である。本章では，この点に関連して，二つの事例をとりあげる。一つは難民の保護を目的とする国際難民レジームであり，もう一つは企業による人権の保護を促す企業の社会的責任（CSR）をめぐる動きである。難民への人道支援と難民の権利の保護とは，どのように関連しているのだろうか。その際に，国連難民高等弁務官事務所（UNHCR）はどのような役割を果たすのだろうか。企業活動と人権の保護とは，どのように関連しているのだろうか。その際に，政府，非政府組織（NGO），国連はどのような役割を果たすのだろうか。

1 歴史的展開──国際問題化と論争

　20世紀には，人権を侵害するさまざまな出来事が起きた。たとえば，20世紀に起きた戦争や内戦では，民族浄化（エスニック・クレンジング）を目的とした大量虐殺（ジェノサイド）が発生した。ナチス・ドイツは，ユダヤ人などの大虐殺（ホロコースト）を行った。冷戦後には，民族対立にともなう内戦において，旧ユーゴスラヴィアやルワンダで大量虐殺が起きた。21世紀に入っても，スーダン西部のダルフール地方における紛争で大量虐殺が発生している。また，戦争や内戦は，戦禍を免れようとする多数の難民や国内避難民◆を生む。

　冷戦後には，人権問題としてくくられる出来事が多様化している。たとえば，貧困，飢餓，感染症は有史以来の現象だが，これらが人権という観点から国際政治において語られるようになったのは，冷戦後である。

　さらに，人権の侵害や保護にかかわる主体もまた，さまざまである。政府，国際機関，非政府組織（NGO）に加えて，最近では，企業も人権の侵害や保護にかかわる行為主体（アクター）だと認識されるようになっている。

人権とは何か
　人権とは何だろうか。人権とは，個人がどのように扱われるべきかという点についての了解であり，今日では，人が人であるがゆえにだれにでも平等に与えられるべき普遍的な権利としてとらえられている。その意味で，人権は民主的な社会をつくるうえでの基本的な規範だと言える。

人権には，具体的にどのような権利が含まれるのだろうか。登場時期によって，人権の内容は三つに分けられる。第一に，18世紀以来の自由権である。ここでの自由とは，政府が権力を濫用して市民生活に不当に介入することからの自由を意味する。選挙権や参政権などの政治的権利と，言論の自由，信仰の自由，財産権などの市民的権利がこれにあたる。

第二に，19世紀末以降に登場した社会権である。もともと社会権は，工業化が進む中で経済的な格差を是正しようという考えに基づく。今日，社会権には，労働権，教育権，健康で文化的な生活を送る生存権，などが含まれる。

第三に，第二次世界大戦後に登場した集団権である。集団権では，人権が与えられる対象が個人だけでなく，宗教的・民族的な少数派（マイノリティ），先住民族，女性などの集団にも拡大される。中でも，民族自決権は植民地や国内少数民族の独立を促した。その後，少数民族などが独立を果たすと，経済と社会の開発を実現する権利を求めるようになった。

国際政治における人権

実は，人権にどのような権利が含まれるか，さらにはどの権利が優先されるべきかという問いは，人権をめぐる国際政治における大きな争点の一つである。上で論じた3種類の権利は，人権の進化の段階を意味するわけではない。すなわち，どこの社会でも，人権が自由権から社会権を経て集団権へと発展するわけではない。

人権をめぐる国際政治におけるもう一つの大きな争点は，他の価値と比べて人権がどれだけ重視されるべきかというものである。社会の安全がテロリストによって脅かされている時に，その容疑者の人権はどれだけ守られるべきか。外交関係が傷つくことになっても，

他国での人権侵害を質すべきか。このような問いは，抽象論ではなく，国際政治や対外政策の具体的な文脈で議論されてきた。

人権が国際政治における争点になることは，国家を主役とする舞台において，個人の保護が国際的な関心事になることを意味する。その結果，人権の保護については，どこまでが内政問題であり，どこからが国際問題かというように，国際／国内の境界線が曖昧になっている。人権をめぐる国際政治は，「国際」政治とは何かという，まさに国際政治の根幹にかかわる問題を提起している。

ただし，国際政治の主役が国家から個人へと交代したわけではない。国際法の上では，人権を保護する義務を持つのは，国家である。また，人権を実際に保護する能力を持つ行為主体として，真っ先にあげられるのも国家である。異なるのは，国家がどうふるまうべきかという国際的な理解である。今日では，人権を尊重しない国家，特にその重要性を真っ向から否定する国家は，国際社会の正統な一員と認められなくなったと言ってよいだろう。

人権の国際問題化──第二次世界大戦から戦後へ

以下では，人権が国際問題とみなされるようになった過程を人権の国際問題化と呼び，その進展を見ていこう。アメリカ独立革命（1775-83年）とフランス革命（1789-99年）以降，人権は国内政治における規範として，徐々に，しかし着実に根づいてきた。他方で，政府が国民をどう扱うかは基本的には国内問題であり，他国が口を出すべきことではないと考えられていた。だが，20世紀に入って人権が国際問題だとみなされ始めると，そのような見方は徐々に修正を迫られていった。

第二次大戦中の1941年に行ったいわゆる「四つの自由」演説において，F.ローズヴェルト米大統領は，言論の自由，信仰の自由，

欠乏からの自由,恐怖からの自由に基づく戦後の世界秩序を構想した。このうち,欠乏からの自由は十分な生活水準の保障を,恐怖からの自由は大規模な軍縮をそれぞれ意味していた。この構想は,自由を踏みにじる国々によって第二次大戦が引き起こされたという認識に基づいていた。

この二つの自由の重要性は,同年に F. ローズヴェルトが W. チャーチル英首相と共に調印した大西洋憲章でも確認された。ただし,これらの自由の侵害は,それが国際平和を脅かすかぎりでのみ国際問題とみなされた。すなわち,人権の尊重は,国際平和をもたらす手段の一つにすぎなかった。とはいえ,「四つの自由」という考えは,第二次大戦後から今日にいたるまでの人権の国際問題化を支えてきた礎の一つである。

しかし,戦後の国際秩序の構想を具体化する段階になると,主要な戦勝国は人権を議題とすることに及び腰になった。アメリカには人種差別があり,ソ連は反政府的な活動や思想を弾圧し,イギリスは植民地を維持しており,各国とも他国による自国の内政への干渉を嫌ったためである。これに対して,国際連合の目的に人権の保護を組み込むよう強く主張したのは,ラテンアメリカ諸国をはじめとする中小国および NGO であった。

この主張に主要国が折れた結果,国連憲章の前文には,「基本的人権,人間の尊厳および価値,男女同権」の尊重が盛り込まれた。また,国連の目的の一つとして人権と基本的自由の尊重が掲げられ,国連総会と国連経済社会理事会が人権を保護する役割を担うことが示された。

1948 年には,国連人権委員会が起草した世界人権宣言が国連総会で採択された。宣言は,人権についての「すべての人民とすべての国民とが達成すべき共通の基準」を,より具体的に示した。その

意味で，世界人権宣言は，戦後における人権の国際化を支えてきた柱である。宣言の前文は，人権が「世界における自由，正義及び平和の基礎」であり，自由には言論・信仰の自由と恐怖・欠乏からの自由が含まれることを確認した。また，条文では人権の普遍性，自由権，社会権が明記された。世界人権宣言の意義は，だれもが人権を有すること，すなわち人権が普遍的であることを示した点にある。

冷戦期における人権

ただし，世界人権宣言の採択によって，人権の尊重が大幅に進展したわけではなかった。冷戦が始まり，そして深まるにつれて，人権は米ソ互いに自らの体制の優位を世界にアピールするための道具と化していく。アメリカは，共産圏で自由権が尊重されていないことを批判する一方で，ソ連に対抗するために発展途上国における人権抑圧的な政権を支援した。ソ連は，国内に人種差別をかかえるアメリカの偽善を非難しつつも，自国や東側諸国が人権を弾圧していることを否定し続けた。

また，アメリカが人権を自由権に限定しようとしたのに対して，ソ連は社会権こそが最も優先されるべきだと反論した。さらに，新興独立国もまた社会権を優先した。このような対立に加えて，多くの国々が自らの自律性を縛ることを望まなかったこともあり，世界人権宣言に拘束力を持たせるために条約を作成する作業は難航した。そのため，国際人権規約は，社会権規約と自由権規約とに分けられて1954年に起草されたが，それが採択されたのは1966年であり，発効したのは1976年だった。

他方，人権の内容をテーマ別に明確化する条約は，国連において次々に採択された。その流れは，1948年に採択されたジェノサイド条約に始まり，人種差別撤廃条約（1965年），女性差別撤廃条約

(1979年), 拷問等禁止条約 (1984年), 子どもの権利条約 (1989年) へと続いた。国際人権規約やこれら条約が人権の単なるメニューに終わらぬよう, それぞれに委員会が設立された。これらの委員会および国連人権委員会は, 限界はあるものの, 条約や宣言の起草を通じて人権についての基準を設定し, 国ごとやテーマごとに条約の遵守を監視している。

1970年代には, 人権に関連した二つの注目すべき動きがあった。第一に, アメリカが対外政策の原則に人権の尊重を組み込んだ。アメリカ国内で黒人公民権運動を機に人種差別が改善されたことは, アメリカが人権の尊重を国際的に推進することを可能にした。1970年代半ばには, 対外援助法に関して, 人権抑圧国に対する軍事的・経済的援助を制限・禁止する修正条項をアメリカ議会が可決した。1977年には, 人権外交をスローガンに掲げたJ.カーターが米大統領に就任した。カーターの人権外交は, 人権抑圧的な同盟国やソ連との関係の悪化を避ける必要から, 妥協を余儀なくされたが, 国際問題としての人権の重要性を高めた点で評価されている。

第二に, ヨーロッパの地域レベルでは, 欧州安全保障協力会議 (CSCE. 1995年以降は欧州安全保障協力機構〈OSCE〉) が設置された。米ソ関係が改善し, 冷戦の雪解け (デタント) が進む中, 1973年にヨーロッパと北米の35カ国が参加して, CSCEが始まったのである。その開催を求めたのは, 自らの東欧支配を西側諸国に認めさせようと目論んだソ連であった。1975年に署名されたCSCEのヘルシンキ最終議定書 (ヘルシンキ宣言) は, 参加国間の関係を律する10原則のうちの第七原則に「思想, 良心, 宗教, 信条の自由を含む人権と基本的自由の尊重」を謳った。

ヘルシンキ宣言は, ソ連の思惑を超えて, 西側諸国すら予想しなかった影響を及ぼし始めた。宣言を受けて, ソ連や東欧諸国におけ

る人権活動家がヘルシンキ・ウォッチなどの NGO を次々に組織したのである。これらの NGO は互いに連携し合って，東側諸国が第七原則を遵守しているかどうかを監視し，情報公開を求めた。東側の NGO は西側の NGO とも連携し，西側の NGO は自国の政府に情報を提供した（*Column*⑭参照）。入手した情報をもとにして，西側政府はヘルシンキ宣言に関する一連の再検討会議において，人権を尊重するよう東側政府に圧力をかけた。このヘルシンキ・プロセスないしは CSCE プロセスと呼ばれる過程は，ポーランドやハンガリーなどの東欧諸国に自由権を浸透させ，市民社会を育んだ。その意味で，この過程が 1989 年の東欧革命の遠因となったとする見方もある（吉川，1994; 宮脇，2003）。

冷戦後における人権

　冷戦が終わるとともに東西という対立軸が消滅すると，人権の内容をめぐる論争に終止符が打たれ，自由権を最優先する人権観が世界を覆うかに見えた。だが，1990 年代には，この人権観に対して，集団や国家の開発を重視する「アジア的価値」が提示された。この価値を主張したのは，シンガポール，インドネシア，マレーシア，中国などの政治指導者であり，日本はこれに耳を傾けつつも最終的には支持しなかった。「アジア的価値」が提唱された背景には，これらの政権が参政権や労働権などを制限しながら開発を進めている点を，欧米諸国が批判してきたことがあった。

　この批判に対して，これらの政権は，①人権の意味合いは地域や文化によって異なり，相対的である，②伝統的に，アジアでは個人よりも家族や共同体という単位が重視されてきた，③経済発展と政治の安定を両立させるためには，個人の権利を制約することもやむをえない，④特定の人権観を押し付けることは内政干渉で

Column⑭ 　NGO の役割

　人権問題は，NGO が最も活発に活動する領域の一つである。人権に関する国際的な市民運動の先駆けは 19 世紀の奴隷廃止運動に見られるものの，その数と影響力が増したのは第二次大戦以降である。アムネスティ・インターナショナルや，ヘルシンキ・ウォッチを引き継いだヒューマン・ライツ・ウォッチなどの人権 NGO は，国境を越えて情報を交換して，各国政府による人権規範の遵守を監視し，人権を侵害する政府に改善を求めてきた。また，ことあるごとに人権の重要性を訴えかけ，人権規範の発展と浸透に貢献してきた。このように，ある価値や主義主張を提唱し，擁護する活動をアドボカシーと言い，主にそれに従事するNGO をアドボカシー NGO と呼ぶ。

　アメリカの社会学者 M. ケックと国際政治学者 K. シキンクは，国境を越えて連携するアドボカシー NGO などの連合をトランスナショナル・アドボカシー・ネットワークと名づけた。また，このようなネットワークが組織され，機能する仕方をブーメラン・パターンと呼んだ（Keck and Sikkink, 1998）。すなわち，人権が抑圧されている A 国のNGO は，B 国の NGO に対して国内の状況を説明し，支援を求める。B 国の NGO は，B 国の政府や国際組織が A 国に対して圧力をかけるよう

あり，国内の不安定化につながる，と反論した。これに対しては，「アジア的価値」は人権侵害という批判から言い逃れるための方便にすぎない，との再反論がなされた。

　このような論争は，171 カ国の代表が集まって 1993 年 6 月にウィーンで開催された，世界人権会議においても繰り広げられた。だが，最終的に採択されたウィーン宣言では，①人間が人権の主体かつ受益者であること，②すべての人権は普遍的かつ不可分であり，相互に関連していること，③人権には発展の権利が含まれるが，主体はあくまでも個人であり，国の発展を理由に人権を侵害し

働きかける。A 国の NGO が発した情報は，B 国の NGO に渡り，それが B 国政府や国際組織の圧力として，ブーメランのように A 国政府に跳ね返ってくるのである。

　ケックとシキンクは，このパターンがラテンアメリカ諸国における人権運動や環境保護運動に見られると主張した。同様のパターンは，ヘルシンキ・プロセスや第 5 章の事例分析②でふれたポロノレステ計画とナルマダ計画への反対運動にも見出せよう。ケックとシキンクはまた，トランスナショナル・アドボカシー・ネットワークが持つ能力を，①必要な情報を瞬時に入手してそれを効果的に発信する能力，②シンボルや物語を用いて状況を劇的に描き出し，相手の理解を促す能力，③影響力の大きい行為主体の支持を動員する能力，④政府による言動の不一致を問い質して，行動を改めるよう求める能力，の四つに分類している。ヘルシンキ・プロセスにおいては，NGO のネットワークがこれらの能力を行使したことも観察できる。

　だれがだれにいかにして影響を及ぼすかというのは，政治学の根本的な問いの一つである。最近の研究は，政府以外の行為主体が軍事力や経済力以外の影響力を行使し，国際関係を変革しようとするメカニズムを解明しようとしている。

てはならないこと，などが謳われた。②の，人権が不可分で相互に関連しているという指摘は，自由権と社会権のどちらか一方の優劣を論じるのは不毛だという見方を示している。

　ウィーン宣言は，冷戦後における人権についての国際的な共通理解を示した文書であり，第二次大戦後に進展した人権の国際問題化の一つの到達点を示していると言える。宣言では，あらゆる人権の保護がすべての国家の義務であることが強調され，女性，子ども，難民と国内避難民などの人権が特記された。また，宣言における勧告に基づいて，12 月に国連総会が決議を採択し，国連人権高等弁

務官（UNHCR）のポストと同事務所（OHCHR）が創設された。

2000年には、147ヵ国の国家元首が参加して、国連ミレニアム・サミットが開催された。サミットでは、1941年の「四つの自由」演説における欠乏からの自由と恐怖からの自由が、約60年後の現実をふまえて再解釈された。すなわち、欠乏からの自由に関連しては、貧困を撲滅し、すべての人々が開発の恩恵に浴するために、国連ミレニアム開発目標（MDGs）◆が示された。また、恐怖からの自由に関連しては、K. アナン国連事務総長（当時）がサミットに提出した『ミレニアム報告書』において、恐怖の源泉が内戦、小火器の拡散、資源の枯渇などに多様化していると指摘された。今日では、これらの自由の実現は、人間の安全保障の中核を成すとみなされている。

冷戦後には、他の価値との関係で人権をどう位置づけるかという点もまた、課題として浮かび上がった。第3章で見たように、人道的介入については人権と国家主権との関係が議論されている。第4章でふれたように、児童労働や強制労働などの人権侵害と貿易との関係も、争点となっている。さらに、9.11テロ事件の後は、テロとの戦いの名の下に、アメリカ国内でアラブ系市民への監視が強化され、言論・表現の自由が制約された。また、イラクにおける捕虜

◆用語解説
ミレニアム開発目標（MDGs）　2015年までに達成すべき八つの目標を言う。それは、①極度の貧困・飢餓の撲滅、②普遍的初等教育の達成、③ジェンダーの平等の推進と女性の地位向上、④乳幼児死亡率の削減、⑤妊産婦の健康の改善、⑥HIV/エイズ、マラリア、その他の疾病の蔓延防止、⑦環境の持続可能性の確保、⑧開発のためのグローバル・パートナーシップの推進、から成る。2010年にはMDGsに関する国連サミットが開催され、過去10年間での進展が強調された一方で、目標の実現は困難であることも指摘された。

がアメリカ軍によって虐待や拷問を受け，テロ事件の容疑者が通常の司法手続きを経ずに軍によっても裁かれている。

とはいえ，国際問題の中で人権が占める位置は高まっている。その象徴的な例として，先進国と途上国との間の対立によって機能不全に陥っていた国連人権委員会が，国連改革の一環として，2006年に人権理事会に格上げされたことがあげられる。人権理事会は普遍的定期的審査（UPR）制度を新設し，2008年から国連全加盟国を対象に，各国の人権状況を4年に1度審査している。だが，理事会の発足後も対立の構図が解消されていない点は，人権への国際的な取り組みの難しさもまた象徴している。

以上見てきたように，第二次大戦後に人権の国際問題化が徐々に進展した。まず，国連において世界人権宣言が採択され，その後に具体的なテーマについての条約が締結されたことによって，人権の明確化が進んだ。ただし，冷戦期には，米ソの間で人権の意味合いをめぐる政治的な対立があり，人権という理念が現実の国際政治に反映されることが難しかった。だが，CSCEの創設を一つの契機として，東西諸国の間で人権についての共通の理解が，徐々にではあるが形成されていった。冷戦後には，「アジア的価値」をめぐる論争があったものの，ウィーン宣言において，一定の妥協点が見出された。ただし，今日でも，人権をめぐる論争は続いている。それは主に，人権と他の価値との折り合いをどうつけるかという点をめぐって繰り広げられている。

人権問題をめぐる国際関係の特徴の一つは，国家以外の行為主体が活発に関与している点である。そこで，以下の事例分析では，難民問題における国連難民高等弁務官（事務所）の役割，および最近注目を集めている企業の社会的責任（CSR）という規範との関連で，企業と国連の連携をとりあげる。

2 事例分析① 難民の保護と UNHCR

　冷戦後の国際政治で大きな注目を浴びた人権問題として，大規模に発生した難民と国内避難民◆をいかに保護するかという問題があげられる。難民と人権とはどのように関連しているのだろうか。世界人権宣言は，第 14 条で「迫害からの庇護を他国に求め，かつ享受する権利」を定めている。また，ウィーン宣言は，人々が難民や国内避難民になる原因の一つとして，武力紛争下などでの重大な人権侵害を指摘している。要するに，難民を保護する際の原則が人権の尊重であり，難民を生み出す原因の一つが人権の侵害なのである。

　冷戦後には，内戦などによって各地で大量に発生した難民に対する食糧や医療などの緊急支援活動が活発化した。これを主導してきたのが，国連難民高等弁務官事務所（UNHCR）である。

　UNHCR は，難民の国際的保護と難民問題の恒久的解決を実現するために設立された。条約の上では，難民の保護は難民に各種の権利を与えることを意味する。加えて，今日では，難民に物資を供与する人道支援もまた保護の一環とみなされている。恒久的解決の方法としては，難民を最初に受け入れた国（第一次庇護国）での定住，第三国への再定住，本国への帰還の三つがあげられる。以下では，難民の保護と難民問題の恒久的解決に注目して，国際難民レジームの発展と変化を見る。

◆用語解説───────────────────

　国内避難民　国内避難民とは，難民と同じく強制的に住まいを追われながらも，難民とは違って国境を越えられずに国内にとどまらざるをえない人々である。難民条約の対象とされない国内避難民を保護する国際的な枠組みの構築が，喫緊の課題となっている。

国際難民レジームの誕生

連合国救済復興機関に代わって戦後に設立された国際難民機関を受けて、国連総会は1950年にUNHCRを設立した。UNHCRの任務は、難民に国際的保護を与え、各国との協力を通じて難民問題の恒久的解決をはかることと定められた。1951年にはUNHCRが発足し、さらに難民の地位に関する条約（難民条約）が採択された。これらは、第二次大戦後に成立した国際難民レジームの中核を成してきた。

難民条約は、難民に宗教の自由や結社の権利、裁判を受ける権利などを認めた。条約はまた、締約国が、政府による迫害のおそれのある本国に難民を強制送還することを禁じた。これはノン・ルフールマン原則と呼ばれ、難民条約の中心的な理念である。この原則に従えば、難民の帰還は、あくまでも難民の自主性に基づかなくてはならない。要するに、難民条約において、難民の保護は、本国で迫害のおそれがある人々を強制的に送還することなく、人権を保障することを意味していた。

難民の権利が国際条約によって定められたことは画期的であったが、難民条約には二つの限界があった。第一に、難民が保護を受ける権利も、締約国が難民を保護する義務も、条約には明記されなかった。保護の申請者を難民と認定するかどうかは各国の裁量に委ねられたため、難民の受け入れを各国が分担する枠組みを備えた国際レジームはつくられなかった。UNHCRもまた、保護の対象となる難民を認定することができる。ただし、UNHCRは、自らが認定した難民を保護するよう各国に要請することはできても、強制することはできない。そのため、UNHCRが認定した難民を、各国政府が難民とは認定しないこともめずらしくない。

第二に、難民に対して継続的な義務を負うことに消極的なアメリ

カの意向を反映し、難民条約では難民がきわめて狭く定義された。すなわち、第一に、動機については、人種・宗教・国籍や政治的意見などを理由に「迫害を受けるおそれがある」者のみが含まれ、戦禍や経済的困窮から逃れようとする者は排除された。第二に、所在については「国籍国の外にいる者」のみを対象とし、国内避難民は除外された。第三に、時間的には「1951年1月1日以前に生じた事件の結果として」本国を追われた者に限定された。第四に、地理的には難民条約締約国が事件の発生地域をヨーロッパに限定することが認められた。

次に、UNHCR について見てみよう。国連総会が 1950 年に採択した UNHCR 事務所規程は、UNHCR の活動を定めている。その活動には、①世界各地で難民を認定すること、②難民条約の締結と批准を促し、その適用を監督すること、③難民条約締約国による難民の受け入れを促すこと、④関係国政府と特別協定を結んで、難民の保護を促進すること、⑤ NGO を援助し、その活動を調整すること、⑥難民の数と状況や、難民に関する国内法について、各国政府から情報を入手すること、⑦国連総会の同意を得て、政府や他の組織に対して資金の提供を呼びかけること、が含まれる。

この規程はまた、①行政予算を除いた、UNHCR の活動にかかわる一切の支出は、各国政府の拠出金や民間の寄附金によって賄われなければならない、② UNHCR の活動は完全に非政治的でなければならない、とも定めている。前者の制約は、創設以来、UNHCR を悩ませてきた。創設当初、アメリカは UNHCR への資金の拠出を拒んだものの、今日において、UNHCR への主な拠出国（ドナー）はアメリカ、日本、ヨーロッパの先進国であり、これら政府の意向が UNHCR の活動方針に反映されやすい。加えて、国連総会によって設置された UNHCR 執行委員会が、UNHCR の活動計画の承

認と監督や，実際の活動への助言にあたっている。このように，UNHCRは財政的にも制度的にも，加盟国政府の制約の下にある。

冷戦期における国際難民レジーム

1950年代後半にハンガリーやアルジェリア，中国で相次いで発生した大量難民への対処を通じて，UNHCRは活動の領域を広げていった。大量難民の発生に直面し，国連総会は決議を採択してUNHCRに難民の緊急支援を要請した。UNHCRが国連総会の要請に応じて資金を集めて緊急支援を行うことは，斡旋(あっせん)と呼ばれる。

斡旋を通じた大量難民への対処によって，UNHCRの活動範囲は二つの意味で拡大した。第一に，UNHCRが保護する難民が，条約上の難民に限られなくなった。すなわち，①1951年1月1日以降に起きた事件によって発生した難民，②内戦など，政治的な迫害以外の原因によって発生した，いわゆる事実上の難民，③ヨーロッパ以外の地域で発生した難民もまた，UNHCRによる保護の対象となった。

最後の点に関連して，1960年代以降，UNHCRは，アフリカ，アジア，中南米に活動の領域を拡大していった。

このような状況を追認するように，1967年には難民条約の時間的・地理的制約を取り除いた「難民の地位に関する議定書」が締結された。ただし，条約上の難民は未だに迫害のおそれのある者に限定されたままであった。ただし，地域レベルでは，アフリカ統一機構（OAU）が，UNHCRとの協議を経て1969年に採択した条約において，戦禍や内乱から逃れる人々をも難民に含めた。さらに中米では，1984年のカルタヘナ宣言によって，大規模な人権侵害から逃れた人々も難民とみなされている。

第二に，難民に物資を提供する人道支援もまた，難民の保護にか

第6章 人　権　225

かわる活動だと考えられるようになった。これによって，UNHCRの途上国での活動機会はさらに増えた。1970年代に入ると，UNHCRは，NGOなどのさまざまな行為主体による難民への人道支援の調整役を担うようになった。

しかし，実際の難民政策では，インドシナ難民の保護に関連して，1980年代後半に重要な転換が見られた。1970年代半ばに始まった大量難民の流出の長期化を受けて，近隣諸国が難民の受け入れを拒み始めた。あるいは，入国を認められた難民が，難民キャンプで長期にわたる生活を送ることが増えた。さらに，難民の再定住先であった先進国も，難民に門戸を閉ざし始めた。

そのため各国政府や UNHCR は，難民問題の恒久的解決として，本国への帰還を重視するようになった。これは，難民を最初に受け入れた国での定住と第三国への再定住が重視されていた，従来の方針を転換するものだった。また，自主的とは言えない帰還が行われる場合もあった。このような傾向は，ノン・ルフールマン（強制送還の禁止）原則を中核とする戦後の国際難民レジームの変化を意味した。

冷戦後における国際難民レジーム

冷戦が終わると，一方で米ソの代理戦争として続いていたエチオピア，モザンビーク，カンボジアなどでの内戦が終結し，他方で世界の各地で新たに内戦が勃発した。前者は本国への難民の帰還に道を開き，後者は多数の難民と国内避難民を生み出した。たとえば，1992年には難民だけで1800万人近くにのぼった。

難民の受け入れをめぐる環境もまた，冷戦後に変化した。先進国は難民を，貧困から逃れようとする経済移民とみなすようになり，その不法侵入を警戒して入国管理を強化した。それにともなって，

一方では難民の流れは「途上国から先進国へ」から「途上国から途上国へ」と移り，他方では国境を越えることができない国内避難民が増加した。

冷戦期における UNHCR の活動が，事後対応型，受け入れ国中心，難民重視であったのに対して，冷戦後における活動は，事前対応型，出身国中心，包括的だと言われる（国連難民高等弁務官事務所，2001）。すなわち，冷戦期には，大量難民の発生を受けて，UNHCR が先進国を中心とした国々に難民の受け入れを要請していた。それに対し，冷戦後は，途上国での大量難民の発生を未然に防ぐ措置を講じることを重視し，国内避難民や帰還民も対象として，開発や紛争予防などの長期的な政策と関連づけて難民問題の解決を追求している。

イラク，旧ソ連，旧ユーゴスラヴィア，ルワンダ，リベリアと立て続けに大量難民の流出に直面した UNHCR は，1991 年に着任した緒方貞子高等弁務官の下で，難民の安全とその当座の生活を保障するために食糧や医療の援助，すなわち人道支援を実施した。これらの危機への対処を通じて，UNHCR は国連を代表する人道機関として高い評価を得た。だが他方で，主に法律家や人権 NGO からは，UNHCR が難民の権利の保護という本来の役目から外れ，人道支援機関に変質したという批判も聞かれる。

このように評価が分かれるのは，UNHCR が人権の尊重と現場での人道支援との間のジレンマに直面したためである。先に指摘したように，UNHCR が尊重すべき重要な原則として，ノン・ルフールマン原則があげられる。これに対して緒方高等弁務官は，人間の安全保障の実現という観点から，難民の生命の保護を最優先した。

先に述べたように，1980 年代半ば以降，UNHCR は難民問題の恒久的解決策として，本国への帰還を最優先した。難民条約の上では，帰還にあたって何よりも重視されるべきはノン・ルフールマン原則

であり，難民の意思と自主性が尊重されなければならない。それは，本国に戻った難民が政府による迫害にあうのを防ぐためである。

しかし，ミャンマー（ビルマ）からバングラデシュに避難したロヒンギャ難民の例に見られるように，本国での迫害のおそれがなくなっていないと見られる場合でも，UNHCRは帰還事業を進めた。その際UNHCRは，危険にさらされていた難民キャンプにとどまるよりも本国に帰還した方が，難民には安全だと考えた。これに対して，NGOや法律家からは，ロヒンギャ難民は本国の政治状況についての十分な情報をUNHCRから与えられないまま帰国したのであり，UNHCRはノン・ルフールマン原則ひいては難民の権利の保護を軽んじているという声があがった。

以上のように，冷戦後の新たな状況に直面したUNHCRは，だれもが納得する唯一の正解がない状況で即断を迫られ続けた。これは，UNHCRが人道支援の領域に踏み込んだことの意図せざる結果だと言える。その過程で国際難民レジームは，人権レジームから人道支援レジームへの変質を加速していった。人間の安全保障を中心的な原則とする人道支援レジームにおいて，人権は重要な規範ではあるが，つねに最優先されるべき規範だとは言えないのである。

冷戦期と冷戦後における国際難民レジームの変化をまとめたのが，表7である。先に述べたように，このような変化は冷戦後に急に生じたわけではなく，その兆しは1980年代に見られた。しかし，変化が顕著になったのは冷戦後である。

9.11テロ事件は，難民が置かれた状況をさらに困難にした (Loescher et al., 2008)。先に述べたように，冷戦後からすでに先進国は難民と不法移民を同一視し，入国管理を強化していた。その傾向に拍車をかけたのが9.11テロ事件であった。難民はテロリストではないかと疑われ，安全保障の名の下に入国がさらに制限された。

表7　国際難民レジームの変化

	冷戦期	冷戦後
レジームの主な目的	人権の保護	人道支援
中心的な原則	ノン・ルフールマン	人間の安全保障
UNHCRによる保護の対象	難民	難民，帰還民，国内避難民
保護の主な手段	受け入れ国での権利の保障	避難先での人道支援
恒久的解決の優先順位	定住・再定住＞帰還	定住・再定住＜帰還
大量難民への対応の段階	事後（発生後）	事前（発生前）

［出典］　国連難民高等弁務官事務所編，2001『世界難民白書2000 人道行動の50年史』時事通信社と Gil Loescher, 2001, *The UNHCR and World Politics: A Perilous Path*, Oxford University Press を参考に，筆者が作成。

対テロの合唱の中で，人権や人道よりも安全保障が重視されたのであった。大勢の難民を受け入れてきたイランなどの途上国は責任分担を訴えたが，先進国がそれに応じて方針を転換したわけではない。そのような状況において，これらの途上国の中には，難民の権利を制約したり母国への帰還やときには強制送還を進めたりする国もあった。以上の傾向は2000年代を通じて見られる。

UNHCR が2010年に刊行した『2009年グローバル・トレンド』（UNHCR 統計報告）によれば，2009年末の時点で，内戦などによって強制移動を余儀なくされた人々は世界中で約4330万人にのぼった。これは，ルワンダ内戦やボスニア＝ヘルツェゴビナ内戦などの人道的危機が叫ばれた1990年代半ば以来の高水準だという。このうち難民が約1520万人であるのに対して，国内避難民は約2710万人である。国内避難民の保護が大きな課題であることは数字から明らかである。このような問題状況に対応した国際難民レジームの新たな動きが，今後見られるのだろうか。

Column⑮ 日本企業による難民支援

　難民の窮状を知って，自分に何かできないかと考える人は多いだろう。緒方貞子・元国連難民高等弁務官の活躍を知って，国連職員をめざす人もいるだろう。UNHCR 親善大使を務めたアンジェリーナ・ジョリーの活動や主演映画「すべては愛のために（原題 Beyond Borders）」を見て，あるいはルワンダ難民を扱った映画「ホテル・ルワンダ」を見て，難民問題に興味を持った人もいるだろう。

　日本ではこれまで，「難民を助ける会」などの NGO が中心となって難民支援が行われてきたし，地道に難民の支援を続ける日本企業もある。札幌に本店を持つメガネ販売店である富士メガネは，難民にメガネを寄贈するボランティア活動「視援隊」を 1983 年以来続け，タイ，ネパール，アルメニアを訪れてきた。寄贈したメガネは，2010 年までに 11 万 2000 組を超えるという。しかも，メガネを日本からただ送ることはせず，一人一人に最適のメガネを提供するために，社員が手弁当で現地に出向いてメガネを調整している。メガネによって視界が広がったことを喜ぶ難民の姿を見て，ある社員は「やりがいのある仕事をしているのだ，とあらためて実感する」と述べている。

理論的分析——なぜ国際難民レジームが変化したのか

　それでは，国際難民レジームはなぜ変化したのだろうか。そして，その変化の過程で UNHCR は，何らかの役割を果たしてきたのだろうか。以下では，ネオ・リアリズム（新現実主義），ネオ・リベラリズム（新自由主義），コンストラクティヴィズム（構成主義）という三つの理論的なレンズを用いて，この問いに対する説明を試みる。

　ネオ・リアリズムによれば，国際レジームはパワーを追求するための手段だということになる。大国は，難民の保護がその目的にかなうかぎりで，国際レジームを形成し，遵守する。ネオ・リアリズムは，国際難民レジームの発展を以下のように説明するだろう。ま

同社にとって，2004年は記念すべき年となった。6月にはUNHCRからの4度目の感謝状をR. ルベルス高等弁務官（当時）から直々に授与され，10月には日産自動車や富士ゼロックスなどとともに，第1回朝日企業市民賞（朝日新聞社主催）を受賞した。そして，12月にはアナン国連事務総長に宛てて書簡を送り，国連グローバル・コンパクトへの参加を表明した。さらに，翌2005年6月には，アルメニアの隣国アゼルバイジャンを23回目の支援活動の地に選んだ。チェチェン難民の女性は，「これで新聞も読める。世界の動きがわかる」と喜んだという。長年にわたる功績が認められ，2006年7月には，難民支援の功労者に毎年贈られるナンセン難民賞を，同社の金井昭雄会長が日本人として初めて受賞した。

　このような企業活動は，例外的ではある。だが，本文の事例分析②で述べる企業の社会的責任との関連で言えば，なぜ例外的な活動が可能になったのかを明らかにすることが求められよう。（富士メガネ・ホームページ；『朝日新聞』2004年10月4日付；『朝日新聞』北海道版2005年6月4日付記事；梅田，2006参照）

ず，第二次大戦後の国際難民レジームは，アメリカの戦略を反映し，ソ連や東欧諸国における「迫害」から逃れた人々を難民と定義した。そのような人々を受け入れることによって，東側による人権侵害と西側による人権の保護をアピールできるからである。よって，恒久的解決策として本国への帰還ではなく西側諸国への定住や再定住が優先され，ノン・ルフールマン原則が支持された。このように，国際難民レジームは，アメリカがソ連に対して優位に立つための道具の一つとして形成し，維持されたと考えられる。

　これに対して，大量難民が主に途上国で発生するようになり，さらに冷戦が終わると，アメリカにとっての難民の政治的価値が低下

した。このような国際構造上の変化によって、アメリカのみならず先進国は、難民の受け入れに価値を見出さなくなっただけでなく、相次いで発生する大量難民の流入が先進国社会への脅威だとみなすようになった。そのために、国際難民レジームは先進国が難民を本国にとどめるか、帰還させるものへと変化したと解釈できる。

このように、ネオ・リアリズムによれば、国際難民レジームの変化は国際システムの変化によって説明できる。この見方からすると、UNHCR は大国の意向をそのまま反映しているので、国際難民レジームの変化において特別な役割を果たしていないと考えられる。ただし、この説明だと、先進国がなぜ UNHCR に資金を拠出しているのか、という点が説得的に説明できない。先進国が体裁をつくろうためだというのであれば、なぜそうする必要があるかを説明しなくてはならないだろう。

この点について、ネオ・リベラリズムを用いると、一定の説明ができる。すなわち、冷戦後において、先進国は難民の受け入れを制限することに、共通の利益を見出していると考えられるのである。難民の受け入れを制限するような、公式な国際レジームは存在しないが、たとえば欧州連合（EU）は、不法移民の流入を水際で食い止めるための国境警備と出入国管理の強化や、ビザの発行についての基準の共通化を進めている。また、9.11 テロ事件以降、出入国管理についての情報の共有が先進国を中心として進んでおり、国際難民レジームは、テロ対策と連動しつつ変化している。

このような、いわば実質的な移民管理レジームを維持するために、先進国は途上国への人道支援や開発援助、紛争後の復興支援を行っているとも理解できる。先進国が UNHCR への主要な拠出国であるのも、そのためだと考えられる。要するに、先進国は一方で戦後の国際難民レジームを変化させつつ、他方でそれにともなう費用と

して途上国への支援を行っていると,説明できるのである。

ただし,以上の説明では,UNHCRは主要な資金拠出国である先進国の意のままに活動し,しかもその活動が先進国の共通利益にかなっていると仮定されている。だが,はたしてUNHCRは,そのような組織であると言えるのだろうか。

この点は,コンストラクティヴィズムを用いることで解明される。アメリカの国際政治学者であるM.バーネットとM.フィネモアは,難民問題の恒久的解決として難民の帰還が最優先されるようになったのは,UNHCRという官僚組織内の文化——当然視された考え方やマニュアル化された作業手続——に由来すると指摘している。すなわちUNHCRは,当初は帰還を例外として実施していたものの,それを繰り返すにつれて組織内に根づいて例外が規則と化し,恒久的解決として帰還を当然視するにいたったという。その表れとして,1980年代半ば以降,UNHCRの内部で難民の法的な保護を担当する部門が冷遇され,逆に現場での人道支援を重視する部門が重用された。そしてそれは,UNHCR内部での方針の変化,すなわち人権の保護よりも人道支援が優先されるようになったためであるという(Barnett and Finnemore, 2004)。

この説明は,UNHCRの自律性や主体性を強調しており,冷戦後における国際難民レジームの変化がUNHCRに由来する可能性を示している。しかしこの説明は逆に国家,特に先進国の影響力を軽視しており,それとの比較でUNHCRが国際難民レジームの変化にどの程度の影響を及ぼしたかという点には答えていない。

まとめると,ネオ・リアリズムは,国際的な構造の変化によって国際難民レジームの変化を説明するが,国家がUNHCRに資金を拠出する動機を説明できない。またネオ・リベラリズムは,国際的な利益の共有という観点から国際難民レジームの変化とUNHCR

への資金拠出を説明するが、ネオ・リアリズムと同様に UNHCR の主体性を説明できない。これらに対してコンストラクティヴィズムは、UNHCR の組織文化によって国際難民レジームの変化を説明する。しかし、大国が UNHCR に及ぼす影響力についての検討は不十分であった。

3 事例分析② 企業の社会的責任と国連グローバル・コンパクト

「人権とビジネス」という問題

「人権とビジネス」——この二つの間の関連を問われても解答に窮する人は多いのではないだろうか。しかし、次の例を考えるとどうだろう。

2010年、アメリカの大手インターネット企業グーグルが中国での事業からの撤退を表明した。中国政府はグーグルが中国で提供しているインターネット検索サービスの検閲を要求し、グーグルはそれに応じてきた。たとえば、利用者が「天安門事件」というキーワードを打ち込んでも、関連する情報が表示されないというものである。国際人権 NGO は、グーグル（および、他のインターネット企業）が国民の言論の自由を侵害する中国政府に加担し、人権を間接的に侵害していると批判してきた。グーグルは言論の自由に基づくインターネットの発展を標榜してきたので、中国政府の要求にこれ以上は応じられないと考え、中国市場からの撤退を決めた。この決定は一企業の問題にとどまらず、米中両政府間の問題へと発展した。

より身近なところでは、企業の労働慣行も人権の問題としてとらえられる。これは企業が直接的に人権を侵害している例である。たとえば、国連自由権規約委員会は 2008 年に日本での人権状況を審

査し，企業による女性差別や外国人研修生・技能実習生の搾取などへの懸念を表明して，日本政府に改善を求めた。女性差別については，女性管理職が全体の 10%，女性の給与が男性の給与の平均 51% にとどまり，非正規労働者の 7 割を占める女性が不安定な状況に置かれセクハラを受けやすいと指摘する。そして，これらを改善するための提言として，委員会はポジティブ・アクション（女性のより積極的な雇用・登用）や職場でのセクハラの犯罪化，パートタイム労働者や契約社員に対する差別的待遇の禁止などをあげる。このように，「人権とビジネス」の問題は外国だけでなく，身近なところにも存在するのである。

　もともと世界人権宣言は，「すべての個人と組織」に対して人権を尊重するよう求めている。したがって企業もまた人権を尊重すべき主体であるが，「人権とビジネス」が戦後の国際関係の議題となることは稀であった。しかし，近年この問題がグローバル・ガヴァナンスの課題として浮上している。それを促した重要な要因として，NGO による反グローバリズムと，アナン国連事務総長（当時）が進めた二つの取り組みがあげられる。取り組みの一つは国連グローバル・コンパクトであり，いま一つは「ビジネスと人権に関する国連事務総長特別代表」◆が提出した一連の報告書である。

　グローバル・ガヴァナンスにおける企業の役割をめぐる議論と実際の動向は，大きく分けて二つの見方を中心として展開してきた。

　まず一方で，多国籍企業の活動を問題視する見方がある。第 4 章 2 で論じたように，反グローバリズムの論者は，グローバル化が貧富の格差を拡大すると主張し，多国籍企業が IMF・世界銀行などの国際組織や先進国政府とともにそのグローバル化を主導し，途上国の人々や資源の搾取を通じて不当な利潤を得ていると考える。この観点からは，グローバル化の行き過ぎは是正されるべきであり，

企業はグローバル・ガヴァナンスにおける規制の対象,すなわち統治される側となる。要するに,企業活動は問題の源泉である。

しかし他方で,企業は,その資金・技術・知識・人材を活用しつつ,人権侵害や環境破壊,貧困などのグローバルな問題に取り組むことができると考え,企業の自主的な取り組みに期待する人々もいる。このような人々にとって,企業はグローバル・ガヴァナンスに取り組む行為主体の一つ,すなわち統治に参加する側である。要するに,企業は,政府,国際機関,NGOなどとともに,問題の解決者である。

ビジネスの国際的規制をめぐる動き

ふつう,ビジネスに問題がある場合,政府が法規制を設定したり強化したりして改善がはかられる。ところが,企業が世界各国でビジネスを展開し,多数の現地企業と取引を行う今日では,一国の政府が国内企業の海外でのすべての活動や取引を規制・監視することは,現実には不可能である。国家主権の観点から言っても,一国の

◆用語解説
ビジネスと人権に関する国連事務総長特別代表　正式名称は「人権と多国籍企業およびその他の企業に関する国連事務総長特別代表」であり,2005年から国際政治学者のJ.ラギーがその任に当たっている。各方面・地域の専門家やステークホルダー(利害関係者)からの聞き取り調査ののち,2008年に国連人権理事会に対して「保護,尊重,救済——ビジネスと人権のための枠組み」という報告書を提出した。

報告書は,国家の人権保護義務,企業の人権尊重責任,人権侵害の救済手段へのアクセスを人権保障の三本柱とするよう提唱している。報告書を受けて,国連の人権理事会は,企業が人権を保護する責任を有する旨の決議を全会一致で採択した。

なお,ラギーはコンストラクティヴィズムの理論家であり,彼はアナンの側近(国連事務次長補)を務め,グローバル・コンパクトの立役者の一人でもある。

政府が他国内での企業活動を規制することはできない。政府の能力や主権の問題だけでなく，政府の意思の問題もある。先に述べたインターネットの検閲に対する中国政府の考えはその典型である。政府自体が言論の自由を制限しようとする場合，同国内での企業活動の改善は望むべくもない。同様のことは，労働者の待遇や差別の改善にも当てはまる。これらに厳しい制約を課すと外国企業の誘致が難しくなると考える途上国政府は，法規制の設定や強化をためらう。

このような理由から，企業活動を国際的に規制すべきという声があがる。中でも，国際的な影響力を持つ多国籍企業の活動を規制しようとする動きは，すでに1970年代に始まっていた。1974年の国連総会では，発展途上国が提出した新国際経済秩序（NIEO）構想が採択された。当時，途上国は，ブレトンウッズ・GATT体制が先進国に有利に，逆に途上国に不利に働き，経済的な不平等を拡大していると主張して，それに代わる新たな経済秩序を求めた。その要求の一つが，多国籍企業の活動を法的に規制することであった。

これを受けて同年，国連に多国籍企業委員会が設置され，国際的な行動規約についての交渉が開始された。途上国は，その対象を多国籍企業に限定して規約の遵守を義務とするよう主張した。他方，先進国は，規約が途上国の企業にも適用され，しかも法的な義務ではなく自主的な取り組みにとどめられるべきだと反論した。その後，双方の主張の溝が埋まることはなく，1992年には規約についての交渉が打ち切られた。

他方，企業が自発的に人権を尊重するよう求める試みには進展が見られた。1976年には，先進国によって構成される経済協力開発機構（OECD）において，多国籍企業ガイドライン（行動指針）が作成された。指針は持続可能な開発の実現を謳い，労働者の権利の尊重や環境保全，贈賄の防止，消費者利益の保護，科学技術の移転な

どを盛り込んだ。指針は多国籍企業に向けられた勧告であり，それを守るかどうかは企業の任意だとされた。続いて1977年には，国際労働機関（ILO）が「多国籍企業及び社会政策に関する原則の三者宣言」を採択した。同宣言には，雇用における機会・待遇の均等，児童労働の撤廃，基本的労働権の尊重などが謳われている。ただし，宣言を遵守するかどうかは，政府や使用者団体，多国籍企業の自発的意志に委ねられた。これらの文書は共に企業の自主規制を引き出すためのものであり，強制的ではないので，実効性に欠けると批判されてきた。

企業活動を国際的に規制しようとする政府の取り組みが進まない中で，NGOは多国籍企業の活動を律しようとする動きを起こした。多国籍企業に対する人権キャンペーンの先駆けと言えるのが，1970年代半ばに起きた反アパルトヘイト運動である。当時の南アフリカ共和国では，アパルトヘイトと呼ばれる人種隔離政策が実施されており，人口の一部にすぎない白人が黒人を支配していた。このような政策に抗議する先進国の市民は，反アパルトヘイト運動を展開し始め，南アフリカに投資する多国籍企業の製品をボイコットするよう消費者に呼びかけたのである。中でも，1977年にアメリカの活動家L.サリバン師は，南アフリカ共和国で操業するアメリカ企業に対して，各事業所の労働者にアメリカの労働者と同等の権利を与えるよう訴えた。

反グローバリズムによる多国籍企業批判

第4章2で見たように，グローバル化の進展とともに，反グローバリズムが登場した。近年では，反グローバリズムを提唱するNGOの矛先が，主要国首脳会議（サミット）や国際組織だけでなく，多国籍企業にも向けられている。第5章3で見たように，その際に

は環境問題も扱われるが、人権問題もまた重視されている。

多国籍企業はいかにして、だれのどのような権利を侵害するというのか。反グローバリズムを唱えるNGOがしばしば指摘するのが、「底辺への競争」である。発展途上国は、経済発展を遂げるために多国籍企業を誘致しようとしている。その際、途上国は多国籍企業に有利な環境を整えなくてはならない。具体的には、途上国は最低賃金や労働時間、基本的労働権などの規制を競って緩和する「底辺への競争」に陥ってしまう。その結果、途上国では、労働者が劣悪な条件の下、低賃金で長時間、場合によっては強制的に働かされたり、児童労働が見過ごされたりするのである。

なぜこれらのNGOは、批判の矛先を多国籍企業に向けるのか。第一に、NGOが信じるグローバル化の構図のためである。反グローバリズムにほぼ共通する見方は、①グローバル化が途上国の人々の人権を侵害し、結果的に貧富の格差を拡大させており、②先進国政府、世界銀行やIMFなどの国際組織、多国籍企業がいわば三位一体となってそれを推進している、というものである。中でも、多国籍企業が政府に影響力を行使してグローバル経済を牛耳っている、という見方が、反グローバリズムを提唱するNGOには強い。

第二に、先に述べたように先進国が多国籍企業の規制に乗り気でなく、将来においてそのような規制が実施される見通しは立っていない。そこで一部のNGOは、多国籍企業に対して直接に圧力をかける戦略をとり始めたのである。多国籍企業にかぎらず、最近は企業のブランドが市場競争において重要な役割を果たすようになっている。ブランドを重視する企業は、何よりも自社への悪評を避けようとするので、政府や国際組織に比べると批判や抗議運動に弱い。そのためNGOにとっては、政府や国際組織よりも企業に対して直

接に圧力をかける方が成果を得やすいのである。このような圧力は、社会的規制と呼ばれる。

国連グローバル・コンパクトの創設と展開

　反グローバリズムの興隆をグローバル経済の危機と位置づけつつ、それを逆に好機に変えようと機敏に動いたのが、当時のアナン国連事務総長であった。アナンは、1999年1月にスイスのダボスを訪れ、当地で毎年開催される世界経済フォーラム（ダボス会議）で三度演説を行った。その中で、アナンは企業と国連との間で「グローバル市場に人間の顔を与えるような、価値と原則を共有するグローバルな盟約（コンパクト）を開始する」よう提案し、企業が支持すべき「中核的な価値」として人権、労働、環境をあげた。この演説は、従来の国連が示してきた多国籍企業規制論を転換したものと受け止められた。経済界の好反応を受けて、演説で示された理念を具体化するための作業が急遽開始され、それが国連グローバル・コンパクトに結実した。

　グローバル・コンパクトは、人権や労働、環境に関する9原則の実践を誓う企業が自発的に参加する取り組みとして、2000年7月に企業47社、国連機関（OHCHR, ILO, UNEP）、NGOとともに開始された（その後2004年6月に、腐敗防止に関する第10原則◆が追加された）。原則の作成にあたって、人権については世界人権宣言、労働については「労働における基本的原則及び権利に関するILO宣言」が参照された。

　グローバル・コンパクトは、グローバル・ガヴァナンスの典型例としてしばしばとりあげられる。それは、多様な行為主体を巻き込み、人権や労働、環境、腐敗防止、開発などを含むCSRという複合的な課題を扱い、さまざまな手段を用いて目的を達成しようとし

ているからにほかならない。主体の多様性，課題の複合性，手段の多様性によって国際関係の「(グローバル・) ガヴァナンス化」をはかるならば (山本, 2008)，グローバル・コンパクトは最も「ガヴァナンス化」が進んだ枠組みの一つだと言える。

グローバル・コンパクトは，市場原理に基づきつつも，反グローバリズムが懸念するような市場の暴走を法規制ではなく，普遍的な原則の浸透によって食い止めようとする。第4章で述べたように，関税及び貿易に関する一般協定 (GATT) は国際経済の主体として国家を想定して，自由貿易主義を原則としつつも，国内の雇用や福祉のために政府による市場介入を部分的に認めた。他方，グローバル・コンパクトはグローバル経済の主体として企業を想定して，自由な企業活動の中に人権や労働，環境などの理念を埋め込もうとする。アナンは，「市場の力と普遍的理念の権威とを結合すること」(1998年世界経済フォーラムでの演説) によって，グローバル経済のいわば社会と環境にやさしい発展を追求できるのではないか，と考えたのである。

そのために，グローバル・コンパクトは参加企業に対して10原則の履行だけでなく，MDGsへの貢献をも呼びかける。これは，

◆用語解説
国連グローバル・コンパクト10原則　人権，労働，環境，腐敗防止の4項目から成る。①企業はその影響の及ぶ範囲内で国際的に宣言されている人権の擁護を支持し，尊重する。②人権侵害に加担しない。③組合結成の自由と団体交渉の権利を実効あるものにする。④あらゆる形態の強制労働を排除する。⑤児童労働を実効的に廃止する。⑥雇用と職業に関する差別を撤廃する。⑦環境問題の予防的なアプローチを支持する。⑧環境に関して一層の責任を担うためのイニシアティブをとる。⑨環境にやさしい技術の開発と普及を促進する。⑩強要と賄賂を含むあらゆる形態の腐敗を防止するために取り組む。(訳は国連広報センターのものによった。) 労働に関する四原則は中核的労働基準と呼ばれるものを参照しており，それらは基本的人権とみなされている。

財・サービスの提供や雇用の創出，起業家の育成といった企業活動によって持続可能な開発の実現をめざすという発想に基づいている。たとえば，住友化学は独自に開発した防虫剤練り込み蚊帳をタンザニアとナイジェリアで生産し，アフリカでのマラリアの感染予防に役立てている。

　2011年1月現在，グローバル・コンパクトには世界135カ国から8600を超える団体が参加しており，うち企業は6000社を超える。参加企業は多国籍企業や大企業に限られず，従業員250名未満の企業が半数を占めており，途上国からも多くの企業が参加している。国連からは，先に述べた三機関に加えて，国連開発計画（UNDP）や国連工業開発機関（UNIDO），国連薬物犯罪事務所（UNODC）も名を連ねている。企業以外では，NGOや労働組合，大学，自治体なども参加している。

　グローバル・コンパクトへの参加企業に求められるのは，一般的には，10原則を企業戦略や企業文化，日常業務に組み込んで実践すること，国連機関などとの連携によってMDGsに貢献すること，グローバル・コンパクトの存在を広めることである。加えて，参加企業には10原則の履行状況とその成果を毎年報告することが義務づけられており，継続的に違反した企業は除名される。これによって，参加企業がアカウンタビリティ（説明責任）を果たし，実践を継続的に改善し，企業間の相互学習を促進することなどが期待されている。

　グローバル・コンパクトは，参加団体が多角的に交流するためのさまざまな場を設け，参加企業がそこに積極的にかかわるよう促している。そこでの議論を通じて，10原則の履行についてのノウハウを学習したり，文脈に即して10原則を具体化したりするのが狙いである。そのような場として，人権，労働，腐敗防止といった分

野ごとの作業部会などがある。また，各国にローカル・ネットワークと呼ばれるものが作られ，日本ではグローバル・コンパクト・ジャパン・ネットワーク◆が活動している。

さらに，企業活動の重要なステークホルダー（利害関係者）である機関投資家とビジネス・スクールを巻き込むための枠組みとして，責任投資原則◆と責任経営教育原則◆が設けられている。これらは，グローバル・コンパクトと同様に，原則を支持する団体がネットワークに自発的に参加するという形式をとる。これらの枠組みへの参加団体は，一方で「儲け」だけでなく社会的責任の観点をも自らの投資や教育の活動に浸透させ，他方でそれらの活動を「梃子（てこ）」にして，グローバル・コンパクト原則やCSRを企業や企業人に浸透させていこうとする。

◆**用語解説**

グローバル・コンパクト・ジャパン・ネットワーク　日本のグローバル・コンパクト参加団体によるフォーラムであり，2011年1月現在，116団体（うち企業は110社）が参加している。企業以外には，大学や川崎市，日本サッカー協会などが参加している。セミナーやシンポジウム，分科会などの活動を行っており，2010年にグローバル・コンパクトが創設した「ローカル・ネットワーク賞」の第一回受賞者である。

責任投資原則　2006年4月開始。6原則から成り，信託銀行や年金基金などの参加機関はESG（環境，社会，企業統治）の観点を自らの株式投資に組み込み，ESGに関する情報の開示を企業に求めつつ，自らの投資活動についても情報を開示することを誓う。2011年1月現在，862機関が参加している。ESGの観点は，株式投資を通じて企業の社会的責任を求めていこうとする社会的責任投資（SRI）の中核として，参加機関以外にも広がりつつある。

責任経営教育原則　2007年7月開始。6原則から成り，参加機関は教育・研究を通じて持続可能なグローバル経済の実現をめざすことを誓う。2011年1月現在，346の研究教育機関が参加している。

理論的分析──国連グローバル・コンパクトはなぜ誕生し,発展を遂げてきたのか

　グローバル化が進み,政府だけでは対処が難しい問題が増え,企業活動の社会的意義が問い直されるという状況を考えれば,グローバル・コンパクトのような取り組みが生まれ,発展してきたのは自然の成り行きであるように思えるかもしれない。その発展を「歴史」として現在から振り返ればなおさらであろう。ここでは,グローバル・コンパクトの誕生と発展にあえて「なぜ」と問いかけて,古典的リアリズムとネオ・リベラリズム,コンストラクティヴィズムを用いて理論的に分析してみよう。

　古典的リアリズムは,経済活動を重商主義的にとらえるだろう。すなわち企業,特に多国籍企業は,国の富を増大させる役割を担う重要な行為主体だと考えられる。ただし,企業活動を牛耳るのは国(政府)なので,企業は国の方針に従い,国益をかなえることになる。国際システムに影響を及ぼせるのは大国であるので,グローバルな企業活動についての枠組みは大国の利益に沿ったものとなる。国連事務総長も同様に,大国の利益にかなうかぎりで行動の自由が認められるというように古典的リアリズムは見るであろう。

　以上の観点から,グローバル・コンパクトの発展は次のように説明されるだろう。すなわち,グローバル・コンパクトは国連の枠内につくられたものであり,国家,特に大国の支持なしには成り立たない。実際,事後的ながらも国連総会の支持というお墨付きを得ている。また,国によっては,政府の支援を受けて参加企業が増えている。2003年,エビアン・サミットの開催時に参加企業が急に増えたフランスは,その典型である。

　参加企業数が最も多い地域はヨーロッパであり,実に全体の半数近くにのぼる。グローバル・コンパクトに資金を拠出する13カ国

のうち，EU 加盟国が 8 カ国を占める。EU は CSR を経済成長戦略の中に組み込んで積極的に推進しており，その一手段としてグローバル・コンパクトを活用していると言えよう。付け加えれば，中国もまた政府が主導して CSR に積極的に取り組み始めており，国有企業を中心に参加企業数を世界 5 位にまで伸ばしている。このように，古典的リアリズムの立場から考えると，グローバル・コンパクトは大国が重商主義的な観点から推進していると理解できよう。

ネオ・リベラリズムによれば，国際レジームは国家間の枠組みである。グローバル・コンパクトは，企業を主な行為主体としており，また 10 原則に従わせるようなしくみを備えていないので，ネオ・リベラリズムを用いて説明することは難しい。しかし最近では，企業や NGO などの民間の主体から成る民間レジーム（プライベート・レジーム）論が登場しており（第 2 章 *Column⑥* 参照），この議論ならばグローバル・コンパクトにも適用できる。すなわち，人権などの社会的価値に配慮して貿易を規制すべきという各国や NGO の要請に WTO が応えられない中，グローバル・コンパクトは「人権とビジネス」という観点から，そのような要請に応じて WTO を補完しているのである。

また，第 2 章（*Column⑥*）でふれた法化の議論を用いると，グローバル・コンパクトは詳細なルールでなく一般的な原則に基づいており，法的拘束力がなく，参加企業が権限を移譲しないという意味で，法化の程度が低い，緩やかなレジームである。このようなレジームは，環境の変化が激しく，将来の不確実性が高いときに有効だと言われる。そのため，グローバル化が進展する中，ビジネス環境が刻一刻と，場合によっては劇的に変化する状況においては，グローバル・コンパクトが機能していると理解することができる。

コンストラクティヴィズムは，行為主体が国際規範を内面化する

社会化の過程や，国際レジームが行為主体のアイデンティティを作ったり作り変えたりする過程に注目する。この観点からは，グローバル・コンパクトがさまざまな場を活用して企業の学習を促し，それによって企業が10原則を社内に取り込む内面化を進める働きを説明できる。グローバル・コンパクトは，さまざまなステークホルダー間の対話を通じて「グローバルな企業市民」というアイデンティティを生み出し，それを企業や国際社会に浸透させていく場としてもとらえられよう。

コンストラクティヴィズムはさらに，ある規範を広める規範起業家の役割にも注目する。この観点を応用すると，国連事務総長とその側近（ラギーなど）は国家から比較的自律した存在であり，CSRという規範を広める規範起業家だととらえられる。そして，規範起業家の戦略がグローバル・コンパクトの発展を説明する際の鍵となる。グローバル・コンパクトのG.ケル事務所長らは，①国連事務総長の正当な権威を活用しつつ企業にアピールする，②各方面から支持や協力を取り付けてグローバル・コンパクトの存在感や正統性を高める，③参加団体が議論や対話を行う場を管理運営してCSRに関する専門知識を蓄積し，その道の知的権威となる，などの戦略をとってきた。そうすることで，グローバル・コンパクトを発展させてきたのである。

以上見てきたように，古典的リアリズムは，重商主義の観点から大国がグローバル経済を律する政治的な枠組みを形成する点を強調する。EUや中国がグローバル・コンパクトを支持しているものの，これらがグローバル・コンパクトの創設を主導したわけではないので，古典的リアリズムの説明能力には限界がある。ネオ・リベラリズムは，WTOにおける課題や激変するグローバル経済という観点からグローバル・コンパクトに対する各国やNGOの要請を指摘す

る。しかし誰が実際にグローバル・コンパクトを供給して，いかにそれを発展させるか，という問いへの説明能力を欠く。コンストラクティヴィズムは国連事務総長とその側近を規範起業家とみなして，そのグローバル・コンパクトに関する戦略を描き出すことを可能にする。またネオ・リベラリズムが，罰則を欠くグローバル・コンパクトの限界を指摘するのに対して，コンストラクティヴィズムはグローバル・コンパクトが企業の社会化を促す機能を指摘するのである。

*

　以上見てきたように，第二次大戦後に人権が国際問題とみなされるようになると，まず必要になったのは，人権が何を意味するのかを明確にすることであった。冷戦期には，人権という言葉を用いていても，東西の諸国間では，その意味が違っていた。冷戦が終わると共通の意味が示されたが，安全保障や自由貿易などの価値と比べて，人権がどれだけ重要かという点は未だに論争の的である。この点は，事例で取り上げた難民の保護にも見られる。また，人権問題には，国家以外の多様な行為主体がかかわっている。難民の保護にはUNHCRやNGO，CSRには企業，国連，NGOなどが深く関与している。二つの事例を通じて，本書では別々の章で扱ってきた人権と経済，安全保障などという争点領域が，実は密接に関係している点も明らかになった。これらの事例では，国際レジームが変化したり発展したりする原因を探る問いを設定し，古典的リアリズムとネオ・リベラリズム，コンストラクティヴィズムを用いて，説明を試みた。その際には，いずれの理論のレンズを用いても，それぞれに興味深い分析ができることが明らかになった。

◆さらに読み進む人のために──

梅田徹,2006年『企業倫理をどう問うか──グローバル化時代のCSR』NHKブックス
  *CSRについては経営学からの議論が多い中,本書は国際関係に配慮しつつ,CSRをめぐる争点を簡潔かつ平易に描いている。

緒方貞子,2006年『紛争と難民──緒方貞子の回想』集英社
  *国連難民高等弁務官を務めた著者が,自らの任期におけるUNHCRの活動を回顧し分析した書である。

最上敏樹,2006年『いま平和とは──人権と人道をめぐる9話』岩波新書
  *国際法と国際政治の双方に目を配りつつ,平易な文章で国際的な人権問題について深い考察を行っている。

Forsythe, David P., 2006, *Human Rights in International Relations*, 2nd ed., Cambridge University Press.
  *国際政治学者の手による,人権についての標準的な概説書である。残念ながら,日本語では国際政治における人権についての概説書がないので,洋書に挑戦してほしい。

世界のゆくえと理論的な見方

終章

 ここでは，本書のまとめとして，まず第Ⅰ部で見た理論的な見方を振り返り，その意義を再確認しよう。また，第Ⅱ部の歴史的展開と事例から浮かび上がる，現在の国際関係の方向性を考えてみよう。それはどのような性格を持っているのだろうか。その国際関係における変動を的確にとらえるには，理論的な見方をどのように用い，また展開すればよいのだろうか。

1 世界のゆくえと四つの見方

　世界をとらえるのは、実は容易ではない。世界は、あまりに多様な人々の、あまりに多様な想いや行動によって成り立っていて、複雑な姿をしているからである。仮に、ある最新の国際ニュースを的確に理解できても、他の現象も同様に理解できるような、確かな目は得られそうにない。その確かな目を求めて、古今の研究者が取り組んだのが理論であった。国際的現象のうち、より本質的な原因・理由と結果との関係を見抜き、それを吟味して確かな命題へと高めて、理論にまとめ上げてきたのである。このような理論を用いれば、一見複雑な国際関係について、どこに着目すればよいのか、その手がかりが得られる。何をどのように説明し、解釈すればよいのか、その基礎を知ることができるのである。

　その理論が単一であればわかりやすいのだが、国際関係の理論には実に多くのタイプがある。しかも、それが相互に異なっているだけでなく、対立もしている。ここに、理論を学ぶうえでの厄介さがある。なぜ、これほど多くの理論があるのだろうか。

　その主な要因は、国際関係そのものの性格にある。先に述べたように、国際関係があまりに多様で複雑だからなのである。また、もう一つの重要な要因は、国際関係をかたちづくっているのも、それを観察するのも、人間だという点にある。これらの点のために、国際関係をどのような基本的イメージのもとにとらえればよいのか、その際にどのような手法を用いればよいのかについて、複数の立場がありうるのである。

　こうして、国際関係の理論的な見方には、根本的な相異が生まれる。すなわち、国際関係は構造的に変化しておらず、人間が国際的

な現実を変えるのは困難なのであって、ぎりぎりの対処法を学ぶしかないのか。それとも、国際関係は変動に満ちており、しかも人間の営みを反映して改善や進歩も可能なのか。また、国際関係をとらえる手法においても、自然科学のように客観的・科学的にとらえるべきなのか。それとも、やはり人間に特有の考えや認識、社会の成り立ちにアプローチしなければならないのか。

　国際関係理論の歴史は、このような根本的な分裂のために論争の歴史でもあった。さまざまなタイプのリアリズム（現実主義）とリベラリズム（自由主義）、また科学的な分析方法と伝統的・脱科学的な分析方法とが衝突し合い、論争が繰り返されてきた。その論争の知的刺激によって、理論は発展してきたとも言える。しかし同時に、理論をめぐる議論が次第に抽象的・技術的な性格を強めてしまい、専門家以外にはわかりにくくなった。

　本書ではその理論を、なるべくわかりやすく、しかも体系的に説明するよう試みた。そのため、先に見た理論をめぐる難点や分裂状況そのものに着目して二つの軸を立て、その組み合わせによって理論を4分類した。すなわち、第一の軸は、国際構造が行為主体（アクター）を強く拘束するのか、あるいは行為主体には自由があるのか、という観点である。国際関係の性格に関する、リアリズムとリベラリズムの軸である。

　第二の軸は、人間がかたちづくる国際関係を客観的な存在と見るか、それとも関係者の主観の集まりと見るか、という軸である。この軸は、「客観的な世界」の姿を想定して、その観点から現実を分析するのか、あるいは行為主体の作り出す「主観的な世界」として現実をとらえるのか、という分析のアプローチを意味している。

　前者の見方からすれば、すべての行為主体はパワー（力）を用いて、利益を最大化するよう合理的な行動をとり、知らず知らずのう

ちに一定の法則に従っていることになる。また後者の見方によれば，行為主体は，それぞれの状況において何が適切な行動なのか，何が自分の役割なのかなどを，つねに測りながら行動していることになる。

　本書ではこのような基準を用いて，主要な理論の性格を明確化してみた。そうすると，1980年代以来の代表的な理論であるネオ・リアリズム（新現実主義）とネオ・リベラリズム（新自由主義）は，第一の軸において古典的なリアリズムとリベラリズムとの対立を反映しているものの，しばしば指摘されるように，第二の軸で見ると共通性を持っていることがはっきりした。また，その両者に挑戦したコンストラクティヴィズム（構成主義）は，第二の軸の分析アプローチ上の問題を提起して，独自のアプローチを構築した点に特徴を持っている。古典的リアリズムや英国学派は，一見意外かもしれないが，第二の軸においてコンストラクティヴィズムと共通性を持っていた。

　もっとも，より重要なのは，理論を理解すること以上にそれを利用することである。そのため本書の第II部では，分野ごとに国際関係の様相を概観し，そのうえで重要な意味を持つ事例を紹介して，理論に基づく分析を試みた。

2　国際関係の方向性

　第II部では，安全保障，国際経済，地球環境，人権の4分野の国際的動向を見た。分野ごとに問題の性格，行為主体の行動様式，国際レジームの成立状況などが違っていて，意外なほど異なるダイナミズムが見られた。しかし他方では，4分野に共通した，新しい方向性も認められる。その方向性は，従来の国際関係の枠を超えて，

国際関係を大きく変化させつつあるように思われる。

その方向性の第一は，やはりグローバル化である。もちろんグローバル化は，第4章で見たように国際経済分野において際立った進展と，負の副作用を示している。しかしグローバル化は，それ以上のダイナミズムを持っている。グローバル化にともなう時間や空間の物理的・心理的な縮小は，一見変化の生じにくい安全保障分野でも影響を及ぼしているのである。

たとえばテロは，グローバル化を利用して脅迫や宣伝，資金調達などを展開している。それもあって，脅威をめぐる距離感は大きく縮まり，脅威はどこにいても感じられるようになった。安全に対する脅威は，安全の定義を広げれば，国家安全保障以外にもさらに広く見られる。感染症，環境汚染物質，安全の科学的確証を欠く食品など，さまざまな脅威がほとんど日常化しつつあるのである。ただし，忘れてはならないのは，こうした問題に対処するための情報交換，研究開発，迅速な国際協議なども，グローバル化によって促されている点である。

第二の方向性は，アイディアや価値の重要性の高まりである。第II部で見たように，特に冷戦終結の後，民主主義や自由主義，人権などのアイディアが各国の人々に浸透している。いくつかの国では，民族や宗教がかつて以上に人々の心をとらえている。こうした動きを背景に，民主主義や市場経済，人権規範などを導入する国が，かつてないほどに増大した。しかし同時に，民主化の進行過程で社会が不安定化したり，自由主義の経済思想の行き過ぎに反対運動が高まったりする事態も見られる。また，民族・宗教上のアイディアは，人々の自立を支えているが，その半面で人々の対立を根深いものにもしている。

第三は，国際的な行政の拡大・官僚化である。地球環境の保護，

国際金融の安定化，難民の擁護など，グローバルな問題が多発し，しかもそれらが複雑で技術的な性格を持っている。それらに対応する観点から，第6章で見た国連難民高等弁務官事務所（UNHCR）をはじめ，いくつかの国際行政組織が，元来の権限以上に役割を拡張しているのである。経済的な地域レジームや地球環境レジームにおいても，各国が行政権限を地域的・国際的協議体に委ねる動きが見られる。こうした動きの下で，各国政府の官僚が連携する場面も増している。

国際的な行政の拡大・官僚化によって，少なからぬ問題がより効率的に処理されている。しかし，国際組織や主要国の政策決定者と，実際に問題に直面する市民社会との間で，関心のズレや政策決定への参加の過不足も拡大している。それは，第4章でふれた民主主義の赤字として，反グローバリズム運動の標的にもなっている。この批判に対応して，国際組織や主要国が，非政府組織（NGO）や市民組織と連携する試みも定着しつつある。

第四には，グローバル・ガヴァナンスの胎動（たいどう）が見られる。グローバルな課題が浮上しているものの，かといって，世界的な政府組織を確立して対応できるわけではない。そこで，各国政府や国際組織，地域レジーム，NGO，多国籍企業など，多様な行為主体が分野や立場の違いを超えて連携し，役割を補完し合い始めている。グローバル・ガヴァナンスにおいては，厳格な組織体ではなく，緩やかなネットワークの下で，さまざまな行為主体が機能を提供し合い，実際的な協力を試みているのである。

すでに見たように，グローバル化が進み，それを背景に多様なアイディアや価値が伝播し，相互に接触している。そうすると，それぞれには正当であっても，互いに相容れないアイディアが衝突する場合もある。たとえば，経済的な自由貿易主義のアイディアと地球

環境上の持続可能な開発のアイディアとが，環境保護のための貿易制限，貿易拡大による環境汚染などをめぐって，関税及び貿易に関する一般協定（GATT）や世界貿易機関（WTO），多国間環境会議などの場において衝突してきた。こうした問題については，各分野で国際的な行政の拡大・官僚化が進んだとしても，分野間のアイディアの矛盾が解消しなければ効果的に対処できない。そこでグローバル・ガヴァナンス，すなわち関係する多様な行為主体が連携して，問題の解決をはかり，さらには分野ごとのアイディアや国際レジームを調整し，分野横断的なルールをめざすのである。

とはいえ，そもそも立場や価値感の異なる行為主体が，困難な問題で協力するのであるから，グローバル・ガヴァナンスが容易に成立するはずはない。それでも，第5章3で見た世界ダム委員会（WCD）のように，利害関係者が効果的に対話をし，協調関係を築いた例も見られる。この事例は，グローバル・ガヴァナンスの可能性を示唆する好例であろう。

以上に見たような方向性は，過去にも見られなかったわけではない。しかし今日の動きは，その強度や広がりにおいて，また個々の方向性が関連し合って大きなうねりを形成し始めている点において，従来とは異なる段階を示している。この動きにともなって，国際関係には大きな変化が生じつつある。その変化の意義を見定めるには，従来の国際関係の基本的構造を振り返る必要があろう。

3 国際関係の基本的構造の変化

国際関係の基本的構造が成立したのは，古く16-17世紀のヨーロッパに遡る。それが世界に広がり，今日の国際関係の礎となったのである。この基本的構造は，ウェストファリア体制と呼ばれる。

16世紀以来、ヨーロッパで宗教戦争が深刻化したため、それを乗り越える試みがなされ、一定の秩序維持メカニズムに結実していった。それを象徴的に表しているのが三十年戦争（1618-48年）の終結時に結ばれた、ウェストファリア条約（1648年）である（*Column②*参照）。

そのウェストファリア体制の特徴は、第一に、宗教のような究極的な正義や真実にかかわる問題を、あえて国際関係から切り離した点にある。国際関係は、世俗的なパワーや利益を調整する場として、それ以前のような宗教戦争を封じたのである。

そのため、第二に、ウェストファリア体制は国際関係上の主たる行為主体を主権国家とした。教会や封建領主などの有力者は、行為主体から外したのである。主権国家における主権とは、国家が外交上も国内上も最高の権利を持つことを意味する。したがって国家が、軍隊や警察などの暴力を独占的に管理する。

そのような国家が相互に牽制し合い、あるいは協力して、国際関係を安定化させたのが、第三の特徴である。国家が、互いに暴力行使を制御し合って戦争を回避し、また互いに国内問題に干渉しないものとして、国際的なトラブルを抑えたのである。後者は、内政不干渉と呼ばれる原則となる。前者は、第1章1でも述べた勢力均衡（バランス・オブ・パワー）によってはかられた。もちろん、国家間の競争や軋轢は抑え切れない。そのため、各国は外交や国際法などによる問題解決を互いのマナーとし、また経済競争は自由主義をほぼ共通するルールとして展開した。

こうして国際関係は、主権国家がそれぞれに強い権限を持ち、その相互関係において国際秩序を維持する体制を整えたのである。ただし、このウェストファリア体制は、国際関係のアナーキー（無政府状態）な状況を持続していたし、時に戦争を回避できず、また発

展途上国の苦難に対応していないなど，問題も少なくなかった。それでも，秩序維持を実際的にはかるうえでは比較的賢明で負担の少ないメカニズムであり，長期にわたって一定の安定性を保ってきた。

　しかし，すでに見た今日の国際的な方向性は，この基本的構造に変化を及ぼしかねない。というのも，グローバル化を背景にして，金融危機やテロなど，各国の守備範囲や能力を超えた問題が発生しているからである。また，アイディアや価値の台頭を背景にして，かつて排除した正義や正当性の問題が，争点として浮上しているからである。さらに，国際的な行政の拡大・官僚化や，グローバル・ガヴァナンスの胎動を背景にして，主権国家を超えた秩序メカニズムも現れつつあるからである。

　それでも，このような変化は全面的・継続的に見られるわけではない。特に軍事的な安全保障の分野では，従来の基本的構造がまだかなり機能している。そうだとしても，国際関係の基本的構造はすでに流動化しつつあり，根底において変化し始めていると考えられる。

4　理論的な見方の運用

　このような国際関係の変化に着目する場合，理論に基づく見方はどのように用いればよいのだろうか。分析対象の国際的現象について，変化の規模や範囲，その意義を見極めて，適切な理論を用いる必要があろう。すなわち，変化が一時的・部分的な変動であり，ネオ・リアリズムやネオ・リベラリズムなどの示す仮説を揺るがすほどではないならば，これらの理論を用いることができる。あるいは，変化が構造的であり，根本的な国際規範の変容を照らし出す必要があれば，コンストラクティヴィズムを用いるのが適切であろう。

変化は，現象の性格や時期，地域などによってさまざまであろうし，また一つの現象が多面的な変化をともなっているかもしれない。したがって，まずは本書で試みたように，カメラのレンズを交換するように複数の見方を適用してみて，より整合的・説得的な説明や解釈ができる理論を選択するべきであろう。あるいは，より高度な技法を要するが，あえて意外な理論を適用し，通常なら見過ごされかねない側面を浮き彫りにするという方法もありうる。たとえば，伝統的な安全保障問題に，適用が当然だとされているリアリズムの諸理論ではなく，意識的にコンストラクティヴィズムを適用してみる，というように。

　本書の事例分析では，複数の理論的な見方が，それぞれに一定の適合性を示していた。とはいえ，全体として見れば，意外にコンストラクティヴィズムが適合する場合が多かった。本書では，最近の国際関係の典型をなすと考えられる事例を選択しており，その多くが，進行中の構造的変化を体現していたためであろうか。そのために，行為主体が問題に対応する際には，その基本的な認識や考えが問い質され，既存の国際規範が動揺し，さらには新たなアイディアが浮上していたのであろう。

　複数の理論が，一定の適合性を示したということは，唯一絶対の理論的な見方が成立していないことを意味する。それは国際関係が多面的で複雑であるためであり，また理論が発展途上にあるためでもある。このような状況においては，いくつかの理論的な見方を組み合わせ，融合し，より包括的な視角を構想できる可能性もある。あるいは全く新しい視角によって，一見矛盾する要素を統一的に説明でき，解釈できる可能性もあろう。

　本書で扱った理論は，主要な理論ではあるものの，その射程範囲に十分に収まっていない現象もある。たとえば，発展途上国の開発，

ナショナリズム，ジェンダーなどである。国際関係の理論は今なお見直され，修正され，新たに提起され続けている。今後，さらに研ぎ澄まされた，あるいはさらに包括的な分析が可能になるものと期待される。

5　分析の技法

　本書で事例分析を行ったのは，理論を習熟するだけでなく，それを実際に分析に用いる方法を例示するためであった。読者には，自ら事例分析に取り組んでいただきたい。さらには，国際関係の現象に潜む原因・理由と結果との関係を発見し，それを仮説に高めていただきたい。

　最後に，そのような作業の手がかりとして，代表的な分析の技法を見ておこう。それは，本書で言う「客観的な世界」と「主観的な世界」とでかなり異なってくる。

　まず，「客観的な世界」を想定するネオ・リアリズム，ネオ・リベラリズムなどの場合は，序章で述べたように，一見複雑な国際関係にも規則性があり，そこに一定の因果関係が隠れていると見ている。そして，それを仮説として示し，証明すれば，命題に高められるとする。その命題の集合こそが理論である。このような法則性，因果関係などは，どのようにすれば発見されるのだろうか。

　国際関係において規則性を発見するには，大量の現象を観察し，帰納的と呼ばれる仕方でパターンを探っていくのが好ましいとされる。ここで帰納的とは，個々の具体的な事実を多数検討する中で一つのより一般的な規則性を導き出すような推論の仕方を言う。たとえば，統計帰納法と呼ばれる技法では，大量の事実の観察から統計データを集めて，そこから一定の傾向を読み取る。あるいは，すで

にある仮説に基づいて一定の規則性を想定し，それを数式に表してそこにデータを当てはめてみて，その規則性が正しいかどうかを確認する。

また，演繹的(えんえきてき)と呼ばれる技法も用いられる。演繹的とは帰納的の逆であり，ある一般的な傾向を認めるならば，そこから必然的に推論できるような，より具体的な法則性を見つける思考法を言う。数理演繹法と言われる技法によれば，一定の前提を数理的に処理すれば，日常的な感覚では見つけにくい規則性を発見しやすいとされる。

このような統計的・数理的な技法は，国際関係論の一部の理論において，最近多用されるようになった。ネオ・リアリズムやネオ・リベラリズムの分析は，統計的・数理的な技法に比較的なじみやすい。もちろん，本書で用いたような叙述的・歴史的な技法もよく利用されており，その方が一般的には使いやすいであろう。それについては，後で述べる。

いずれにせよ，規則性が発見されれば，そこから一定の因果関係を見つけ出す必要がある。たとえば「大国間よりも，大国―小国間で戦争が頻繁(ひんぱん)に起きる」という規則性が見られたとしよう。そうすると，その原因を探って，因果関係に関する仮説を立てなければならない。たとえば「大国間では勢力が均衡し，相互に抑止が働くために武力行使に歯止めがかかる。しかし，大国―小国間では相互に抑止が働かないため，大国が小国に武力を行使する確率が高い」という仮説を立てたとしよう。この仮説が，経験的に確認できる事実に合致するかどうかを，事例の統計や叙述を通じて判断しなければならない。

それが認められたならば，仮説は証明されたことになり，すなわち命題として法則の地位を得るのである。しかし，経験的な事実に合致しないと反証されれば，その仮説を放棄するか，修正するかし

なければならない。後者の場合，仮説が証明されるまで同じ作業を繰り返すことになる。こうして法則が成立すれば，それを分析に用いることができる。つまり今度は，本書の事例分析のように，その法則を具体的な出来事に照らし合わせて，その出来事をめぐる原因と結果を説明するのである。

さて，「主観的な世界」を想定するコンストラクティヴィズムや英国学派では，別の技法を用いる。それらが解明すべきは，序章に述べたように，ある結果をもたらした原因ではなく理由である。具体的には，行為主体が行動に込めた意味や，行動に作用したアイディア，あるいは行動を導いた国際規範などである。これらを発見するには，先に見たように一般的な規則性を追求するのではなく，個々の行為主体の行動の背景を考察することが必要になる。

その技法には，第一に歴史学的な技法がある。行為主体が特定の行動をどのような動機でとるにいたったのかを，行為主体の記録，書簡や日記，インタビューなどによって，その信念や認識，考え方などから探るのである。日本には豊かな外交史研究の伝統があるため，この技法が発達しており，国際関係論でも多用されている。

第二の方法は，社会学的な技法である。行動の持つ意味を，その背景にある社会的・文化的な制度，慣行などから考えるのである。国際規範，国際的な役割の体系などにおいて，行為主体の行動がどのような意義を持つのか，たとえば国際規範に黙従したのか，それから部分的に逸脱したのか，さらにはその変革を意図したのか，などを検討するのである。

社会学的な技法としては，すでに見た統計的な技法も用いられる。しかし，歴史学的な技法にせよ，社会学的な技法にせよ，基本的にはプロセス・トレーシング（過程追跡）と呼ばれる技法がとられる場合が多く，初学者にはこの技法の方がマスターしやすいであろう。

プロセス・トレーシングでは，現象の具体的な展開過程を物語的に再構成していき，その展開を左右した行為主体の動機，国際規範の作用などを確認していくのである。

このようにして，行為主体が，どのような背景や理由によって，どのような行動をとったのか。それが，伝統的リアリズムにおけるパワー，コンストラクティヴィズムにおけるアイディアなどの，どのような要素と関連していたのか。その結果として，どのような国際的現象が生じたのか，といったことを読み解いていくのである。

なお，コンストラクティヴィズムは，行為主体がその時々に偶発的な行動をとるとは見ていない。行為主体は一定の状況において，一定のアイディアをめぐる行動をとると想定しているのである。すなわち，第2章3で見たように，行為主体がアイディアをめぐる行動を変える，つまり新たなアイディアを提起したり，従来の国際規範を遵守しなくなったりするのは，危機や規範起業家の登場，行為主体間の対話などの状況においてだと，コンストラクティヴィストは考えている。事例分析は，このような状況と行為主体の行動の関係について，従来の説を確認したり，修正したり，あるいは新たな状況と行動の関係を指摘したりするものとなるだろう。

ここで注意を要するのは，こうした状況と行動との関係が，ネオ・リアリズムやネオ・リベラリズムの想定する因果関係とは異なる点である。ネオ・リアリズムやネオ・リベラリズムは因果関係について，一定のパワーや利害という物理的な要素を原因とし，行為主体の行動を結果として，その関係に法則があるものと想定していた。また，これらの理論は，その因果関係の法則を科学的に検出し，検証することによって，「客観的な世界」を明らかにしようとしていた。

コンストラクティヴィズムにおいても，状況と行動の関係は解明

すべき対象であり，多くの研究が，その関係に見られる傾向やパターンを模索している。ただしコンストラクティヴィズムは，特定の状況が特定の行動のみに対して，いわば1対1で結び付いているとは考えていない。むしろ，いくつかの状況において，行為主体がアイディアをめぐる行動を大きく変える傾向がある，というふうに考えている。そのいくつかの状況というのが，先にふれた危機や規範起業家の関与などである。コンストラクティヴィズムの想定する「主観的な世界」は，そのような状況と行動との関係に基づいている。したがって，ネオ・リアリズムやネオ・リベラリズムの事例分析が究極的には因果関係の法則の発見をめざしていたように，コンストラクティヴィズムにおける事例分析も，状況・行動関係という，別の意味における因果関係を追究する必要があろう。コンストラクティヴィズムは比較的新しいアプローチであるだけに，発展途上にある。このような因果関係の知見を蓄積していくことで，理論的な見方としてさらに洗練され，研ぎ澄まされたものになっていくであろう。

*

　現在の国際関係は，非常に錯綜している。全体としてどのように推移していくのか，また個々の政策課題に対してどのような対応がなされていくのか，未確定な部分が少なくない。理論的な見方は，このとらえにくい国際的現象について，鍵となるポイントをクローズアップし，より適切な説明や解釈をする手がかりになる。そこから得られた知見に基づいて，今後の国際関係について展望を描き出し，また政策課題へのよりよい対応策を構想することもできよう。さらには，理論の適用や再検討を重ねる中で，より確かな知見や命題が浮かび上がり，理論の改善，革新も進んでいくであろう。

●引用・参考文献●

1 日本語文献

阿部浩己, 1998 年『人権の国際化——国際人権法の挑戦』現代人文社

阿部浩己, 2003 年『国際人権の地平』現代人文社

阿部浩己・今井直・藤本俊明, 2009 年『テキストブック国際人権法〔第3版〕』日本評論社

新垣修, 2003 年「世界政治と難民保護の協力——レジームからガバナンスへ」『志學館法学』第4号

有賀貞, 1992 年「アメリカ外交における人権」有賀貞編『アメリカ外交と人権』日本国際問題研究所

石川卓, 2007 年「核不拡散体制の動揺と米国の拡大抑止」『海外事情』7・8月号

石田淳, 2000 年「コンストラクティヴィズムの存在論とその分析射程」『国際政治』第124号

今田高俊編, 2000 年『社会学研究法——リアリティの捉え方』有斐閣アルマ

岩田一政・小寺彰・山影進・山本吉宣編, 2003 年『国際関係研究入門〔増補版〕』東京大学出版会

梅田徹, 2006 年『企業倫理をどう問うか——グローバル化時代のCSR』NHKブックス

梅本哲也, 2010 年『アメリカの世界戦略と国際秩序——覇権, 核兵器, RMA』ミネルヴァ書房

江橋崇編, 2008 年『グローバル・コンパクトの新展開』法政大学出版局

江橋崇編, 2009 年『企業の社会的責任経営——CSRと国連グローバル・コンパクトの可能性』法政大学出版局

大泉敬子, 2004 年「グローバル化の進む世界と国連——『グローバル・コンパクト』の意味を問う」『世界法年報』第23号

大芝亮, 2004 年「グローバル・ガバナンスと国連——グローバル・コンパクトの場合」『国際問題』第534号

大矢根聡, 2002 年『日米韓半導体摩擦——通商交渉の政治経済学』有信堂高文社

大矢根聡, 2004 年「東アジアFTA：日本の政策転換と地域構想——『政策バン

ドワゴニング』から『複雑な学習』へ」『国際問題』528 号
大矢根聡, 2005 年 a「経済外交——『経済大国』化とその揺らぎ」多胡圭一編『日本政治——過去と現在の対話』大阪大学出版会
大矢根聡, 2005 年 b「国際規範の遵守と国内政治——コンストラクティヴィズムによる日本・農産物検疫事件の分析」川瀬剛志・荒木一郎編『WTO 紛争解決手続における履行制度』三省堂
大矢根聡, 2005 年 c「コンストラクティヴィズムの視座と分析——規範の衝突・調整の実証的分析へ」『国際政治』第 143 号
大矢根聡, 2009 年「レジーム・コンプレックスと政策拡散の政治過程——政策アイディアのパワー」日本国際政治学会編/大芝亮・古城佳子・石田淳責任編集『日本の国際政治学 2 国境なき国際政治』有斐閣
大矢根聡編, 2009 年『東アジアの国際関係——多国間主義の地平』有信堂高文社
緒方貞子, 2006 年『紛争と難民——緒方貞子の回想』集英社
亀山康子, 2010 年『新・地球環境政策』昭和堂
カルドー, メアリー/山本武彦・渡部正樹訳, 2003 年『新戦争論——グローバル時代の組織的暴力』岩波書店
環境経済・政策学会編, 2010 年『地球温暖化防止の国際的枠組み——ポスト 2012 はいかにあるべきか』東洋経済新報社。
菊池努, 1997 年「国際関係の争点としての人権問題——アジアの文脈で」渡邉昭夫編『アジアの人権——国際政治の視点から』日本国際問題研究所
菊池努, 2001 年「『東アジア』地域主義の可能性——ASEAN＋3（日中韓）の経緯と展望」『国際問題』第 494 号
吉川元, 1992 年『ソ連ブロックの崩壊——国際主義, 民族主義, そして人権』有信堂高文社
吉川元, 1994 年『ヨーロッパ安全保障協力会議（CSCE）——人権の国際化から民主化支援への発展過程の考察』三嶺書房
吉川元, 2001 年「人権」初瀬龍平・定形衛・月村太郎編『国際関係論のパラダイム』有信堂高文社
ギルピン, ロバート/古城佳子訳, 2001 年『グローバル資本主義——危機か繁栄か』東洋経済新報社
久米郁男, 1994 年「政治経済環境の変化と行政システム」西尾勝・村松岐夫編『講座行政学第 3 巻——政策と行政』有斐閣
栗栖薫子, 2006 年「人の移動と難民保護」大芝亮・藤原帰一・山田哲也編『平和政策』有斐閣ブックス

黒澤満，2000 年「2000 年 NPT 再検討会議と核軍縮」『阪大法学』50 巻 4 号
黒澤満，2005 年「2005 年 NPT 再検討会議と核軍縮」『阪大法学』55 巻 2 号
小泉康一，2005 年『国際強制移動の政治社会学』勁草書房
高坂正堯，1966 年『国際政治――恐怖と希望』中公新書
河野勝・竹中治堅編，2003 年『アクセス国際政治経済論』日本経済評論社
国連難民高等弁務官事務所編著，UNHCR 日本・韓国地域事務所広報室訳・編，2001 年『世界難民白書 2000 人道行動の 50 年史』時事通信社
サッセン，サスキア／伊豫谷登士翁訳，1999 年『グローバリゼーションの時代――国家主催のゆくえ』平凡社選書。
信夫隆司編，2000 年『地球環境レジームの形成と発展』国際書院
島田征夫編，2005 年『国内避難民と国際法』信山社出版
竹内敬二，1998 年『地球温暖化の政治学』朝日選書
田中明彦，2002 年「現在の世界システムと安全保障」『国際問題』第 511 号
谷本寛治，2006 年『CSR――企業と社会を考える』NTT 出版
土山實男，2004 年『安全保障の国際政治学――焦りと傲り』有斐閣
土佐弘之，2003 年『安全保障という逆説』青土社
永井陽之助，1978 年『冷戦の起源――戦後アジアの国際環境』中央公論社
納家政嗣・梅本哲也編，2000 年『大量破壊兵器不拡散の国際政治学』有信堂高文社
日本国際政治学会編，1992 年『国際政治』第 100 号（冷戦とその後）
日本国際政治学会編，2008 年『国際政治』第 153 号（グローバル経済と国際政治）
藤原帰一・李鍾元・古城佳子・石田淳編，2004 年『国際政治講座』③④，東京大学出版会
フリック，ウヴェ／小田博志・山本則子・春田常・宮地尚子訳，2004 年『質的研究入門――「人間の科学」のための方法論』春秋社
ベネディック，リチャード・E.／小田切力訳，1999 年『環境外交の攻防――オゾン層保護条約の誕生と展開』工業調査会
ポーター，ガレス＝ジャネット・ウェルシュ・ブラウン／細田衛士監訳，1998 年『入門地球環境政治』有斐閣
本間浩，1990 年『難民問題とは何か』岩波新書
松本悟編，2003 年『被害住民が問う開発援助の責任――インスペクションと異議申し立て』築地書館
三浦聡，2003 年「ヘテラーキカル・ソサエティ――世界政治におけるネットワークと権威」『国際政治』第 132 号

三浦聡, 2009 年「国連グローバル・コンパクトの意義――ガバナンス論からの考察」『日本国際経済法学会年報』第 18 号

宮坂直史, 2002 年『国際テロリズム論』芦書房

宮坂直史, 2003 年「テロリズム対策における国連の役割」日本国際連合学会編『国連研究』第 4 号

宮脇昇, 2003 年『CSCE 人権レジームの研究――「ヘルシンキ宣言」は冷戦を終わらせた』国際書院

最上敏樹, 2001 年『人道的介入――正義の武力行使はあるか』岩波新書

最上敏樹, 2006 年『いま平和とは――人権と人道をめぐる 9 話』岩波新書。

山影進, 1994 年『対立と共存の国際理論――国民国家体系のゆくえ』東京大学出版会

山田高敬, 1997 年『情報化時代の市場と国家――新理想主義をめざして』木鐸社

山田高敬, 2004 年 a「『複合的なガバナンス』とグローバルな公共秩序の変容――進化論的コンストラクティビズムの視点から」『国際政治』第 137 号

山田高敬, 2004 年 b「地球環境領域における国際秩序の構築――国家の選好と知識」石田淳ほか編『国際政治講座 ④ 国際秩序の変動』東京大学出版会

山田高敬, 2007 年「共振する二つのトランスナショナリズムと世界銀行の組織変化」『国際政治』第 147 号

山田高敬, 2008 年 a「多国間制度の不均等な法化と私的権威の台頭」『国際法外交雑誌』第 107 巻第 1 号

山田高敬, 2009 年 b「多国間主義から私的レジームへ――マルチステークホルダー・プロセスのジレンマ」日本国際政治学会編／大芝亮・古城佳子・石田淳責任編集『日本の国際政治学 2 国境なき国際政治』有斐閣

山田高敬, 2009 年「公共空間におけるプライベート・ガバナンスの可能性――多様化する国際秩序形成」『国際問題』第 586 号

山本吉宣, 2008 年『国際レジームとガバナンス』有斐閣

UFJ 総合研究所新戦略部通商政策ユニット編, 2004 年『WTO 入門』日本評論社。

渡辺昭夫・土山實男編, 2001 年『グローバル・ガヴァナンス――政府なき秩序の模索』東京大学出版会

渡辺利夫編, 2004 年『東アジア市場統合への道――FTA への課題と挑戦』勁草書房

2 外国語文献

Acharya, Amitav, 2000, *The Quest for Identity: International Relations of Southeast Asia*, Oxford University Press.

Acharya, Amitav, 2009, *Whose Ideas Matter?:Agency and Power in Asian Regionalism*, Cornell University Press.

Ba, Alice D., 2007, "Between China and America: ASEAN's Great Power Dilemmas," Evelyu Goh and Sheldon W. Simon, eds., *China, the United States and Southeast Asia: Contending Perspectives on Politics, Security, and Economics*, Routledge Press.

Ba, Alice D., 2009, (*Re*) *Negotiating East and Southeast Asia: Region, Regionalism, and the Association of Southeast Asian Nations*, Stanford University Press.

Baldwin, David A., 1993, *Neorealism and Neoliberalism: The Contemporary Debate*, Columbia University Press.

Barnett, Michael, and Martha Finnemore, 2004, *Rules for the World: International Organizations in Global Politics*, Cornell University Press.

Barton, John H., Judith L. Goldstein, Timothy E. Josling and Richard H. Steinberg, 2006, *The Evolution of the Trade Regime: Politics, Law and Economics of the GATT and the WTO*, Princeton University Press.

Beitz, Charles, 1979, *Political Theory and International Relations*, Princeton University Press.

Bernstein, Steven, 2001, *The Compromise of Liberal Environmentalism*, Columbia University Press.

Bhagwati, Jagdish, 1988, *Protectionism*, MIT Press（渡辺敏訳『保護主義――貿易摩擦の震源』サイマル出版会，1989 年）.

Booth, Ken, and Tim Dunne, eds., 2002, *Worlds in Collision: Terror and the Future of Global Order*, Palgrave Macmillan.

Bracken, Paul, 2003, "The Structure of the Second Nuclear Age," *Orbis*, Summer.

Brenton, Tony, 1994, *The Greening of Machiavelli: The Evolution of International Environmental Politics*, Royal Institute of International Affairs.

Bridgeman, Natalie L., 2001, "World Bank Reform in the 'Post-Policy' Era," *Georgetown International Environmental Law Review*, 13.

Brooks, Stephen G., 1997, "Dueling Realisms," *International Organization*, 51, 3.

Bull, Benedicte and Desmond McNeill, 2007, *Development Issues in Global*

Governance: Public-Private Partnerships and Market Multilateralism, Routledge.

Bull, Hedley, 2002, *The Anarchical Society: A Study of Order in World Politics*, 3rd ed., Columbia University Press（第2版の翻訳として，臼杵英一訳『国際社会論――アナーキカル・ソサイエティ』岩波書店，2000年）.

Byers, Michael, and Simon Chesterman, 2003, "Changing the Rules About Rules ?: Unilateral Humanitarian Intervention and the Future of International Law," in J. L. Holzgrefe and Robert O. Keohane, eds., *Humanitarian Intervention: Ethical, Legal, and Political Dilemmas*, Cambridge University Press.

Carr, Edward Hallett 1964, *The Twenty Years Crisis, 1919-1939: An Introduction to the Study of International Relations*, Harper & Row（井上茂訳『危機の二十年――1919-1939』岩波文庫，1996年）.

Checkel, Jeffrey T., 2001, "Why Comply ?: Social Learning and European Identity Change," *International Organization*, 55, 3.

Clark, Ian, 1999, *Globalization and International Relations Theory*, Oxford University Press.

Choi, Jong Kun and Chung-in Moon, 2010, "Understanding Northeast Asian Regional Dynamics: Inventory Checking and New Discourses on Power, Interest, and Identity," *International Relations of the Asia-Pacific*, 10, 2.

Donnely, Jack, 1993, "Human Rights, Humanitarian Crisis, and Humanitarian Intervention," *International Journal*, 48.

Donnelly, Jack, 2000, *Realism in International Relations*, Cambridge University Press.

Donnelly, Jack, 2003, *Universal Human Rights in Theory and Practice*, 2nd ed., Cornell University Press

Drezner, Daniel W., 2007a, *All Politics Is Global: Explaining International Regulatory Regimes*, Princeton University Press.

Drezner, Daniel W., 2007b, "The New New World Order," *Foreign Affairs*, March/April.

Dunne, Tim, and Nicholas J. Wheeler, eds., 1999, *Human Rights in Global Politics*, Cambridge University Press.

Einhorn, Jessica, 2001, "The World Bank's Mission Creep," *Foreign Affairs*, 80, 5.

Elman, Colin, and Miriam Feudius Elman, eds., 2003, *Progress in International Relations Theory: Appraising the Field*, MIT Press.

Evangelista, Matthew, 2004, "Turning Points in Arms Control," in Richard K.

Herrmann and Richard Ned Lebow, eds., *Ending the Cold War: Interpretations, Causation, and the Study of International Relations*, Palgrave Macmillan.

Fawcett, Louise, and Andrew Hurrell, eds., 1995, *Regionalism in World Politics: Regional Organization and International Order*, Oxford University Press(菅英輝・栗栖薫子監訳『地域主義と国際秩序』九州大学出版会, 1999年).

Fearon, James D., 1994, "Domestic Political Audiences and the Escalation of International Disputes," *American Political Science Review*, 88.

Fearon, James D., 1998, "Commitment Problems and the Spread of Ethnic Conflict," in David A. Lake and Donald Rothchild, eds., *The International Spread of Ethnic Conflict: Fear, Diffusion, and Escalation*, Princeton University Press.

Finnemore, Martha, 1996, *National Interests in International Society*, Cornell University Press.

Finnemore, Martha, 1996, "Constructing Norms of Humanitarian Intervention," in Peter J. Katzenstein ed., *The Culture of National Security: Norms and Identity in World Politics*, Columbia University Press.

Finnemore, Martha, 2003, *The Purpose of Intervention: Changing Beliefs about the Use of Force*, Cornell University Press.

Ford, Jane, 2003, *A Social Theory of the WTO: Trading Cultures*, Palgrave Macmillan.

Forsythe, David P., 2006, *Human Rights in International Relations*, 2nd ed., Cambridge University Press.

Fox, Jonathan A., 2002, "The World Bank Inspection Panel and the Limits of Accountability," in Jonathan R. Pincus and Jeffrey A. Winters, eds., *Reinventing the World Bank*, Cornell University Press.

Franck, Thomas M., 2003, "Interpretation and Change in the Law of Humanitarian Intervention," in J. L. Holzgrefe and Robert O. Keohane, eds., *Humanitarian Intervention: Ethical, Legal, and Political Dilemmas*, Cambridge University Press.

Frankel, Joseph, 1979, *International Relations in a Changing World*, Oxford University Press(田中治男訳『国際関係論』東京大学出版会, 1980年).

Freidberg, Aaron L., 2005, "The Future of U.S.-China Relations: Is Conflict Inevitable?," *International Security*, 30, 2.

Fuchs, Doris A., and Friedrich Kratochwil, eds., 2002, *Transformative Change and Global Order: Reflections on Theory and Practice*, LIT Verlag.

Gaddis, John Lewis, 1987, *The Long Peace: Inquiries into the History of the Cold*

War, Oxford University Press(五味俊樹ほか訳『ロング・ピース――冷戦史の証言「核・緊張・平和」』芦書房,2002年).

Giddens, Anthony, 1991, *Modernity and Self-Identity: Self and Society in the Late Modern Age*, Stanford University Press.

Gilpin, Robert, 1981, *War and Change in World Politics*, Cambridge University Press,

Goldgeier, James M., 1999, *Not Whether But When: The U. S. Decision to Enlarge NATO*, Brookings Institution Press.

Goldstein, Judith L., and Lisa L. Martin, 2001, "Legalization, Trade liberalization, and Domestic Politics: A Cautionary Note," in Judith L. Goldstein, Miles Kahler, Robert O. Keohane, and Ann-Marie Slaughter, eds., *Legalization and World Politics*, IO Foundation and MIT Press.

Goldstein, Judith L., Miles Kahler, Robert O. Keohane, and Ann-Marie Slaughter, eds., 2001, *Legalization and World Politics*, IO Foundation and MIT Press.

Gould, Carol C., 2004, *Globalizing Democracy and Human Rights*, Cambridge University Press.

Gray, Colin, 2002, "World Politics as Usual After September 11," in Ken Booth and Tim Dunne, eds., *Worlds in Collision: Terror and the Future of Global Order*, Palgrave Macmillan.

Grieco, Joseph M., 1988, "Anarchy and the Limits of Cooperation: A Realist Critique of the Newest Liberal Institutionalism," *International Organization*, 42, 3.

Grieco, Joseph M., 1990, *Cooperation among Nations: Europe, America, and Non-Tariff Barriers to Trade*, Cornell University Press.

Grieco, Joseph M., 1997, "System Sources of Variation in Regional Institutionalization in Western Europe, East Asia, and Americas," in Edward D. Mansfield and Helen V. Milner, eds., *The Political Economy of Regionalism*, Columbia University Press.

Haacke, Jürgen., 2003, *ASEAN's Diplomatic and Security Culture: Origins, Development and Prospects*, Routledge Curzon.

Haas, Ernst B., 1990, *When Knowledge is Power: Three Models of Change in International Organizations*, University of California Press.

Haas, Peter M., 1990, *Saving the Mediterranean: The Politics of International Environmental Cooperation*, Columbia University Press.

Haas, Peter M., ed., 1992, *Knowledge, Power, and International Policy*

Coordination, special issue of *International Organization*, 46, 1.

Hafner-Burton, Emilie M., and Kiyoteru Tsutsui, 2005, "Human Rights in a Globalizing World: The Paradox of Empty Promises," *American Journal of Sociology*, 110, 5.

Hall, Rodney Bruce, and Thomas J. Biersteker, eds., 2002, *The Emergence of Private Authority in Global Governance*, Cambridge University Press.

Halle, Louis J., 1967, *The Cold War as History*, Chatto and Windus(太田博訳『歴史としての冷戦——超大国時代の史的構造』サイマル出版会,1970年).

Hasenclever, Andreas, Peter Mayer, and Volker Rittberger, 1997, *Theories of International Regimes*, Cambridge University Press.

Haufler, Virginia, 2001, *A Public Role for the Private Sector: Industry Self-Regulation in a Global Economy*, Carnegie Endowment for International Peace.

He, Kai, 2008, "Institutional Balancing and International relations Theory: Economic Interdependence and Balance of Power Strategies in Southeast Asia," *European Journal of International Relations*, 14, 3.

Herrmann, Richard K., and Richard Ned Lebow, eds., 2004, *Ending the Cold War: Interpretations, Causation, and the Study of International Relations*, Palgrave Macmillan.

Hewson, Martin, and Timothy J. Sinclair, eds., 1999, *Approaches to Global Governance Theory*, State University of New York Press.

Hinsley, F. H., 1963, *Power and the Pursuit of Peace : Theory and Practice in the History of Relations between States*, Cambridge University Press.

Hirst, Paul, and Graham Thompson, 1999, *Globalization in Question: The International Economy and the Possibilities of Governance*, 2nd ed., Polity Press.

Hoffmann, Stanley, 1981, *Duties Beyond Borders: On the Limits and Possibilities of Ethical International Politics*, Syracuse University Press.

Hollis, Martin, and Steve Smith, 1991, *Explaining and Understanding International Relations*, Clarendon Press.

Holzgrefe, J. L., and Robert O. Keohane, eds., 2003, *Humanitarian Intervention: Ethical, Legal, and Political Dilemmas*, Cambridge University Press.

Hurrell, Andrew, 2002, "There are no Rules' (George W. Bush): International Order after September 11," *International Relations*, 16, 2.

Ikenberry, John G., 2001, *After Victory: Institutions, Strategic Restraint, and the Rebuilding of Order after Major Wars*, Princeton University Press(鈴木康雄訳『アフター・ヴィクトリー——戦後構築の論理と行動』NTT出版,2004年).

Ishay, Micheline R., 2004, *The History of Human Rights: From Ancient Times to the Globalization Era*, University of California Press.

Jackson, Robert, and Georg Sørensen, 2003, *Introduction to International Relations : Theories and Approaches*, 2nd ed., Oxford University Press.

Jervis, Robert, 1998, "Realism in the Study of World Politics," *International Organization*, 52, 4.

Johnston, Alastair Iain, 2003, "Socialization in International Institutions: The ASEAN Way and International Relations Theory," G. John Ikenberry and Michael Mastanduno, eds., *International Relations Theory and the Asia-Pacific*, Columbia University Press.

Katzenstein, Peter J., ed., 1996, *The Culture of National Security: Norms and Identity in World Politics*, Columbia University Press.

Katzenstein, Peter J., 1997, "Introduction: Asia Regionalism in Comparative Perspective," Peter J. Katzenstein and Takashi Shiratori, eds., *Network Power: Japan and Asia*, Cornell University Press.

Katznelson, Ira, and Helen V. Milner, eds., 2002, *Political Science: The State of the Discipline*, W. W. Norton & Company.

Keck, Margaret E., and Kathryn Sikkink, 1998, *Activists Beyond Borders: Advocacy Networks in International Politics*, Cornell University Press.

Kegley, Charles W., Jr., ed., 1995, *Controversies in International Relations Theory: Realism and the Neoliberal Challenge*, St. Martin's Press.

Keohane, Robert O., 1984, *After Hegemony: Cooperation and Discord in the World Political Economy*, Princeton University Press(石黒馨・小林誠訳『覇権後の国際政治経済学』晃洋書房, 1998年).

Keohane, Robert O., 1986, "Theory of World Politics: Structural Realism and Beyond," in Robert Keohane ed., *Neo-Realism and its Critics*, Columbia University Press.

Keohane, Robert O., 1993, "Institutional Theory and the Realist Challenge After the Cold War," in David A. Baldwin ed., *Neorealism and Neoliberalism: The Contemporary Debate*, Columbia University Press.

Keohane, Robert O., 2002, *Power and Governance in a Partially Globalized World*, Routledge.

Keohane, Robert O., and Joseph S. Nye, Jr., 1998, "Power and Interdependence in the Information Age," *Foreign Affairs*, 77, 5.

Keohane, Robert O., and Joseph S. Nye, Jr., 2000, "Globalization: What's New?

What's Not? (And So What?)," *Foreign Policy*, Spring.

Keohane, Robert O., and Joseph S. Nye, Jr., 2001, *Power and Interdependence*, 3rd ed., Longman.

Khagram, Sanjeev, 2004, *Dams and Development: Transnational Struggles for Water and Power*, Cornell University Press.

King, Gary, Robert O. Keohane, and Sidney Verba, 1994, *Designing Social Inquiry: Scientific Inference in Qualitative Research*, Princeton University Press（真渕勝監訳『社会科学のリサーチ・デザイン――定性的研究における科学的推論』勁草書房，2004年）.

Klotz, Audie, 1995, *Norms in International Relations: The Struggle against Apartheid*, Cornell University Press.

Krasner, Stephen D., 1978, *Defending the National Interest: Raw Materials Investments and U. S. Foreign Policy*, Princeton University Press.

Krasner, Stephen D., 1983, *International Regimes*, Cornell University Press.

LaFeber, Walter, 1976, *America, Russia, and the Cold War, 1945-1975*, 3rd ed., Wiley.

Lauren, Paul Gordon, 2003, *The Evolution of International Human Rights: Visions Seen*, 2nd ed., University of Pennsylvania Press.

Lebow, Richard Ned, and Thomas Risse-Kappen, eds., 1995, *International Relations Theory and the End of the Cold War*, Columbia University Press.

Lipschutz, Ronnie D., with James K. Rowe, 2005, *Globalization, Governmentality and Global Politics: Regulation for the Rest of Us?*, Routledge.

Loescher, Gil, 2001, *The UNHCR and World Politics: A Perilous Path*, Oxford University Press.

Loescher, Gil, Alexander Betts, and James Milner, 2008, *The United Nations High Commissioner for Refugees (UNHCR): The Politics and Practice of Refugee Protection into the Twenty-first Century*, Routledge.

Luterbacher, Urs, and Detlef F. Sprinz, eds., 2001, *International Relations and Global Climate Change*, MIT Press.

Mallaby, Sebastian, 2004, *The World Banker: A Story of Failed States, Financial Crises, and the Wealth and Poverty of Nations*, Penguin Press.

Marshall, Katherine, 2006, *World Bank: From Reconstruction to Development to Equity*, Routledge.

Mastanduno, Michael, 2006, "Hegemonic Order, September 11, and the Consequences of the Bush Revolution," Mark Beeson, ed., *Bush and Asia: America's*

Evolving Relations with East Asia, Routledge.

McIntosh, Malcolm, Sandra Waddock, and Georg Kell, eds., 2004, *Learning to Talk: Corporate Citizenship and the Development of the UN Global Compact*, Greenleaf Publishing.

Mearsheimer, John J., 1990, "Back to the Future: Instability in Europe After the Cold War," *International Security*, 15, 1.

Mearsheimer, John J., and Sthepen M. Walt, 2003, "An Unnecessary War," *Foreign Policy*, January/February.

Moravcsik, Andrew, 2003, "Liberal International Relations Theory: A Scientific Assessment," in Colin Elman, and Miriam Feudius Elman, eds., *Progress in International Relations Theory: Appraising the Field*, MIT Press.

Morgenthau, Hans J., 1946, *Scientific Man versus Power Politics*, University of Chicago Press.

Morgenthau, Hans J., 1967, *Politics Among Nations: The Struggle for Power and Peace*, 4th ed., Knopf (改訂第5版の翻訳として,現代平和研究会訳『国際政治——権力と平和〔新装版〕』福村出版,1998年).

Newland, Kathleen, 2001, "Refugee Protection and Assistance," in P. J. Simmons and Chantal de Jonge Oudraat, eds., *Managing Global Issues: Lessons Learned, Carnegie Endowment for International Peace* Carnegie Endowment for International Peace.

Nielson, Daniel L., and Michael J. Tierney, 2003, "Delegations to International Organizations: Agency Theory and World Bank Environmental Reform," *International Organization*, 57, 2.

Nye, Joseph, 1988, "Neorealism and Neoliberalism," *World Politics*, 40, 2.

O'Brien, Robert, Anne Marie Goetz, Jan Aart Scholte and Marc Williams, 2000, *Contesting Global Governance: Multilateral Economic Institutions and Global Social Movements*, Cambridge University Press.

Parkinson, F., 1977, *The Philosophy of International Relations: A Study in the History of Thought*, Sage (初瀬龍平・松尾雅嗣訳『国際関係の思想』岩波書店,1991年).

Perkovich, George, 2010, "The Obama Nuclear Agenda One Year after Prague," *Policy Outlook*, Carnegie Endowment for International Peace, March.

Paul, T. V., James J. Wirtz, and Michel Fortmann, eds., 2004, *Balance of Power: Theory and Practice in the 21st Century*, Stanford University Press.

Pempel, T. J., ed., 2005, *Remapping East Asia: The Construction of a Region*,

Cornell University Press.

Pincus, Jonathan R., and Jeffrey A. Winters, eds., 2002, *Reinventing the World Bank*, Cornell University Press.

Pincus, Jonathan R., and Jeffrey A. Winters, 2002, "Reinventing the World Bank," in Jonathan R. Pincus and Jeffrey A. Winters, eds., *Reinventing the World Bank*, Cornell University Press.

Powell, Robert, 1994, "Anarchy in International Relations Theory: The Neorealist-Neoliberalist Debate," *International Organization*, 48.

Price, Richard, 1997, *The Chemical Weapons Taboo*, Cornell University Press.

Price, Richard, and Nina Tannenwald, 1996, "Norms and Deterrence: The Nuclear and Chemical Weapons Taboos," Peter J. Katzenstein, ed., *The Culture of National Security: Norms and Identity in World Politics*, Columbia University Press.

Rasche, Andreas, and Georg Kell, eds., 2010, *The United Nations Global Compact: Achievements, Trends and Challenges*, Cambridge University Press.

Ravenhill, John, 2006, "US Economic relations with East Asia: from Hegemony to Complex Interdependence," Mark Beeson, ed., *Bush and Asia: America's Evolving Relations with East Asia*, Routledge.

Report of the Secretary-General's High-Level Panel on Threats, Challenges and Change, 2004.

Risse, Thomas, Stephen C. Ropp, and Kathryn Sikkink, eds., 1999, *The Power of Human Rights: International Norms and Domestic Change*, Cambridge University Press.

Rose, Gideon, 1998, "Neoclassical Realism and Theories of Foreign Policy," *World Politics*, 51, 1.

Ross, Robert, 2006, "Balance of Power Politics and the Rise of China: Accommodation and Balancing in East Asia," *Security Studies*, 15, 3.

Rousenau, James N., and Ernst-Otto Czempiel, eds., 1992, *Governance without Government: Order and Change in World Politics*, Cambridge University Press.

Ruggie, John Gerard, 1983, "Continuity and Transformation in the World Polity: Toward a Neorealist Synthesis," *World Politics*, 35, 2.

Ruggie, John Gerard, 1996, *Winning the Peace: America and World Order in the New Era*, Columbia University Press（小野塚佳光・前田幸男訳『平和を勝ち取る――アメリカはどのように戦後秩序を築いたか』岩波書店，2009年）.

Ruggie, John Gerard, 1998, *Constructing the World Polity: Essays on International*

Institutionalization, Routledge.

Russett, Bruce, 1993, *Grasping the Democratic Peace: Principles for a Post-Cold War World*, Princeton University Press（鴨武彦訳『パクス・デモクラティア——冷戦後世界への原理』東京大学出版会，1996 年）.

Russett, Bruce, Harvey Starr, and David Kinsella, 2000, *World Politics: The Menu for Choice*, 6th ed., Bedford/St. martin's（小野直樹・石川卓・高杉忠明訳『世界政治の分析手法』論創社，2002 年）.

Sampson, Gary P., ed., 2001, *The Role of the World Trade Organization in Global Governance*, United Nations University Press.

Schltz, George P, William J. Perry, Henry A. Kissinger and Sam Nunn, 2007, "A World Free of Nuclear Weapons," *Wall Street Journal*, 4 January.

Schltz, George P, William J. Perry, Henry A. Kissinger and Sam Nunn, 2008, "Toward a Nuclear-Free World," *Wall Street Journal*, 15 January.

Schreurs, Miranda A., 2002, *Environmental Politics in Japan, Germany, and the United States*, Cambridge University Press.

Simmons, Beth A., 2009, *Mobilizing for Human Rights: International Law in Domestic Politics*, Cambridge University Press.

Skjærseth, Jon Birger, and Jørgen Wettestad, 2008, *EU Emissions Trading: Initiation, Decision-Making and Implementation*, Ashgate.

Snyder, Jack, 2004, "One World, Rival Theories," *Foreign Policy*, November/December.

Steiner, Niklaus, Mark Gibney, and Gill Loescher, eds., 2003, *Problems of Protection : The UNHCR, Refugees, and Human Rights*, Routledge.

Stromseth, Jane, 2003, "Rethinking Humanitarian Intervention: The Case for Incremental Change," in J. L. Holzgrefe and Robert O. Keohane, eds., *Humanitarian Intervention: Ethical, Legal, and Political Dilemmas*, Cambridge University Press.

Suh, J. J., Peter Katzenstein, and Allen Carlson, eds., 2004, *Rethinking Security in East Asia: Identity, Power, and Efficiency*, Stanford University Press.

Thomas, Daniel C., 2001, *The Helsinki Effect: International Norms, Human Rights, and the Demise of Communism*, Princeton University Press.

Vasquez, John, 1998, *The Power of Power Politics: From Classical Realism to Neotraditionalism*, Cambridge University Press.

Vincent, R. J., 1974, *Non-intervention and International Order*, Princeton University Press.

Vogel, David, 2005, *The Market for Virtue: The Potential and Limits of Corporate Social Responsibility*, Brookings Institution Press.

Wade, Robert, 2004, "The World Bank and the Environment," in Morten Bøås and Desmond McNeil eds., *Global Institutions and Development: Framing the World ?*, Routledge.

Walt, Stephen M., 1987, *The Origins of Alliances*, Cornell University Press.

Waltz, Kenneth N., 1959, *Man, the State and War: A Theoretical Analysis* Columbia University Press.

Waltz, Kenneth N., 1979, *Theory of International Politics*, Addison-Wesley (河野勝・岡垣知子訳『国際政治の理論』勁草書房, 2010年).

Waltz, Kenneth N., 1986, "Reflections on Theory of International Politics: A Response to My Critics," in Robert O. Keohane ed., *Neo-Realism and its Critics*, Columbia University Press.

Waltz, Kenneth N., 1993, "The Emerging Structure of International Politics," *International Security*, 18, 2.

Waltz, Kenneth N., 2002, "The Continuity of International Politics," in Ken Booth and Tim Dunne, eds., *World in Collision: Terror and the Future of Global Order*, Palgrave Macmillan.

Weaver, Catherine, and Ralf J. Leiteritz, 2005, "'Our Poverty Is a World Full of Dreams': Reforming the World Bank," *Global Governance*, 11, 3.

Weiss, Thomas G., and David A. Korn, 2006, *Internal Displacement: Conceptualization and Its Consequences*, Routledge.

Wendt, Alexander, 1992, "Anarchy is What States make of It: The Social Construction of Power Politics," *International Organization*, 46, 2.

Wendt, Alexander, 1999, *Social Theory of International Politics*, Cambridge University Press.

Williams, Michael C., 2005, *The Realist Tradition and the Limits of International Relations*, Cambridge University Press.

Wilson, Richard Ashby, ed., 2005, *Human Rights in the 'War on Terror'*, Cambridge University Press.

World Bank, 1993, *The East Asian Miracle: Economic Growth and Public Policy*, Oxford University Press (白鳥正喜監訳『東アジアの奇跡――経済成長と政府の役割』東洋経済新報社, 1994年).

Young, Oran R., 1994, *International Governance: Protecting the Environment in a Stateless Society*, Cornell University Press.

Young, Oran R., 1999, *Governance in World Affairs*, Cornell University Press.

※引用・参考文献は上に一括して掲げ，本文中には著者名または編者名と刊行年のみを，（ ）に入れて記した。
　《例》（緒方，2006）
　　　　緒方貞子，2006 年『紛争と難民──緒方貞子の回想』集英社

●事項索引●

ア 行

アイディア　77, 78, 83, 253
アイデンティティ　80
アカウンタビリティ　242
アクター→行為主体
アジア金融危機　147
アジア太平洋経済協力(APEC)　137, 166, 171, 173
アジア太平洋自由貿易圏(FTAAP)　170, 173
アジア通貨基金(AMF)　136
アジア的価値　217
アジア方式　170, 174
斡旋　225
アナーキー(無政府状態)　26, 27, 35, 42, 43, 53, 61, 133, 256
アフリカ統一機構(OAU)　225
アムネスティ・インターナショナル　8
アル・カーイダ　102
安全保障　93
　——のジレンマ　27, 28, 31, 35, 38, 40, 54
因果関係　259, 262, 263
インスペクション・パネル　202, 203, 206
インターネット　151
ウィーン宣言　218
ウェストファリア体制　26, 28, 255, 256
英国学派　45-47, 49, 76, 252
エスニック・クレンジング→民族浄化
演繹的　260
オイル・ショック　57, 139

欧州安全保障協力会議(CSCE)　216

カ 行

開発　198, 204
科学的分析方法　251
拡散に対する安全保障構想(PSI)　124
核なき世界　114, 125
核の傘　93
核不拡散条約(NPT)　98, 115, 116, 125
核不拡散レジーム　115, 116, 125
核兵器　93
カルタヘナ議定書　182
カルタヘナ宣言　225
環境と開発に関する世界委員会(WCED)　181
間主観的　84
関税及び貿易に関する一般協定(GATT)　68, 135, 136, 142, 255
環太平洋連携協定(TPP)　171
企業の社会的責任(CSR)　221
気候変動　184
気候変動に関する政府間パネル(IPCC)　185, 188, 194
気候変動枠組み条約　186
規制の作用　79
北大西洋条約機構(NATO)　96, 106, 107, 120
帰納的　259
規範起業家　86, 129, 157, 161, 246, 262, 263
客観的な世界　251, 259
9.11テロ事件　122, 130, 155, 228
キューバ・ミサイル危機　97, 120
行政の拡大・官僚化　253, 254
京都会議　186

京都議定書　182, 191
共有知識　80, 84, 86, 87
近代国家システム　27
緊張緩和→デタント
繰り返しゲーム　70, 127
グリーンピース　7
グリーン・ルーム方式　158
グローバル化　5, 6, 56, 133, 146, 149, 150, 235, 253
グローバル・ガヴァナンス　61, 62, 146, 150, 230, 254, 255
グローバル社会　9
軍縮(軍備縮小)　116
軍備管理　116
経済協力開発機構(OECD)　237
結果の論理　83
原因　15
現実主義→リアリズム
行為主体　6, 26, 57
公共財　67
　国際——　41, 67, 191
構成主義→コンストラクティヴィズム
構成的作用　79, 81
構造改革　165
構造調整プログラム(SAP)　199
合理主義→ラショナリズム
国益　33, 80
国際開発協会(IDA)　197, 205
国際協調　54
国際原子力機関(IAEA)　117, 118, 124
国際システムの構造的な属性　37
国際社会　3, 4, 8, 45
国際人権規約　215
国際制度論　64
国際通貨基金(IMF)　134, 136, 140
国際難民レジーム　222, 228
国際復興開発銀行(IBRD)　134, 197
国際レジーム　60, 62, 67, 72, 133, 175
　——論　60

国際連合(国連)　105, 180
国際連盟　59
国際労働機関(ILO)　238
国内避難民　211
国連安全保障理事会(安保理)　100, 106, 107, 110
国連環境開発会議(UNCED, 地球サミット)　182
国連環境計画(UNEP)　180, 188
国連グローバル・コンパクト　61, 235, 240-247
国連人権委員会　214
国連人権高等弁務官(UNHCHR)　219
国連人権理事会　221
国連ソマリア活動(UNOSOM)　106
国連難民高等弁務官事務所(UNHCR)　222-234, 254
国連人間環境会議(UNCHE)　180
国連保護軍(UNPROFOR)　105
国連ミレニアム開発目標(MDGs)　220, 241
国連ミレニアム・サミット　220
五十年でもう十分キャンペーン　201
コースの定理　71
コソヴォ解放軍(UCK)　107
国境なき医師団(MSF)　8
コペンハーゲン学派　76
コミュニケーション的行為　87
コンストラクティヴィズム　66, 75, 110, 113, 128, 160, 174, 191, 194, 197, 207, 233, 245, 252, 257, 262, 263
　広義の——　17, 18
　リアリスト・——　76
　リベラル・——　17, 18, 75, 76

サ 行

サブプライム・ローン問題　147
サミット→主要国首脳会議
酸性雨　180
ジェノサイド条約→集団殺害罪の防止お

よび処罰に関する条約
　市場　54
　システム　36
　自然状態　30
　持続可能な開発　182
　　──の原則　183
　持続可能な開発に関する世界首脳会議
　　183
　実証主義　14
　社会化　81
　社会契約論　59
　社会権　212
　社会的規制　240
　自由権　212
　自由主義→リベラリズム
　囚人のジレンマ　69, 70
　集団安全保障　59
　集団権　212
　集団殺害罪の防止および処罰に関する条
　　約（ジェノサイド条約）　112
　柔軟性措置　186, 187
　自由貿易協定（FTA）　162, 164
　主観的な世界　251, 259
　ジュビリー2000　149
　主要国首脳会議　143, 144
　状況の倫理　49
　人権　6, 211, 222, 237
　　──の国際問題化　213
　新現実主義→ネオ・リアリズム
　新興工業経済群（NIEs）　142, 142, 147
　新国際経済秩序（NIEO）　143
　新思考外交　99
　新自由主義→ネオ・リベラリズム
　人道規範　111
　人道支援　227
　人道的介入　102, 103
　　19世紀の──　104
　　冷戦期の──　103
　　冷戦後の──　103, 108
　人道に対する罪　112

　新冷戦　99
　ステークホルダー　204, 205
　ストックホルム条約　183
　制限戦略　33
　『成長の限界』　179
　制度　58
　政府間組織　7
　勢力均衡　25, 26, 32, 59, 256
　　──政策　33-35
　世界気象機関（WMO）　185, 188
　世界銀行→国際復興開発銀行
　　──の事務局　203, 206
　世界経済フォーラム　240
　世界自然保護基金（WWF）　200
　世界人権会議　220
　世界人権宣言　214, 222, 235
　世界ダム委員会（WCD）　203, 204
　世界貿易機関（WTO）　146, 152, 154,
　　165, 166, 261
　赤十字国際委員会　8
　責任　47, 48
　石油危機→オイル・ショック
　絶対利得　73
　セーフガード（環境社会保護）政策
　　202, 207
　戦略兵器削減条約（START）　99, 121
　戦略兵器制限交渉（SALT）　98, 121
　戦略防衛構想（SDI）　99
　相互依存　5, 56
　　──論　56
　相対利得　73
　組織文化　233
　ソマリアへの介入　106

　　　　タ　行

　対イラク戦争　165
　大西洋憲章　134
　多国間環境条約（MEA）　178
　多国間主義　105, 108, 111
　多国籍企業ガイドライン　237

弾道弾迎撃ミサイル(ABM)　98
　——制限条約　121
地域主義　162
地域統合　162
チェンマイ・イニシアティブ　136, 148
力　31
地球環境問題　5, 178
地球サミット→国連環境開発会議(UNCED)
地球の友(FoE)　200
知識共同体　78, 194
　——論　194
中距離核戦力全廃条約　99, 121
朝鮮戦争　96
定義　182
底辺への競争　239
適切性の論理　83, 86
デタント　98
テロ　114, 115, 120, 253
テロリスト　122
討議の論理　86
東南アジア諸国連合FTA(AFTA)　166
ドーハ開発アジェンダ　154-156, 158
トランスナショナル・アドボカシー・ネットワーク　218
トランスナショナル・リレーションズ(脱国家的関係)　56, 160
ドル・ショック　140

ナ 行

内面化　81
「長い平和」　102
ナルマダ計画　199, 200, 202, 219
ナルマダを救う会(NBA)　201
難民条約　223
難民の地位に関する議定書　225
ニクソン・ショック→ドル・ショック
日米安全保障条約　97

日米半導体摩擦　137, 142
人間の安全保障　103, 227
ネオ・リアリズム(新現実主義)　25, 36, 42, 44, 49, 73, 110, 113, 126, 158, 171, 191, 204, 207, 230, 252, 257
ネオ・リベラリズム(新自由主義)　67, 72, 127, 159, 191, 193, 206, 207, 232, 245, 252, 257
ノン・ルフールマン原則　223, 226, 227, 228, 231

ハ 行

覇権安定論　42, 61, 67, 191, 204
覇権国　40
　——の衰退　41
破綻国家　121, 122
バランス・オブ・パワー→勢力均衡
反グローバリズム　152, 156, 235, 238
　——運動　149, 254
東アジア共同体　167, 169
　——構想　166
東アジア・サミット　167, 174
東アジア自由貿易地域(EAFTA)　170, 173, 174
東アジア包括的経済連携(CEPEA)　170, 173, 174
非政府組織(NGO)　7, 56, 149, 150, 152, 154, 159, 160, 207, 208, 218
封じ込め政策　95
複合レジーム　63
富士メガネ　230
ブーメラン・パターン　218
プライベート・レジーム→民間レジーム
武力行使の禁止　108
ブレトンウッズ・GATT体制　133
プロセス・トレーシング(過程追跡)　261
平和維持活動(PKO)　113
『平和への課題』　112
ベーシック・ヒューマン・ニーズ

（BHN）・アプローチ　198
ヘルシンキ宣言　216
ペレストロイカ　99
貿易に関連する知的財産権（TRIPs）
　　157
貿易摩擦　142
法化　62, 153, 156, 160
防御的リアリスト　44
法則　76, 259, 260
ポストモダン　76
ボスニア＝ヘルツェゴヴィナへの介入
　　105
ポロノレステ計画　199, 200, 202, 219

　　　　マ　行

巻き返し政策　97
マーシャル・プラン　138
マルチ・ステークホルダー・プロセス
　　（MSP）　205
民間レジーム　62, 245
民主主義平和論　65
民族自決権　112
民族浄化　105
モスクワ条約　124

　　　　ヤ　行

役割　80
融資条件　199
ユーロダラー　139
四つの自由　213

　　　　ラ　行

ラショナリズム　16, 17
リアリズム　11, 12, 25, 49, 53, 251
　――の制限戦略　31
　――の要素　25
　攻撃的――　74
　古典的――　45, 76, 110, 113, 244, 252
　防御的――　74, 173

利害関係者→ステークホルダー
リベラリズム　11, 12, 53, 251
　共和制――　64
　市場――　54, 55
　制度的――　58, 60
理由　15
理論　250, 258, 259, 263
冷戦　36, 82, 93, 94, 138, 215
　――の起源　94
　――の終結　76, 99, 100, 121
レジーム・コンプレックス→複合レジーム
ローマ・クラブ　179

　　　　ワ　行

ワルシャワ条約機構（WTO）　100
湾岸戦争　122

　　　　A

ABM→弾道弾迎撃ミサイル
AFTA→東南アジア諸国連合FTA
AMF→アジア通貨基金
APEC→アジア太平洋経済協力
ARF→ASEAN地域フォーラム
ASEAN地域フォーラム　163
ASEAN＋3　148, 163, 167, 169, 170, 174

　　　　B

BHN→ベーシック・ヒューマン・ニーズ
BRICs　142, 147

　　　　C

CEPEA→東アジア包括的経済連携
CSR→企業の社会的責任

　　　　E

EAFTA→東アジア自由貿易地域

事項索引　285

F

FTA→自由貿易協定
FTAAP→アジア太平洋自由貿易圏

G

GATT→関税及び貿易に関する一般協定

I

IAEA→国際原子力機関
IDA→国際開発協会
ILO→国際労働機関
IMF→国際通貨基金
INF 全廃条約→中距離核戦力全廃条約
IPCC→気候変動に関する政府間パネル

N

NATO→北大西洋条約機構
NGO→非政府組織
NIEO→新国際経済秩序
NIEs→新興工業経済群
NPT→核不拡散条約

O

OAU→アフリカ統一機構
OECD→経済協力開発機構

P

PKO→平和維持活動

PSI→拡散に対する安全保障構想

S

SALT→戦略兵器制限交渉
SDI→戦略防衛構想
START→戦略兵器削減条約

T

TPP→環太平洋連携協定
TRIPs→貿易に関連する知的財産権

U

UNCED→国連環境開発会議(地球サミット)
UNCHE→国連人間環境会議
UNEP→国連環境計画
UNHCHR→国連人権高等弁務官
UNHCR→国連難民高等弁務官事務所
 ——執行委員会　　224
 ——事務所規程　　224

W

WCD→世界ダム委員会
WCED→環境と開発に関する世界委員会
WMO→世界気象機関
WTO→世界貿易機関
WTO 閣僚会議(シアトル)　　155, 160
WTO→ワルシャワ条約機構

●人名索引●

ア 行

アイゼンハワー（Dwight David Eisenhower） 97, 118
アチャリア（Amitav Acharya） 174
アナン（Kofi Atta Annan） 61, 220, 231, 236, 240, 241
天野之弥 119
イーストン（David Easton） 2
ヴァン・エヴァラ（Stephen Van Evera） 44
ウィーバー（Ole Wæver） 76
ウィリアムズ（Michael C. Williams） 31
ウィルソン（Thomas Woodrow Wilson） 59
ヴィンセント（R. J.Vincent） 45
ウェント（Alexander Wendt） 82
ウォルツ（Kenneth N. Waltz） 37, 38, 40, 41, 44, 126
ウォルト（Stephen M. Walt） 44
ウォルフェンソン（James Wolfensohn） 202
ウサマ・ビンラーディン（Usāma bin-Lādin） 122
エヴァンジェリスタ（Matthew Evangelista） 100
エルバラダイ（Mohamed ElBaradei） 119, 122
エンジェル（Norman Angell） 55
緒方貞子 227, 230
オバマ（Barack H. Obama） 114, 115, 128, 129

カ 行

カーソン（Rachel Carson） 179
カーター（James Earl Carter, Jr.） 216
金井昭雄 231
カーン（Abdul Q. Khan） 122
ガンディー（Indirā Gāndhī） 180
カント（Immanuel Kant） 54, 59, 64
岸信介 136
キッシンジャー（Henry A. Kissinger） 125, 128
金日成 96
ギャディス（John Lewis Gaddis） 120
ギルピン（Robert Gilpin） 41, 42, 68
クラズナー（Stephen D. Krasner） 60
グリエコ（Joseph M. Grieco） 73, 159, 172
クリントン（William Jefferson Clinton） 66, 123, 153, 154, 158
グレイザー（Nathan Glazer） 44
ケック（Margaret E. Keck） 218, 219
ケナン（George Frost Kennan） 95
ケネディ（John Fitzgerald Kennedy） 97, 98
ケル（George Kell） 246
ゴア（Albert Arnold Gore Jr.） 189
コブデン（Richard Cobden） 55
コヘイン（Robert O. Keohane） 42, 56, 68-73, 78, 77, 125
ゴールドスタイン（Judith L. Goldstein） 78
ゴルバチョフ（Mikhail Sergeevich Gorbachev） 99-101

サ 行

サハロフ (Andrei Dmitrievich Sakharov) 101
サリバン (Leon Sullivan) 238
サン・ピエール (Saint-Pierre) 59, 64
シアーズ (Dudley Seers) 198
シェワルナゼ (Eduard A. Shevardnadze) 99
シキンク (Kathryn Sikkink) 218, 219
ジャクソン (Robert Jackson) 45, 47, 49
ジャービス (Robert Jervis) 43, 44
シュミット (Carl Schmitt) 29, 30
シュルツ (George P. Shultz) 125
ジョリー (Angelina Jolie) 230
スターリン (Iosif Vissarionovich Stalin) 94, 97
スミス (Adam Smith) 54, 55

タ 行

ダー・デリアン (James Der Derian) 76
チャーチル (Winston Leonard Spencer Churchill) 134, 214
ツキュディデス (Thucydides) 27
ドイッチュ (Karl Wolfgang Deutsch) 78
ドイル (Michael W. Doyle) 64
東条英機 48
トルーマン (Harry S Truman) 47, 48
ドレズナー (Daniel W. Drezner) 158

ナ 行

ナイ (Joseph S. Nye, Jr.) 56
ナン (Samuel A. Nunn) 125
ニクソン (Richard Milhous Nixon) 140
ネルー (Jawāharlāl Nehrū) 101
ノイマン (Johann Ludwig von Neumann) 69

ハ 行

バ (Alice D. Ba) 174
ハー (Kai He) 172
パーコヴィッチ (George Perkovich) 128
橋本龍太郎 136
ハース (Peter M. Haas) 78, 194
パチャウリ (Rajendr K. Pachauri) 189
ハーツ (John Hermann Herz) 27
バトラー (George L. Butler) 128
パトカ (Medha Patkar) 201
バーネット (Michael Barnett) 233
ハーバーマス (Jürgen Habermas) 87
ハル (Cordell Hull) 55
パルメ (Olof Palme) 101, 180
フィアロン (James D. Fearon) 66
フィネモア (Martha Finnemore) 104, 233
ブザン (Barry Buzan) 45, 76
フセイン (Saddam Hussein) 48
ブッシュ, G. (George Herbert Walker Bush) 48
ブッシュ, G. W. (George Walker Bush) 66, 123, 187, 190
ブトロス=ガリ (Boutros Boutros-Ghali) 112
プライス (Richard Price) 81
フランク (Thomas M. Franck) 108
ブラント (Willy Brandt) 101
フリードバーグ (Aaron L. Freidberg) 172
ブル (Hedley Bull) 45
フルシチョフ (Nikita Sergeyevich Khrushchov) 97, 98
ブルントラント (Gro Harlem Brundtland) 181

ペッチェイ（Aurelio Peccei）　179
ペリー（William J. Perry）　125
ホーク（Robert Hawke）　137
ホッブズ（Thomas Hobbes）　27, 30, 31

マ 行

マイネッケ（Friedrich Meinecke）　34
マキャヴェッリ（Niccolò B. Machiavelli）　47
マクナマラ（Robert Strange McNamara）　86, 128, 198
マスタンドゥーノ（Michael Mastanduno）　171
マッカーサー（Douglas MacArthur）　96
マニング（C. A. W. Maninng）　45
ミアーシャイマー（John Mearsheimer）　44
ミュルダール（Karl Gunnar Myrdal）　198
ミロシェヴィッチ（Slobodan Milosevic）　48, 107
メドヴェージェフ（Dmitrii A. Medvedev）　115
モーゲンソー（Hans J. Morgenthau）　30-34, 40, 45, 68

モース，B.（Bradford Morse）　201
モース，E.（Edward L. Morse）　56
モデルスキー（George Modelski）　40
モルゲンシュテルン（Oskar Morgenstern）　69
モンテスキュー（Charles de Secondat Montesquieu）　55

ラ 行

ラギー（John Gerard Ruggie）　236, 246
ラセット（Bruce Russett）　65
ラミー（Pascal Lamy）　156
リッセ（Thomas Risse）　87
ルソー（Jean-Jacques Rousseau）　30, 31, 59, 64
ルベルス（Ruud Lubbers）　231
レーガン（Ronald Wilson Reagan）　99, 100
ローズヴェルト（Franklin Delano Roosevelt）　94, 134, 213
ロック（John Locke）　54

ワ 行

ワイト（Martin Wight）　45
ワトソン（Adam Watson）　45

●編者紹介

山田 高敬（やまだ　たかひろ）
名古屋大学大学院環境学研究科教授

大矢根 聡（おおやね　さとし）
同志社大学大学院法学研究科教授

有斐閣コンパクト

グローバル社会の国際関係論〔新版〕
Governing an Emerging Global Society, 2nd ed.

2006 年 12 月 25 日	初版第 1 刷発行
2011 年 3 月 5 日	新版第 1 刷発行
2020 年 2 月 20 日	新版第 10 刷発行

編　者	山田　高敬
	大矢根　聡
発行者	江草　貞治
発行所	株式会社 有斐閣

郵便番号 101-0051
東京都千代田区神田神保町 2-17
電話 (03) 3264-1315 〔編集〕
　　 (03) 3265-6811 〔営業〕
http://www.yuhikaku.co.jp/

印刷・株式会社三陽社／製本・大口製本印刷株式会社
© 2011, Takahiro Yamada, Satoshi Oyane. Printed in Japan
落丁・乱丁本はお取替えいたします。
★定価はカバーに表示してあります。
ISBN 978-4-641-04988-8

JCOPY 本書の無断複写(コピー)は、著作権法上での例外を除き、禁じられています。複写される場合は、そのつど事前に(一社)出版者著作権管理機構(電話03-5244-5088, FAX03-5244-5089, e-mail:info@jcopy.or.jp)の許諾を得てください。